21世紀の哲学をひらく

現代思想の最前線への招待

Towards the 21st Century Philosophy
: Invitation to the Frontiers of Contemporary Thought

齋藤元紀/増田靖彦［編著］

ミネルヴァ書房

はしがき

哲学は時代によって育まれ、時代のうちを生き、時代を超えて継承される。私たちが「現代思想」と呼んでいる営みも、その例外ではない。だがその全体像を思い描くことは、実は思いのほか困難であると言わねばならない。

そもそも哲学や思想は、それを育む時代と同じく、私たちがそれとして意識することなくそのなかを生きているものであるため、距離をとって対象化して捉えることが難しい。くわえて二〇世紀以降、科学技術の飛躍的発展に伴って爆発的に拡大した政治・経済・情報のグローバル化は、学問分野全体にわたって急激な多様化と分散化を引き起こした。二一世紀に入ってすでに一五年以上が経過した現在、効率化や合理化を重視する傾向がますます強まる一方、災害やテロの危機をはじめとして、国内外の政治的・社会的情況はいっそう混迷の度合いを深めている。そうしたなかで、哲学・思想においても極端な専門分化が進み、それぞれの潮流の動向は言うまでもなく、いまではもはや学問としての哲学・思想の輪郭すらもが失われつつあるように見える。現代の私たちは、実はみずからが何を思考しているのか、そもそも思考することにどのような意味があるのかもよくわからぬまま、不透明な時代のなかを漂流しているというのが現実ではないのだろうか。

本書は、二一世紀というこの不透明な時代にあって、哲学・思想の「いま」を学ぼうとする人たちのために編まれた。本書の狙いは三つある。第一の狙いは、二〇世紀から二一世紀へとまたがる「いま」の哲学・思想の展開を、その最前線に至るまで描き出すことにある。ひとくちに「現代」の哲学・思想と言っても、それ以前の展開と無縁であるわけではない。諸学問、とりわけ自然科学の進歩の速さと比べれば、哲学・思想の歩みは驚くほど緩やかで、場合によっては足踏みをしているかのように見えることすらある。だがそれは、哲学・思想が進歩していないからではなく、そもそも自然科学的な進歩とは異なる時間軸のなかを歩んでいるからである。哲学・思想では、現代が古代よりも進歩しているとは断じて言えないし、それどころか、古代のほうが現代よりも遥かに高みにあると言える場合もままある。とはいうものの、哲学者・思想家も必ずやある時代を生きざるをえない以上、その哲学や思想は時代の影響を受けている。二一世紀の最先端の哲学・思想といえども、二〇世紀を生き抜いた哲学者・思想家たちによって形作られたものである。そこで本書は、ただ近視眼的に流行思想を追いかけるのではなく、とくに「いま」という時代に大きな影響力を及ぼしていると思われる二〇世紀の哲学者・思想家に絞って、彼らの哲学・思想の核心と現代への展開を描き出すことを目指している。

第二の狙いは、現代を代表する哲学者・思想家が共有している根本的な論点を究明することにある。哲学史を振り返ると、それぞれの時代の哲学・思想は、幾人かの傑出した哲学者・思想家によって牽引されてきたことがわかる。それはまた、哲学や思想が、時代を通して、そして時代を超えて、「ひとつの統合的で全体的な知」を求める営みであることとも関係している。二〇世紀においてもなおそうした傾向は認められるが、現代へと時代を下るにつれて、そうした「巨人」と呼べる哲学者・思想家は次第に数少なくなっているようにも見える。「いま」は、もはや特定の個人の哲学・思想が一切を代弁するという考え方が通用しなくなった時代なのか、それとも来るべき偉大な哲学者・思想家が誕生するまでの幕間《インターバル》とも呼ぶべき時代なのかどうか、いずれであるのかは今のところ定かではない。ともあれ、前述のような専門分化といった傾向が、「ひとつの統合的で全体的な知」という従来の哲学・思想のあり方を変容させているのは間違いない。しかし本書はこうした状況を単純に否定するのではなく、むしろ逆手にとって、現代においてなお影響力をもつ複数の哲学者・思想家たちを召喚し、彼らが共通に問題としている論点を考察することに努めている。本書はそれによって、「いま」の哲学・思想における根本的な問いかけとその意義を浮かび上がらせることを目指している。

そして第三の狙いは、多様化・分散化・専門分化しつつある哲学・思想を、様々な学問分野との関連において描き出すことにある。現代の哲学・思想はたんに専門分化しているばかりでなく、多様化と分散化を通して、政治、経済、芸術、精神分析、言語学などの他の諸学問分野との連携をも深めつつある。哲学・思想の輪郭が不明瞭化しているという事態は、裏を返せば、諸学問分野へと哲学・思想が次第に浸透し始めているという事態を意味している。それはまた、諸学問分野が抱えるそれぞれの切実な問題に対処するために、他ならぬ哲学・思想が要請されているということでもある。容易に解決しがたい諸問題が諸学問分野において噴出しているこの不透明な時代にあって、私たちの生は厳しい危機に直面していると言わねばならない。危機迫るそんな時代を生き抜く《サヴァイヴ》ために必要となるのは、諸学問分野の前提に囚われることなく、かつ領域を横断して徹底的に問いを突き詰め、しなやかに思考を展開する「いま」の哲学・思想の営みであろう。本書は、そうした「いま」の哲学・思想の営みに学ぶことで、読者がみずから思考するよう誘う水先案内人たらんことを目指している。

本書は、便宜上、言語文化圏別に三部構成をとり、第Ⅰ部は「現代のフランス・イタリア哲学」を、第Ⅱ部は「現代のドイツ哲学」を、第Ⅲ部は「現代のイギリス・アメリカ哲学」を扱っている。二〇世紀以降の現代の西洋哲学・思想のなかでも、とりわけ前述の各言語文化圏の哲学・思想は大きな影響力をもち、二一世紀のこれからの思想地図においても引き続き重要な位置を占めてゆくことが予想されるからである。とはいえこうした区別はあくまで便宜上のものであって、各章ではそれぞれの論点に応じて、必ずしも言語文化圏の制約に縛られることなく、時代も国籍も異なる様々な哲学者や思想家が言及されている。そのため読者は、必ずしも順を追うことなく、みずからが興味を惹かれた論点を扱った章から読み始めていただいて構わない。各章の冒頭には、主要な論点とそれをめぐって思考を展開した哲学者・思想家たちについての簡潔なイントロダクションを付しておいたので、各章の流れを捉える手がかりとしてもらいたい。また哲学・思想における主要な概念や重要と思われる術語《ターム》については、注を設けることで初学者のための便を図った。さらに各章の末尾には、対象となった哲学者・思想家の主要著作と翻訳に加えて、読書案内を掲載しておいた。ぜひみずから思考を深めるために、原典をはじめとする文献に接してもらえればと思う。なお末尾には事項索引と人名索引を設け、諸論点に関わる事柄や人物像、またそれらの関係に触れることができるようにしておいた。読者が各部の言語文化圏の区別に妨げられることなく、現代の哲学・思想の多様な広がりへと漕ぎ出るための一助としてほしい。

各章の執筆を担当したのは、現在各専門分野で注目を集める若手・中堅の研究者たちである。各執筆者には、これまでの哲学・思想の伝統と基礎知識を踏まえつつ、それぞれの専門分野の熱い争点をめぐる「いま」の最先端の知見を分かりやすく、かつ独自の観点から大胆に論じていただいた。現代の哲学者・思想家にも劣らぬ、彼らの躍動感あふれる思考の冒険を通して、読者みずからも流動化しつつある現代の思想地図を読み抜く、しなやかで粘り強い思考の力を身につけていただければ幸いである。

齋藤元紀

二〇一六年三月

21世紀の哲学をひらく——現代思想の最前線への招待　目次

第Ⅰ部　現代のフランス・イタリア哲学

第1章　哲学と〈政治〉の問い
――ラクー＝ラバルトとナンシー――

柿並良佑

フランス、パリからアルザス地方へ向けて鉄道で約四時間（二〇〇七年に開通したTGVでは二時間あまり）、ライン川を挟んでドイツに臨む国境の街ストラスブール。フィリップ・ラクー＝ラバルト（Philippe Lacoue-Labarthe, 一九四〇～二〇〇七）とジャン＝リュック・ナンシー（Jean-Luc Nancy, 一九四〇～）は歴史ある大学都市としても知られるこの街で長く教鞭をとった現代フランスの哲学者である。二人はこの地で出会い、とくにジャック・デリダの影響を受けたハイデガー読解という共通の関心によって結ばれ、一九七五年以降、共同の研究グループを組織し講義やセミネールを行うことになる。本章では、⑴初期の二人の共同作業から説き起こし、⑵その共同作業から生み落とされたそれぞれの書物に注目し、⑶二人の理論的結節点と相違点を浮かび上がらせることにしたい。

1　〈政治〉をめぐって

邂逅の地

ラクー＝ラバルトはフランス中部の都市トゥールで、ナンシーは南西部のボルドーで生まれた。ラクー＝ラバルトはボルドーで学業を終えており、大学ではハイデガーの翻訳者でもあった哲学者ジェラール・グラネルの教えを受け、ドイツが生んだ哲学者の思想に感銘を受けるが、同時にそのハイデガーが一時期ではあれナチスに加担したという事実に衝撃を受けてもいる。一方、ナンシーは幼少期に家族と共にドイツのバーデン・バーデンに移った後、フランスに戻り哲学者メーヌ・ド・ビランの出生地でもあるベルジュラックで過ごしている。やがてパリ大学で学んだ後にストラスブールに移った一九六七年、その後仕事を共にするラクー＝ラバルトと出会うが、ナンシーもまた高校時代にハイデガーの重要性を強く認識していた。

ストラスブールその他の地名を記すのは意味のないことではない。往時より地の利も手伝って、「アルベルトゥス・マグヌスからエックハルト、ゲーテ、ベンヤミン、レヴィナスへと至り、そしてまたカネッティ、バシュラール、カンギレム、リクール、アンリ・ルフェーヴルの名も忘れることのできぬ哲学的歴史」（Jacques Derrida et al., *Penser à Strasbourg*, Galilée/Ville de Strasbourg, 2004, p. 11）を有してきたストラスブールは、今日でも欧州議会の本会議場の一つが置かれるなど重要な位置を占めている。また一九〇五年の政教分離法によってフランス全土の国立大学で神学部が廃止された後も、当時ドイツ領であったためその法律が適用されず、今日でもフランスでカトリックとプロテスタント双方の神学部を有している唯一の例外がストラスブール大学である。バカロレア（大学入学資格）試験に合格すれば基本的にはいずれの国立大学にも登録できるフランスにおいては、大学間の序列がなく、各大学に独自の研究環境が育つことは珍しいことではないが、ストラスブールは歴史的経緯からとりわけ独自の環境を有する大学と言えるのかもしれない。

哲学の領域に限っても一種の「地方色」がうかがい知れる。たとえばパリから赴任したナンシーは、当時隆盛を誇っていた構造主義についての講義をするように頼まれている。それは「まだ地方では知られていなくて、なにか謎めいたたいへんパリ風のものと観られていたんです」（ナンシー『侵入者』西谷修訳、以文社、二〇〇〇年、四九頁）。ナンシーの述懐するところによると、当初は一時的な逗留地でありえたストラスブールはその後二人が長きにわたって研究の足場とする土地となり、また二人を引き合わせたリュシアン・ブラウンの言によれば、一九六八年以降、もはやパリから見ても辺境の地とは言えなくなっていったのである（*Penser à Strasbourg*, p. 23）。

政治という試練

二人が出会った翌年にあたる六八年は、「五月革命」の名で知られる政治的・社会的動乱にフランスのみならず世界が揺さぶられた年である。むろん、二人が直面した政治的事件はこれが最初のものではない。一九五四年から一九六二年にかけて続いたアルジェリア戦争に対してどのような立場をとるのかという問題は、旧宗主国であるフランスの知識人にとって副次的なものではありえなかった。第二次大戦後のフランスにおいて、共産党は対独抵抗運動《レジスタンス》の功績もあり非常に大きな存在感を放っていたが、その共産党を中心とする左派の間でも立場は様々であった。さらに体制として硬直化する共産主義に対する諸種の批判も左派内部からなされており、決して一枚岩ではなかった。ナンシーは社会運動としてのキリスト教グループに参加し、その流れから雑誌『エスプリ』にアルチュセールによるマルクス論（『マルクスのために』、『資本論を読む』）の書評などを寄稿しているが、これが彼にとっての最初期の知的活動となっている。他方のラクー＝ラバルトは「社会主義か野蛮か」というグループに近い立場におり、数多の急進的セクト、前衛グループとは慎重に距離をとりつつも、しかし五月革命には積極的に参加したことを明言している（ラクー＝ラバルト「ハイデガー・ナチズム・〈ユダヤ性〉」鵜飼哲・大西雅一郎（インタヴュアー）、『現代思想』青土社、一九八九年八月号、八五頁）。

　このような政治的経歴は当時の時代状況を考慮すれば必ずしも二人に特有のものではあるまい。古今の思想家はみな、時代に束縛されなかったからこそ時代を超えて読み継がれる思想を紡ぎ得たと同時に、あくまで時代と向き合い続けたからこそ当の思想が大きな説得力を持っているとするなら、そのことはラクー＝ラバルトとナンシーにもまた当てはまる。集団・党派に属すか否かはともかく、一定の政治的立場をとることは、目下の世界の状況について思考することと不可分ではない。ましてや第二次大戦以後、すなわち「ホロコースト」とも「ショアー」とも呼ばれる大量殺戮の悲惨を経験した時代、人間の理性がかくも試練にかけられている時代にあって、なおも「哲学する」ということが意味を持つとするなら、歴史の課す試練から目を背けることはできない。

　しかし問いは単純ではない。ここでは二人に共通する最大の関心事であるハイデガーに的を絞ろう。ハイデガーのナチス加担は単に一大学人が政治的判断を誤ったとか、一哲学者が偶然、あるいは時流に流されて行ったものとは見なされない。また個人的な政治的態度と哲学的態度を分けて、後者を擁護することが問題なのでもない。逆に、政治的思想ないし行動によってハイデガーの遺した哲学がその価値を失うわけでもない。哲学者があくまで哲学的に行った政治的決定を徹底的に問うことが重要なのである。

このような時代的・思想的状況を背景として、一九七五年、二人は共同での授業を開始する。哲学的テクストと政治的テクストは一体どのような関係を結んでいるのか、それが主要な問いであった。ラクー＝ラバルトはこう述べている。「ある日の授業の最中、この政治の問いに迫ってみようと思いました。七五年を皮切りにナンシーと私は政治哲学について共同の講義を持ち、マルクス、ヘーゲル、バタイユ、更にはフロイトにおける政治について相次いで研究しました」（「ハイデガー・ナチズム・〈ユダヤ性〉」八六頁）。

この共同作業の一端は一九七九年、二人の署名を伴った論文として発表された。タイトルは「政治的パニック」、先の引用でも名が挙げられた精神分析の創始者、フロイトのテクスト読解をめぐるものであり、精神分析と政治の関係を考察する一種の作業ノートのようなものであった。精神分析における権威はどこに由来するのか、さらに権威の在り処である主体をフロイトはどのように考えたのか、そして究極的には一般に主体とは何であるのか。またそうした権威と主体によって織りなされる集団を精神分析はどのように考察することができるのか。こうした問いをめぐってなされた作業は、翌一九八〇年のシンポジウムでの発表「ユダヤの民は夢を見ない」に受け継がれるが、いずれにも後の二人の仕事の萌芽が含まれていた（付言しておくなら、これらのテクストはフランスでも長らく入手しにくいものとなっていたが、ナンシーの手により二〇一三年に一冊の書物にまとめられて再刊された。著者にとってもその意義が今日なお減じていないことが分かるだろう）。以下、その要点を確認しておこう。

政治的なもの

まず確認しておくと、文法上、名詞に男性名詞と女性名詞の区別があるフランス語では、一般に女性名詞で定冠詞の付いた la politique が政策決定に関わる通常の意味での「政治」を意味するのに対して、定冠詞付きの男性名詞 le politique はそうした政治に関する事柄、あるいは政治的事象の本質を指すことができる（英語では the politics と the political という対で表現できる）。このような区別を踏まえたラクー＝ラバルトとナンシーの仕事にとって重要な意義を持っていたのは後者の意味での「政治的なもの」である。二人はこの問いをフロイトの精神分析の中でも、『文化の中の居心地悪さ』（一九三〇）などの文化現象に関するテクストを取り上げながら定式化しようとしている。そこでは利己的な存在である人間がいかにして共に生きていくことが可能なのかという「他者との平和的共存」の可能性が問題になっているが、これは政治問題でも、政治が提起する問題でもなく、まさしく政治的なものそのものが問題になっているのである（「政治的パニック」柿並良佑訳、『思想』岩波書店、二〇一三年一月号、三〇頁）。

政治的なものを分かりやすくイメージするために端的に言い換えるなら、それは「関係（rapport）」のことである。この語もまたこの時期の二人にとって重要な言葉であるが、しかしそれは誰かと誰か、何かと何かの関係ではない。あらかじめ想定されている項Aと項Bの間に後から打ち立てられる関係ではなく、関係そのものが考察されねばならない。何故だろうか。前もって存在している誰か、関係以前に存在している主体というものがあるとすれば、それは他者を必要とせずに存在できることになる。そのような主体は「ナルシス」と呼ばれている（「政治的パニック」三六頁）。そのような自足した主体から出発して思考するなら、関係はあくまで二次的なものとしてしか捉えられない。関係そのものは常に手のひらをすり抜けてしまう。ではどうしたらよいのか。

手掛かりはフロイトの内にある。『集団心理学と自我分析』（一九二一）というテクストの冒頭に記されていることだが、集団心理学とは個人を対象とする心理学を人間集団に応用したものではない。「個人の心理」と思われているものが、常に近親者、友人、仲間等々との関係の上でのみ出来上がっているものである以上、個人心理学は既に集団心理学でもある。こう言い換えてみることができるだろうか。「私」の心理は「私とあなた」の関係によって織りなされている。しかしここでもまた「私」と「あなた」が互いに「関係」する以前に存在しているわけではない。「私の心理」の内には既に「あなた」がいるのである。だとすれば「私」と見なされているものも既に一つの「関係」であることになろう。

「私」が確固たる「私」だと思っているものが様々な他者との間に張りめぐらされた様々な関係の折り重なりのようなものでしかないとしたら、そしてその他者もまた無数の関係の波の間を漂っている一つの関係だとしたらどうだろうか。先に挙げた「他者との平和的共存」という一見ありふれた表現を通して複雑な事態が見えてくる。「共存（coexistence）」とは、どうやって好きな友達と一緒にいるか、嫌いな連中と折り合いをつけるか、といった単純な話ではなくなる。問いを見誤ってはならない。「共存」とは誰と一緒にいるかという選択の問題ではない。「私」は既に無数の関係の中に、そうした関係として存在している。いわば「私」は既に共存なのであり、「私」の内にある私ならざるもの、ラクー＝ラバルトとナンシーの表現に戻れば、主体の内にある主体ならざるものこそが問われねばならないのだ。

かくしてフロイトは哲学に対して重要な問題を提起した。だがフロイトは自身が垣間見た主体の問いをそれ以上には突き詰めなかったとラクー＝ラバルトとナンシーは考える。フロイトのテクストには至る所で「父」のモティーフが回帰してくる。それは関係としての主体をめぐってありうる無数の関係を「父‐母‐子」という唯一の三角関係に還元してしまいかねない。言い換えれば関係にあらかじめ出来上がっている形を当てはめることで、関係を一つの項、一つの実体に変えてしまいかねない。こうした読解作業において「政治的なもの」という言葉は定まった形のない関係性としての「共存」を指し示すものであると同時に、一種の権力性を孕んだ関係の固定化をも意味するものとして、両義的に用いられている（たとえば「政治的パニック」四〇～四一頁、とりわけ「父の政治」という表現に注目されたい。また、後にラクー＝ラバルトは大胆にこの問題をハイデガーにおける民族共同体という姿の内に認めることになる。『近代人の模倣』大西雅一郎訳、みすず書房、二〇〇三年、二二五頁参照。またラクー＝ラバルトによるこの語の理解については同書二五六頁、および『政治という虚構――ハイデガー、芸術そして政治』浅利誠・大谷尚文訳、藤原書店、一九九二年、三四頁を参照）。このような問題としての「政治的なもの」をよりいっそう原理的に検討するため、二人は次の段階に進むことになる。

2　新たな哲学の位置を求めて

政治的なものを問い直す哲学　一九八〇年、ラクー＝ラバルトとナンシーは、パリの高等師範学校《エコール・ノルマル・スュペリウール》内に「政治的なものに関する哲学的研究センター（Centre de recherches philosophiques sur le politique）」を設立した。センターの活動が続いたのは一九八四年までと決して長くはないが、その成果は二冊の論集にまとめられている。このセンター設立の目的はどのようなものだったのだろうか。この点は第一論集『政治的なものを賭け直す』（一九八一年）に収録されている開会の辞で説明されている。その目的とは新たな政治理論を練り上げることではないし、政治に対し哲学が直接に介入することでもなく、「政治的なものへの問いが哲学的なものへと「立ち還ること」である（「〈政治的なるもの〉と〈哲学的なるもの〉」立川健二・長野督訳、『現代思想』青土社、一九八六年八月号、五二頁）。それは政治からの単なる撤退ではないが、たしかに現実の政治と距離をとる必要性が要請されている。

だが何故このような立場があえて哲学的に必要とされるのだろうか。実は「政治的なものと哲学的なもの」は見極め難いほど渾然一体となっているからである。そのことをラクー＝ラバルトとナンシーは二者の「相互‐帰属」と呼んでいる。この表現が出てくる箇所を引こう。「こんにち必然的で、それゆえ切迫していると思われるのは、哲学的なものと政治的なものの本質的な（つまり偶発的でもなければ、ただ単に歴史的でもない）相互‐帰属（co-appartenance）とわれわれが呼んでいるものを、厳密に考察することです。言い換えれば、政治的なものを一つの哲学的決定として――そしてその逆もまた――考察するということです」（「〈政治的なるもの〉と〈哲学的なるもの〉」五二頁）。

われわれが政治と呼ぶもの、経験的な次元で起こっていると通常考えられている政治、そうしたものが哲学と無関係であるどころか、政治をその本質において考える際には必ずそこに哲学が巻き込まれており、そしてまた哲学が政治を基礎づけているような関係、それがここに言われる「相互‐帰属」である。それはギリシアに端を発するものとして哲学を把握する場合には逃れようのない宿命のごときものとして考えられている。この視点から以降のラクー＝ラバルトの仕事は明確な輪郭を取り始めるが、彼自身、そのことを以下のように述懐している。すなわちハイデガーの政治に対する立場は形而上学の基礎づけという哲学的な企てに基づいているが、ラクー＝ラバルトの見るところでは、こうした企てはそれ自体がまた「哲学が指導的ないし覇権的な立場を占めるべきであるという考えに支えられた上の基礎づけの企て」（「ハイデガー・ナチズム・〈ユダヤ性〉」九〇頁）である。ラクー＝ラバルトは続ける。「〔ハイデガーの企ては〕そうした言及は一切ありませんが、哲学に定義づけられる限りでの政治的なもの、すなわちこう言ってよければ政治（la politique）の真理としての政治的なもの（le politique）には、歴史的ないし歴運的な現実を全体として変革することが含まれていると考えているでしょう。私の考えでは、ハイデガーの政治参加はこうしたことに基づくものです」（同前——強調引用者）。

政治と美学

ラクー＝ラバルトの仕事は、このようなハイデガーの政治参加の問題とそれ以降の哲学的営みがどのように内的に結び付いているのかを執拗に分析していく点に集約される。彼はこの視点を芸術作品、とりわけヘルダーリンの詩作品の読解のうちに見定めていく。長きにわたって続けられたその分析の全体をここで追うことはできないが、政治と芸術が接する点を凝縮して描き出したテクストを取り上げておきたい。『政治という虚構』という書物の中にある「国家‐唯美主義（national-esthétisme）」と題された章では、政治的計画としての芸術作品というモデルが考察されるが、それはある民族が、自身が何であるか、何が自身を基礎づけているのかという問いに答えを与えるものと考えられている。「このことはただ単に、芸術作品（悲劇、音楽劇）がポリスないし国家の真理を提供するということを意味するものではない。そうではなく、政治的なものそれ自体が、芸術作品の中で、芸術作品として、自らを設立し、自らを組織する（そして定期的に自らを再‐創設する）ということなのである」（『政治という虚構』一二二頁）。

どういうことだろうか。これはたとえば特定の芸術作品がなんらかの政治的目的のために制作されたり利用されたりする、といった事態とは全く別のことを言い表している。すなわち「政治的なもの」——ここでは全体主義的国家——が芸術作品として自らを生み出すということである。ドイツと祝祭劇（Festspiel）の関係が古代ギリシアと大ディオニュソス祭の関係に比せられるという文脈を踏まえた分析だが、ラクー＝ラバルトのハイデガー読解において芸術というモティーフが重要なのは、それが単なる表現手段ではなく、哲学・政治・芸術の三局面が収斂する「〈近代人〉の形而上学の根源」（『政治という虚構』一四〇頁）がそこに認められるからなのである。

ラクー＝ラバルトは政治的なものの特徴を枚挙しているが、とくに重要と思われる一つをここで確認しておけば、

「オーガニック（有機的、organique）」であるという点が挙げられるだろう。彼はこの語を二つの意味で理解するように注意を喚起している。すなわち「器官（organon）」と「作品（ergon）」の二つの意味がそこには認められるという（『政治という虚構』一三六頁）。全体主義的国家は自らを作品であると同時に「生き生きとした全体」として捉える。その一方で国家は人為的な抽象物ないし抽象概念でもありうる。しかしその国家がいわば政治以前、近代社会以前の「共同体」の有機的性格をまとう地点、それを可能にする「美学」的視点をラクー＝ラバルトは自らの仕事の主題としていく。そして、その際には自然と人為、より正確にはアリストテレスによって提示されたピュシスとテクネー*という対概念も単に対立するものではなくなる。テクネーとはピュシスの増加分、余剰であるが、この増加分はピュシスを現れさせ、完成に導くものであると同時に、それを覆い尽くし、最終的には取って代わる。かくして国家は自然なものか人為的かという問題は解消してしまう。それもまた国家を芸術作品として捉える分析が必要とされる理由に他ならない。

作品としての共同体

ラクー＝ラバルトの思索はこの「作品」という概念、すなわち既に述べた意味での「オーガニックなもの」として把握された「政治的なもの」という概念を経由することで、明示的にナンシーの思索と交叉していく。ラクー＝ラバルト自身、『政治という虚構』の前年に刊行されたナンシーの著作『無為の共同体』を参照しながら、作品としての共同体という二人に共通の主題に注意を喚起している。ナンシーが指摘したのは、いわゆる「現実の共産主義」が失敗に終わったとしても、そしてまた理念としての社会主義や共産主義に共鳴する立場からそうした体制への批判がいかになされたとしても、「本質的に自分自身の本質を自

＊ピュシスとテクネー　ピュシス（φύσις）はギリシア語で「自然」を意味する語であり、アリストテレスの『自然学』（第二巻第一章）では「自己自身のうちに運動と静止の原理を持つもの」と規定される。「技術」を意味するテクネー（τέχνη）はある目的に従う手段であり、自然を模倣するという点で合目的性を有する営みである。自然物は自己形成するものであり、その内発的な力もまたピュシスと呼ばれるのに対して、人工物は己の存在原理を（製作者などの形で）外部に持つという点で自然物から区別される。

らの作品として産み出す存在者たちの共同体、さらにはこの本質をほかでもない共同体として産み出す共同体、という目標」（ナンシー『無為の共同体』西谷修・安原伸一朗訳、以文社、二〇〇一年、七頁）そのものが問いに付されない限り、今日の共同体を考えるに際しての「躓きの石」を乗り越えることはできない、ということである。

『政治という虚構』でラクー＝ラバルトも触れているとおり、ナンシーは全体主義を哲学的により正確に把握するために「内在主義（immanentisme）」という概念を提案している。それが何を意味しているのか説明した箇所を引用しておこう。「経済的絆、技術的操作、そして（一つの体への、あるいは一人の長のもとでの）政治的融合が、必然的におのれを通じてこの本質を体現し、あるいはむしろ提示し、露呈し、現実化していくのである。この本質はそこで発動し、それ自身の製作物となる。それはわれわれが「全体主義」と呼んでいるものだが、たぶん「内在主義」と呼んだほうがいいだろう」（『無為の共同体』八頁）。

ここには人間が自らの本質を自分自身の手で生み出すという、自己創出する主体の論理が改めて示されている（なおその過程を詳しく分析したのが、一九七八年に二人が共著として公刊した『文学的絶対――ドイツ・ロマン主義の文学理論』である）。言い換えれば、もはや人間は神のような超越的な存在や、おのれにとって外在的な原理によって創造される必要はない。それが「人間に対する人間の内在」として定式化されているのである。

このような定式化の意義はどこにあるのだろうか。引用直後に付されたナンシーの説明を敷衍しておこう。「全体主義」という用語によっておそらく多くの場合は、歴史上のナチズムおよびスターリニズムが想起されるだろうが、そしてナンシーの論考もまたそのような歴史上の現象としての全体主義を念頭に置いて書かれたものであるが、先の引用で示された内在の論理は必ずしもそうした社会体制に限定されるものではない。内在という前提が乗り越えられていない限り、今日の民主主義体制においても危険が去ったと考えることはできない。そこでさらなる分析のために提示されたのがこの「内在主義」という呼称なのである。

ところでラクー＝ラバルトも指摘している通り、「生きた芸術作品」という国家観はそれが「死の作品」であることと背馳しない。英雄視される指導者、あるいは心情的な負荷を強く帯びた国家へと、時に「祖国のために死ぬこと」を合言葉として総動員的に国民を集約していく構造を念頭に置いてみてもよいだろう。国家は永遠に生き延びるとされる一方で、個々の人間に多大なる犠牲として死を要求することがあるのだ。「死の作品」と捉えた場合、国家はどのような論理を備えたものとして現れるだろうか。ナンシーはそれを次のように記述している。「絶対的内在への意志に支配されている諸々の政治的、集団的企ては、死の真理を自らの真理としているのだ。内在や合一的な融合が包みもっている論理は、死に準拠した共同体の自殺の論理以外のなにものでもない」（『無為の共同体』二三〜二四頁）。

なぜ自殺の論理なのか。内在の共同体はそれ自身の基準に合致しない異物の排除をもう一つの原理として備えている。ナチス・ドイツにおいてはアーリア人種の純粋さがそれに相当し、その基準から外れるものは次々に犠牲にされていく。しかし、純粋なものと異物という区分は現実にはほとんど識別不可能であるため、内在の論理はドイツ国民の自殺に至ることになる（たとえば、ドイツの神学者にして牧師マルティン・ニーメラーによるとされ、人口に膾炙した詩「彼らが最初共産主義者を攻撃したとき」を思い起こすこともできるだろうし、一九三五年のいわゆる「ニュルンベルク法」によっていかに「ユダヤ人」が排除の対象として「定義」されたのかを考え合わせてもよいだろう）。その意味で純粋な理念を掲げる作品としての国家は死の共同体となる危険を常に孕んでいる。

無為の共同体

ナンシーが自らの論考のタイトルに掲げた語である「無為（désœuvrement）」が決定的な意味を持ってくるのはここにおいてである。この語はもともと作家モーリス・ブランショが『文学空間』（一九五五年）で用いた語である。ブランショはそこで「書く」という根源的な行為について論じているが、その際に彼は「作品（œuvre）」と「書物（livre）」とを区別している。前者はラテン語 opus の複数形 opera に由来する語で、人間の活動や労働により作られた対象、生産物を指すと同時に、そのような対象に関わる行為、営みをも指している（なお opus がとくに労働による具体的な生産物を指していたという点では、先に触れたギリシア語の ergon も同様である）。しかしブランショが考える作品は通常の意味での完成された作品といったものではない。一方でブランショは、つねに「作品」に対する近似値であり語の堆積に過ぎぬものとして「書物」を捉えるのに対し、作家には到達しえぬ遠点として「作品」を位置づけた上で、次のように述べている。「作品は〔……〕、作品は存在しそれ以上の何ものでもないという、非人称的な、何の名前も持たぬ断言のうちに、その不在性のうちに、再び閉じる。人々はこのことを解釈して、芸術家は死ぬときにはじめてその作品を終わらせるのだから、決しておのれの作品を知らない、と指摘する。おそらく、この指摘は、逆転させねばなるまい。なぜかというに、作家自身、この上なく異様なある無為〔désœuvrement〕を覚えるときに時おり予感しているように、作家は作品が存在してからあとは、死んでしまっているのではないだろうか」（『文学空間』粟津則雄・出口裕弘訳、現代思潮社、一九八三年（新装版）、一二頁）。

芸術家が己の営みの成果として作品を残そうとしている限り、作品は完成したものとしては存在しえない。その意味で芸術家は営みの内にありながら営みに対立する状態、すなわち「無為」の状態に陥る。無為の原語であるdésœuvrementとは先に説明したœuvreに否定の接頭辞が付いて作られた形容詞désœuvréの名詞化であり、通常は何もすることがない、暇な状態を指す。だがこの語はここでは消極的な意味で用いられてはいない。少なくともナンシーははっきりと「社会的、経済的、技術的、制度的な営みの解体」（『無為の共同体』五八頁）という積極的な力をブランショが提示した無為の内に認めようとしている。そうであれば「無為の共同体（la communauté désœuvrée）」とは、作品にならない共同体、営みの領域を外れた共同体と訳すこともできる表現であり、その目的はまさしく先の「芸術作品としての国家共同体」を問い直し、それとは別の方法で共同体を思考することに他ならない。

ラクー＝ラバルトもまたこの「無為」という語をブランショから借用した旨を『政治という虚構』で明言しているだけでなく（同書、二六二頁）、この書物自体がブランショへの献辞を冒頭に掲げるものでもあった。翻ってみれば、ラクー＝ラバルトとナンシーの共著である『文学的絶対』でこの語は既に用いられていた。初期ドイツ・ロマン主義運動の理論的中心を担った作家フリードリヒ・シュレーゲルらが採用し理論化した文学形式である「断章（fragment）」について注釈を施す際、ラクー＝ラバルトとナンシーはブランショによるロマン主義論「アテネウム」（『終わりなき対話』一九六九年、所収）を経由していた。ブランショはそこでロマン主義の中にあってロマン主義的でない契機、作品の完成に抗う力として「無為」を論じている。シュレーゲルらが刊行した雑誌『アテネウム』に発表された「断章《フラグメント》」の二四番——「古代人の多くの作品は断片《フラグメント》になってしまった。近代人の多くの作品は成立と同時に断片である」——に見られるとおり、たしかに断章形式は叙事詩などの伝統的な形式に比してみれば完全なる作品とは言えないかもしれない。少なくともそうした完全無欠な性格とは異なる作品概念が断章形式においては思考されている。しかしながら、個々の断章＝断片はいずれもそれ自体が一つの完成を目指す、独立した芸術作品であるという理想をもまたロマン主義の理論家たちは抱いていた。したがってブランショにとっては断章＝断片のうちにあってなお全体化を希求する傾向に抵抗する力、ロマン主義者が追究し尽くさなかった「断片の要求（exigence fragmentaire）」こそが遺産として付き突けられている。

そのブランショを受けてラクー＝ラバルトとナンシーは次のように述べている。「無為とは未完成〔inachèvement〕ではない。未完成は既にみたように、完成されるのであり、それが断片そのものなのだ。無為は何ものでもない、断片の中断以外の何ものでもないのである」（*L'absolu littéraire. Théorie de la littérature du romantisme allemand*, Seuil, 1978, p. 80）。

作品の解体である無為はしたがって単なる断片化とは異なる。断片はまた小さな全体性を形作ってしまう可能性を孕んでいるからだ。この全体と断片の関係を共同体と個人という関係に類比的に当てはめてみるとどうだろうか。共同体と個人は対立的に捉えられることが多いが、この両者が同じ論理、自己充足する主体の論理によって支えられていることを示すこともまた『無為の共同体』の目的の一つであった（同書、四九〜五〇頁参照）。それぞれに死という限界を定められた各個人を補う全体的・包括的な存在としての共同体、時に有機的なものとして美的に描かれる全体の内に作用する無為という力からナンシーは眼を離さない。

そのような全体が孕む危険は「政治的パニック」では「政治的なものが西洋で起こした錯乱」という名で示唆されていたが（前掲邦訳、二七頁）、『無為の共同体』ではファシズムの群衆や強制収容所といった明確な参照項を伴って「受肉した合一の錯乱」と呼ばれている（前掲邦訳、六四頁）。主体の論理に基づいて自己固有化した集団が行き着いた破滅的な状態を言い表したものだろうが、具体的な事例を引き合いに出していることからも分かるとおり、明確に政治的な文脈に自らの思考を置きつつ、ナンシーは改めて共同体の定義を試みる。「ある意味では、共同体とは抵抗そのものである。つまり内在に対する抵抗だ」(同書、六四頁)。ナンシーはそのような政治的な争点を、少なくとも『無為の共同体』において明確に見定めようとしていた。結論に向かう中でも以下のように述べられているとおりである。「政治的なもの、もしこの言葉が、社会の組織体をではなく、自らの分有の宛て先のうちにある共同体そのものの構制を示しえているとするなら、それは愛や死を包摂的に引き受けるものや作品であってはならない。それは、失われた、あるいは来るべき合一を見出したり、再発見したり、働かせたりするものであってはならない。〔……〕「政治的なもの」とは、おのれのコミュニケーションの無為に向けて構制され、もしくはこの無為へと差し向けられた共同体、つまり自らの分有の体験を意識的に遂行する共同体の謂でもあろう」(『無為の共同体』七三〜七四頁)。[*1]

この引用に見られるとおり、ナンシーの思考において「政治的なもの」は、無為の力によって作品化の運動を中断された共同体へと引き継がれることになる。

3　〈哲学の終焉〉の後で

「哲学者」の可能性

以上、ラクー＝ラバルトとナンシーが初期から共有していた問題関心である「政治的なもの」に焦点を絞り、この概念が二人それぞれの著作においてどのように論じられているか、具体的にいくつかのテクストに即して確認してきた。その後も二人はストラスブール大学の同僚として盟友とも呼びうる関係にあり続けたが、連名での仕事が(雑誌論文などは別にして)著作として刊行されたのは一九九一年の『ナチ神話』が最後であり、それも実質的には本章で扱った時期の仕事を元にしたものである(なおラクー＝ラバルトの死後、二〇一三年に二冊の書物が二人の共著として出版されたが、これは雑誌に発表されたものの再録である。一方は先にも触れた政治的なものをめぐる書物であり、他方は「舞台」をめぐる対話である）。

本節では二人それぞれの仕事の分岐点について、いわば根本的な思索の態度についてごく簡単ながら指摘しておこう。ナンシーは『無為の共同体』以後、同書で着手された「共同での存在」という主題を探究し続け、『共出現』（一九九一年、ジャン＝クリストフ・バイイとの共著）、『単数にして複数の存在』（一九九六）といった著作で、ハイデガー哲学との絶えざる対話を通じ、存在論の新たな展開を企図している。フランスではたとえばエマニュエル・レヴィナスがハイデガーの存在論に個々の存在者の特異性を中和してしまう暴力を見出し、絶対的他者に向かう倫理をこそ「第一哲学」[*2]として提言したのに対し、ナンシーは「共に存在すること（être-en-commun）」の存在論を新たに第一哲学として立ち上げようとしている。もちろん、ハイデガーもまた『存在と時間』（一九二七）において「共存在（Mitsein）」について論じていたが、それが最終的に「民族」へと収斂していったことをナンシーは強く意識している。その危険を乗り越え、ハイデガーが示しながらもさらに先に進むことのなかった地点へと辿り着くこと、それが「共に在ることとの存在論」というプログラムなのである。ハイデガーはまた「哲学の終焉」という表現を用いて形而上学とは異なる思考の領野を開こうとしていたが、ナンシーはたとえば『哲学の忘却』（一九八六）において、終焉以後、なおも哲学することの可能性を問おうとしている（なお、ナンシーはデリダらと共に哲学教育の削減に

＊1**分有**（partage）という語はたとえば英語のsharingに相当し、通常はなんらかのものを複数の人間が分け合うことを意味する。ナンシーはこの語を術語として用い、われわれが決して融合することのない分割された存在であること、そして同時に、分割されてあるというその事態だけを共有する存在であることを示そうとしている。この「分割＝共有」という二重の意味を表すためにしばしば「分有」と訳される。ナンシーの言う共同体とは個々の成員によって作り上げられるものではなく、同一性などを共有することのない成員が分有という出来事によって存在する際の、その逆説的な共同性のことである。

＊2**第一哲学**（philosophie première）は、アリストテレスが『形而上学』第六巻第一章で用いた表現 πρώτη φιλοσοφία に遡る。自然学や数学のように個別の存在についてではなく、普遍的な「存在としての存在」について研究する学を指す。

反対する「哲学教育研究グループ（Groupe de Recherche sur l'Enseignement de la Philosophie: GREPh）」の活動に参加しており、今日における哲学の必要性を問うことは実践的な意義をも有していたことを付言しておこう）。近年では芸術論なども含めた自身の多岐にわたる仕事を「キリスト教の脱構築（déconstruction du christianisme）」の名の下にまとめるなど、「哲学者」という立場を一定程度堅持しているように思われる。

この点ではラクー＝ラバルトは異なった立ち位置を取っている。『政治という虚構』の第一章は「哲学」について論じており、そこで同じくハイデガーによる「哲学の終焉」という時代診断が正面から受け止められている。「哲学は終わった。だが、その限界は踏み越えることができない。ということは、私たちには哲学をすることが、もはやできない——かつ哲学をすることしかできない——ということである」（『政治という虚構』一七頁）。

新たな大理論を作り上げるようなことは欲しないこのような態度、ラクー＝ラバルトはそれを「慎み」とも呼ぶが、その態度を徹底的に貫いたのがその後の彼の歩みであったように思われる。哲学は終わったが、その後に来る新たな思考についてわれわれは何かを知っているわけではない。その苦境から眼を逸らすことなく、ハイデガーが遺した哲学的遺産、そのヘルダーリン読解と対峙し続けた軌跡が『ハイデガー——詩の政治』（二〇〇二）に至るまで刻み込まれている。ラクー＝ラバルトは哲学者と呼ばれることはあっても自らそう名乗ることはなく、あくまでテクストの読み手（lecteur de textes）たろうとし続けたのだった。

脱構築の展開、複数の脱構築

このような二人の相違がよく現れる語を一つ挙げておこう。二人は初期から「形象（figure）」という語を用いているが、これはたとえば〈父〉や〈母〉といった形で主体の形成に関与するものであり、そしてまた〈民族〉といった形で集団の形成に際しても核として働くものである。ラクー＝ラバルトが終生問い続けた「模倣（ミメーシス）」[*1]という問題は、まさに主体がなんらかの形象をモデルとして同一化を果たす時のパラドックス、すなわち、自分自身になるために何かを模倣しなければならないという逆説的な事態を指している。この逆説を徹底的に炙り出そうとするその挙措はまさしくデリダの言う「脱構築」[*2]の実践の一つであった。このような意味での「形象」に対する注視と警戒はラクー＝ラバルトの仕事の特徴であろう。

これに対してナンシーは、硬直した同一性に対する脱構築の手を緩めることはないものの、絶えざる運動として

＊1模倣（ミメーシス）　「技術は自然を模倣する」と述べたアリストテレス以来、ギリシア語の「ミメーシス」はとくに近代の芸術論において論争を呼ぶ中心概念であった。この語は元来演劇的な「表現」を意味していたが、自然や先行作品の単なる「真似」に留まらない芸術家の能力としての創造性など、積極的な意義が「ミメーシス」にはしばしば読み込まれてきた。ラクー＝ラバルトはこの点を二種のミメーシスとして整理している。すなわち、

（一）「限定的な」ミメーシス――自然によって既に作られたものの再生産、複製、反復。

（二）「一般的な」ミメーシス――自然はあらゆるものを作り出し、組織し、作品化する能力があるわけではないという欠陥を補い、それに取って代わるもの。これは自然の産出能力そのものの模倣であり、その意味で自然を完成に導く。

第二のミメーシスの観点から、自然と芸術（によるそのコピー）という伝統的な階層秩序は揺るがされることになる。自然を含むあらゆるものを模倣し、演じるという芸術家（ここではとくに俳優）を例にとろう。模倣の能力が高ければ高いほど、当の芸術家は固有性を持たない、自身は「何ものでもない」というパラドックスが生じる。ラクー＝ラバルトはこのパラドックスを「ミメーシスの法」として提示する。すなわち自然は芸術家に様々な性質を授け、芸術はそれを完成させる役目を持つが、芸術家が「何ものでもない」のだとすれば、自然が行う贈与は「何でもないものの贈与」ということになる。ここに自然と芸術の二項対立はその明確な輪郭を失うのである（ラクー＝ラバルト「パラドックスとミメーシス」『現代人の模倣』参照）。

＊2脱構築（déconstruction）はジャック・デリダの哲学的方法と実践を特徴づける用語。デリダは西洋の形而上学体系を構成する内部／外部、自己／他者、同一性／差異、あるいは自然／技術、話し言葉／書き言葉、男性／女性といった二項対立においてしばしば隠されている一方の項の排他的優位を明るみに出すと同時に、その優位が他方の項を前提としなければ成立しえないことを周到に暴いていく。このようなデリダの思想をナンシーは意図的に西洋的思考体系としてのキリスト教に適用し、脱構築という身振りを再定義する。それは形而上学的な体系を「分解し、接合を解き、接合にいくらかの遊びを与えて、この接合の各部品の間になんらかの可能性が自由に戯れるままにしておくこと」である（『脱閉域』大西雅一郎訳、現代企画室、二〇〇九年、二九三～二九四頁）。ただしそれは体系の単なる破壊（destruction）ではなく、西洋の隠された由来ないし来歴、言い換えれば西洋にとっての「他なるもの」といわば「遭遇し直す」という積極的な意義を持っている。

の同一化、ならびにその都度「形象」が果たす役割については主体の変容ないし生成の可能性としてこれを積極的に捉えることもあるように思われる。それを示す興味深いインタビューを引用しておこう。旧ユーゴスラヴィアやチェコスロヴァキアにおける同一性をめぐってナンシーは国民的同一性よりも下位の同一性を問題にしつつ、次のように答えている。「ユーゴスラヴィアというアイデンティティーがたんなるお仕着せの恣意的な強制だったと言うこともできない。私は、自分は旧ユーゴスラヴィア人だと言うクロアチア人や、セルビア人、ボスニア人に何人も出会っている。それによって彼らは何かを言おうとしているのです。だからそんなものはなくなったと言うことはできない。／いずれにせよヨーロッパのアイデンティティーがなくなったとき、国民国家のかたちで主張されるアイデンティティーももはや維持できなくなっている。だから別の面から見れば、私たちは今すばらしい状況にいるとも言える。というのもそれは誕生の状況だからです。あらゆる種類のアイデンティティーの全般的誕生です」（「ヨーロッパ計画の法廷」西谷修訳、『文芸』河出書房新社、第三二巻一号、一九九三年、二八二頁）。

自己産出する主体の同一性は、新たな作品としての共同体、国家や民族という強力な形象に引き寄せられる共同体の特性に他ならない。だがそれとは異なった視点から同一化を問い直す必要は刻一刻とわれわれの眼前に突きつけられているのではないだろうか。ナンシー自身も、いまだ完成しているとは言い難いデモクラシーについて今日なお思考をめぐらせ著作を世に問い続けている。デリダの名と結び付いた「脱構築」には様々な発展の方途がありうるだろうが、緻密なテクスト読解と現代世界に対峙した理論的実践という二つの道は、かくしてその明瞭な軌跡として着実に伸びているのである。

著作と翻訳

フィリップ・ラクー＝ラバルト

1　『政治という虚構——ハイデガー、芸術そして政治』（*La fiction du politique*, Christian Bourgois, 1987. 浅利誠・大谷尚文訳、藤原書店、一九九二年）

＊ハイデガーにおける芸術と政治の錯綜した関係に鋭く切り込む著作。訳者によるインタビューが著者の遍歴を知る上で入

門的な役割を果たす。またフランスにおける「ハイデガー論争」に関する解説も詳細にして有益。なお本書の原題を直訳すると『政治的なものの虚構』となるが、本章では日本語訳に合わせた。この訳語の選択については訳者解説を参照されたい。

2　『近代人の模倣』（*L'imitation des modernes*, Galilée, 1986. 大西雅一郎訳、みすず書房、二〇〇三年）

＊1と深く関連するハイデガー論やヘルダーリン論を収録する論文集であり、古代ギリシアを模倣することが近代人の同一性に対してもたらす深刻な問題を執拗に論じるラクー＝ラバルトの主著。

3　『ハイデガー――詩の政治』（*Heidegger. La politique du poème*, Galilée, 2002. 西山達也訳、藤原書店、二〇〇三年）

＊ハイデガー思想、とくにそのヘルダーリン読解をめぐって研究を続けてきた著者の思考の一つの到達点を提示する著作。「形象」という重要概念をめぐる訳者解題もラクー＝ラバルトの仕事を明快に解きほぐして提示する。

4　「ハイデガー・ナチズム・〈ユダヤ性〉」鵜飼哲・大西雅一郎（インタヴュアー）、『現代思想』青土社、一九八九年八月号。

＊ラクー＝ラバルトの思想遍歴を知るのに有益であり、比較的平易な言葉で綴られたインタビュー。

ジャン＝リュック・ナンシー

1　『侵入者』（*L'intrus*, Galilée, 2000. 西谷修訳編、以文社、二〇〇〇年）

＊心臓移植という自らの経験を語った著作。具体的な場面に即して主体・同一性といった哲学上の概念が問い直されていく。自らの経歴を語ったインタビューも収録されており、著者の大まかなイメージを摑むのに適した小著。

2　『無為の共同体』（*La communauté désœuvrée*, Galilée, 1986. 西谷修・安原伸一朗訳、以文社、二〇〇一年）

＊一切の共同性を欠いた者たちの間にいかに共同体を考えることができるか――同題の論文を出発点に関連論考を収録するナンシーの代表作の一つ。

3　『複数にして単数の存在』（*Être singulier pluriel*, Galilée, 1996. 加藤恵介訳、松籟社、二〇〇五年）

＊2で切り開かれた共同体の問題をさらに根底的に問い直す、ナンシー哲学の一つの到達点。われわれが「共に」在るとはどういうことなのかを思考するための新たな存在論のプログラムを提示する主著。

共著

1　「ユダヤの民は夢を見ない」（*La panique politique* suivi de *Peuple juif ne rêve pas*, Christian Bourgois, 2013. 藤井麻利

訳、『imago』青土社、一九九二年七月号）

＊本章でも触れたが、二人の共同セミナーの成果の一端である論文「政治的パニック」（拙訳、『思想』岩波書店、二〇一三年一月号）の続編（フランス語原著は二本の論文が単行本化されたもの）。フロイトのモーセ論を受け継ぎながら民族の同一化とその不可能性をめぐる諸問題を追求する。

2　「〈政治的なるもの〉と〈哲学的なるもの〉」立川健二・長野督訳、『現代思想』青土社、一九八六年八月号。

＊本章で取り上げた「政治的なもの」概念を考える際の最重要テクストの一つ。「政治的なものに関する哲学的研究センター」での発表を元にしており、この概念にまつわる論点を整理している。

3　『ナチ神話』(*Le mythe nazi*, L'Aube, 1991. 守中高明訳、松籟社、二〇〇二年）

＊1、2の論考と同時期の作業から生まれた共著。ナチス・ドイツという、現代における合一の共同体の形象をあくまで哲学的に分析しようとする試み。小著ながらナチス・ドイツが形成される際に「神話」が果たした役割が分析されていく。

読書案内

1　松葉祥一「政治的なもの〔から〕の引退——ナンシー＋ラクー＝ラバルトと「政治的なものについての哲学的研究センター」」『哲学的なものと政治的なもの——開かれた現象学のために』（青土社、二〇一〇年、第五章）

＊ラクー＝ラバルト／ナンシーに加え、リオタールらの議論を踏まえて、政治哲学における普遍主義と相対主義の相克という課題に挑む。

2　澤田直『ジャン＝リュック・ナンシー——分有のためのエチュード』（白水社、二〇一三年）

＊ナンシーについて日本語で読める概説書。自由、芸術、キリスト教等々、ナンシーの多岐にわたる思索を俯瞰することができる。

第2章　主観性の生産／別の仕方で思考する試み
——フェリックス・ガタリを中心にして——

増田靖彦

フェリックス・ガタリ（Pierre-Félix Guattari, 一九三〇〜九二）は分析医、哲学者、社会活動家。パリの南西に位置するロワール＝エ＝シェール県のブロワ近郊にあるラボルドのクリニックで制度論的精神療法の実践に取り組むことを生活の基盤としつつ、精神分析を乗り越えるスキゾ分析の確立に尽力し、その理論的側面を担う論文や著作を公表するとともに、様々な政治的運動にも積極的に携わった。こうした多様な経歴は彼の思想に対する理解を困難にしがちである。本章ではその核心を「主観性の生産／別の仕方で思考する試み」と捉えて読解していく。手順は次の通りである。(1)まず、ガタリの独自性を浮き彫りにするため、ドゥルーズ（Gilles Deleuze, 一九二五〜九五）との思想的異同をプルースト読解から探究する。(2)それを受け、彼の思想を言語学的考察、精神分析批判、機械論、政治経済的言説といった角度から概観する。(3)最後に、もうひとりの共著者であるネグリ（Antonio Negri, 一九三三〜）の思想的営為と比較することで、ガタリを読む今日的意義について検討したい。

1　プルーストを読む

二人の間で

ドゥルーズとの共著である『アンチ・オイディプス』（一九七二）は、大まかに言うと、フロイトの精神分析とマルクスの経済学をかけ合わせ、そこから生まれる思想的効果を脱構造主義の戦略として展開することを企図した書物である。「欲望する機械（machine désirante）」という概念に基づいて部分と全体の存在論的関係を再考する試みはその代表的なものだ。そこで二人は、全体を形成する要素として部分を捉えるのではなく、部分を全体の絶えざる更新の契機と捉えている。それは全体を部分の有機的結合と見なすだけにとどまらない、全体を部分の部分（部分とは開かれた全体である）と見なす独自の視点を打ち出すものだ。このとき論拠として引き合いに出される素材のひとつに『失われた時を求めて』にみられる性愛の交錯がある。

二人によれば、プルーストは性愛の描写を通じてオイディプス的構造から派生する同性愛を夢想していたのではない。そうではなく、異性愛（hétérosexualité）から同性愛（homosexualité）へ、さらに同性愛から横断性愛（transsexualité）へ進展する性愛（sexualité）とそれら三つの性愛の共存を看取していたのである。プルーストにおける性愛は身体を単位とした性別に依拠するのではない。それどころか、それは非人間的なものも含む間身体的な関係および身体内部の関係から生じるのであり、したがって一つでも二つでもなくn個の性が存在するのだ。これに加えて、性愛の進展が神経症から分裂症《スキゾフレニー》への移行と連動させて論じられることで、精神分析に対する批判とそれに代わるスキゾ分析の提唱がなされる。この問題設定は続く『千のプラトー』（一九八〇）で、「リトルネロ」（ヴァントゥイユの小楽節）と「顔貌性」（オデットの顔）を構成要素とする「作動配列（agencement）」と、それに起因する領土化をめぐる議論*に精緻化されていく（有名な「雀蜂と蘭」の事例もプルーストからヒントを得たというニュアンスが強い）。

ところで、いま概観した議論は二人のどちらが主導していたのだろうか。素朴にすぎるこの問いをあえて立てるのは、その答えを執筆の進め方（ガタリの原テクストにドゥルーズが手を入れた）にではなく、思想の次元に求めたいからである。手掛かりは二人の単著に見出されるだろう。周知のように、ドゥルーズは『プルーストとシーニュ』（一九六四）を二度にわたって増補した（一九七〇、一九七六）。この増補はいずれもガタリとの出会いを経てからなされている点で興味深い。他方、ガタリの方は『機械状無意識』（一九七九）の第二部を『失われた時を求めて』の分析に充てるとともに、『分裂分析的地図作成法』（一九八九）でも折に触れてプルーストを引き合いに出している。ガタリの著作はドゥルーズとの共著の後に公刊されたものが多いという留保をあらかじめ付しておいた上で、両者の異同を検証してみよう。

ドゥルーズによる読解　『プルーストとシーニュ』初版で、ドゥルーズはプルーストの企図を過去の想起から遂行される記憶の探求ではなく、未来に向けたシーニュ（記号）の習得を媒介とする時間の本質への漸近と規定している。記号との遭遇による思考の強制的発動と、記号の分類学から構想される様々なセリーの発散と結合とに依拠した時間の存在論は『差異と反復』（一九六八）や『意味の論理学』（一九六九）の議論を予感させるのはもちろん、『シネマ』（一九八三、一九八五）のイマージュ論さえ彷彿させる。

ところが、第二版の増補された箇所では、記号との遭遇およびその習得だけでは思考の覚醒と展開を促すのに十分でないと主張され、それに加えて脱我（extase）の重要性が強調されるようになる。脱我は〈外に立つ、外に出す〉ことを原義とするが、これをドゥルーズは敷衍して〈文学（者）とその読者（他者）を相関的に生の実験に駆り立てることで様々な効果（反響）を産み出す作用〉と規定し、読解のポイントを思考（そのもの）から（思考の）生産へシフトさせるのである。この次元を形容するために導入されるのが、「機械」（生産に関わる動態的な重層決定）、「横断性」といったガタリに由来する概念である。こうして第二版は『アンチ・オイディプス』のプルースト読解に近づいていく。ただし、機械の機能がフロイトの概念に寄り添うかたちで説明されるなど、その記述が依然として準備的段階にとどまっている感は否めない。

この曖昧さが完全に払拭されるのは、さらなる増補部分でプルーストのテーマの非オイディプス性が明言される第三版においてである。ここでは章立ての改変に伴う議論の方向づけの明確化と、作動配列という概念の考案によるプルースト読解のさらなる進展すなわち脱精神分析化の遂行とが目を惹く。それはほぼ同時期に公刊された『カフカ』（一九七五）や『リゾーム』（一九七六）（やがて『千のプラトー』の序となる）といったガタリとの共著と通底する。

＊領土化をめぐる議論　二人のライトモチーフが「欲望する機械」から「作動配列」に置換されるに従って前景化してきた概念群。「領土化」とは複数の要素が主観性を通じてひとつにまとまって機能すること（作動配列の形成）を指す。その機能が開放されている状態およびその機能が解体に向かう運動が「脱領土化」であり、脱領土化→再領土化→脱領土化が繰り返される場が「領土」（強度0＝∞としての器官なき身体）と呼ばれる。

る議論を含んでいる点でも注目に値する密度の濃い手続きといえよう。

ドゥルーズからガタリへ

この限りでガタリが果たしたドゥルーズへの寄与は見紛うべくもない。ドゥルーズが「横断性」を援用したガタリの同名論文（一九六四）は、現代社会におけるもろもろの集団を分析するに当たって、精神分析の有効性を評価しつつも、その問題点を指摘する過程でこの概念を提起し、それをもって制度論的精神療法（スキゾ分析の実践）の方法的優位を際立たせる試みである。ガタリはとりわけ、精神分析における治療現場での治療する者（分析者）と治療される者（被分析者）の垂直的関係が転移とか抵抗よりも前に暗黙の抑圧として機能することへの分析者の無自覚に疑問を投げかけ（そうした状況は、たとえばハラスメントを〈拒絶できる状態にありながら主体的に抵抗しなかった〉と免罪する風潮の温床にもなりかねない）、それを補完する水平的関係の創出を要請する。もちろん、後者の関係を過度に信頼するのも危険であり、望ましいのは二つの関係の交錯とそのなかでの多数多様なコミュニケーションの実践およびその適切な診断だ。こうしてクローズアップされるのが横断性という次元にほかならない。この概念は後にガタリのプルースト読解にも豊饒な成果をもたらすことになる。

ガタリによる読解

『機械状無意識』の第二部で、ガタリはプルーストの試みを、主体と客体を横断する抽象的な機械状のもの（machinisme）の分析と捉え、それをリトルネロと顔貌性という二つの構成要素が織りなす様々な〈言表作用の集合的作動配列（agencement collectif d'énonciation）――さしあたり主体および主体の属する集団と言語とが相互に規定し合う動態的な枠組みを指すと理解されたい〉という観点から読解している。これは翌年に上梓されたドゥルーズとの共著『千のプラトー』にもみられる手法だ。ただし、顔貌性がダイヤグラム化、リトルネロが横断化を担うとされ、両者の交錯をスキゾ分析にかけることで、いっそう緻密な議論が展開されるところにガタリの特徴がある。ガタリはそこで、ドゥルーズによる読解からの影響を表明しつつ（たしかに主導的な論点は『プルーストとシーニュ』第三版と共通するところが多い）、『失われた時を求めて』の登場人物および二つの構成要素のそのつどの出会いがいかなる作動配列を生み出し、どのような領土化の運動をもたらすかを物語に合わせて辿っていく。その手捌きには様々な側面が混在するものの、ガタリの主眼は作動配列の変換とそれに伴う領土化の変遷をもっぱらリトルネロ（最終局面では顔貌性も前景化する）に依拠して解明し、そこに登場人物（とりわけスワンと語り手）が絶えず新たな主体へ生成していくプロセス[*1]をみてとることに向けられているといってよい。

横断性の観点から注目すべきは、作動配列と領土化を通じてリトルネロが音楽から文学へ生成するとされること、そして主体の生成において非主体的な要素が不可欠な役割を果たすとされることである（ヴァントゥイユの小楽節は様々な仕方で演奏されることで言語以上に雄弁な調べとして機能しており、またサロンは主体的な人物が歓談する場ではなく、人物の主体性が造形される場として機能している）。ここから、プルーストの試みは言表作用の集合的作動配列の変換によって——すなわち形成途上の作動配列の深部に入り込んでは、そこに脱領土化の契機、逃走線／漏出線を見出し、それを端緒として別の作動配列へ移行することの繰り返しによって——主体化の様式を明るみに出すことである、というガタリの主張が形成される。もちろん、ガタリにおいても、『失われた時を求めて』が過去の想起と解釈による非隠蔽性としての真理を探究するのではなく、未来の構築と増殖という創造的行為としての真理を目指す文学と捉えられていることに変わりはない。ただし、読解の比重が新しい主体の生成論（そのつどの現在における共時的要素の動態的分析）に置かれているところに、ドゥルーズとの微妙な指向の違いを感じることができる。

その思想的特質は主観性[*2]の生産を個体化と脱個体化という相反する運動と規定する点にあるだろう。これは、主

＊1プロセス　起源も最終目的もない係争的進展として本章で頻出するこの発想は、二人の共著の中でもガタリ色の強い『カフカ』においてさらに横断性の性格を強く打ち出され、のちの「リゾーム」という概念へと発展することになる。

＊2主観性　原語はsubjectivitéで「主体性」とも訳しうる。ガタリのsubjectivitéはデカルト的コギトないしそのヴァリアントとしての自己意識でもなければ、身体的同一性に根ざした行動主体でもない。それは前人称的かつ間身体的＝間物体的な次元で様々な要素からそのつど構成される不断のプロセスを指す。言い換えれば、subjectivitéである我々は力能（puissance）としての主観性の生産を通じて主体性という力（force）を発揮するのである。ガタリのsubjectivitéにはらまれるこの二重性を単一の日本語で表記することが困難だったため、本章ではやむを得ず、文脈に応じて訳し分けることとした。

体の形成が必ず主体の解体を伴うために、主体が絶えず過渡的な存在であり、決して完成（自己同一化）しないことを意味している。逆からみると、主体にはつねに非主体的なもの（他者）が貫流しているのであって、そうして相互に異質的なものが共存する様態に主体性の核心があるということだ（我々の生存に空気や水や食物の摂取が欠かせないことを想起しよう）。主体が複数の要素の絡み合いからなる移行の連続（通過）として以外に存在しえないのだとすれば、考察されるべきはむしろ主体の形成に関わる非主体的なもの、プルースト読解においては言語や記号にとりつき、それらを可能ならしめる非シニフィアン的な要素であり、それらと主体的なもの、シニフィアン的な要素との（権）力関係となるだろう。こうしてガタリは言語学やミクロ政治*の問題に接近していく。

2　ガタリの思想

言語学的アプローチ——記号論(sémiotique)／語用論(pragmatique)

ガタリが言語学に関心を寄せるのは、そこにみられる現在的な共時性の分析のうちに、様々な要素の絡み合いからなる主観性の生産という自らの問題設定を解くヒントがあると考えるからである。もっとも、その援用はきわめて柔軟であり、他の事例に漏れず、創造的誤読を恐れない大胆なものとなっている。

ガタリはまず、即自的な言語は存在しない、という規定から出発する。これは言語を言語たらしめるのに非言語的要素の役割は無視しえないということ、つまり言語は決して自律的システムではなく、他のあらゆる記号様式——身振り、踊り、儀礼といった身体に依拠したものや、特定の集団、民族、国家およびそれぞれの内部における権力関係に立脚したものなど——に開かれていて初めて言語として成立しうるということを意味している。言語の発生論拠を単一的なものではなく複合的なものと捉え、言語の存在論拠を言語の他者に求めるところから、プルースト読解でも触れたように、言表作用の集合的作動配列を語用論のレヴェルで探究することが重要な課題として浮き彫りになってくる。ガタリが新奇な概念を駆使して自説を展開するのは、フランスの構造主義にみられる言語学的アプローチやそれに影響を受けたアメリカの構造主義的言語学によってもたらされた研究成果を採り入れつつも、そこに窺われる還元主義（幼児期や普遍的特性に訴えること）をすり抜けて発生論的位相へにじり寄るという困難な計略を遂行するための苦肉の策なのかもしれない。

実際、構造主義的考察が実存主義にみられる転倒した本質主義やそれに基づく人間中心主義の残滓から脱却し、近代的主観性に取って代わる新しい主観性のモデルを言語学に倣って提示した点をガタリは評価している。しかし、そこには構造が複数の構造以前的なものの遭遇によって生じることへの配慮がみられないのではないか。たとえば、事物の構造は、事物にあらかじめ備わっているのでもなければ、事物の中で自律的に形成されていくのでもなく、事物と事物の間に、さらには事物と事物でないものの間や事物でないもの同士の間に接触があることでそれとして生じるにもかかわらず、構造主義的考察にはそうした視点が乏しいし、そうした隘路を免れている場合であっても、構造と非構造の差異が曖昧にされたまま、後者より前者に優位が置かれ、後者を前者へ還元してしまっている。〈無意識は言語のように構造化されている〉というラカンの主張でさえそうだ。そこでは心的構造が、情動を排除した上で現実的なもの（シニフィアン）と想像的なもの（シニフィエ）の言語学的な二項関係になぞらえられ、前者による後者の解説という仕方で意味の制御（contrôle）が行われている。もちろんラカンの議論はこれだけにとどまらず、さらに欠如したシニフィアン、大文字の他者A、対象aという象徴的なものを構想することで精神分析の批判的更新をもくろむことも忘れなかった。ところが、ガタリはそれに対しても、非言語的要素への目配りについては評価しながらも（脱領土化の先駆とみなしうるから）、象徴的なものに存在論的優位を置いてすべてを委ねてしまうのは素朴な構造主義にも増して性質が悪いと批判の手を緩めていない（ただしラカン自身もそうした隘路から脱出する

＊**ミクロ政治**　権力が複数的かつ可視的に行使されるマクロ政治に対し、その背後ないし根底で特異的かつ不可視に機能する関係を指す。これを無言の抑圧として悪用するのではなく創造的ポテンシャルとして活用することがいわゆる分子革命の出発点となる。

ために「ボロメオの輪」から「サントーム」に至る方途を模索していたことを付記しておく）。

アメリカの構造主義的言語学に向けられる批判もほぼ同じ角度からなされている。ガタリによれば、たしかに文章や単語は特定の文法的枠組みの中でないと意味をもたない。しかしある言語が支配性を獲得すると、それが権力的に機能するようになる（英語に対する日本語、標準語に対する方言の関係を連想されたい）。また言語における意味の形成は非言語的要素との関係を無視しえない。我々が相手によって話し方を変えたり、同じ言葉でも口調や文脈や状況に応じて意味が変わったりするのも、そうした事情に由来している。にもかかわらず、意味作用の社会的次元を顧みることなく、意味が深層の記号的構造から自動的に生成してくると考えるのが、チョムスキーに代表されるアメリカの構造主義的言語学なのだ。そこには、ガタリが見出す言表作用の集合的作動配列という契機が決定的に欠けている。

言語における意味の形成は、言語それ自体のみからなされるのでもなければ、なんらかの象徴的なもの（ガタリはこれをブラックホールと呼ぶ）への依存においてなされるのでもなく、絶えざるプロセスとしての社会的な権力関係との往還運動によってなされる——この展望の下、ガタリは作動配列をそれぞれ二つの方向（構造と機械）をもった四つのタイプ（①アナロジー／イコン的、②シニフィアン的、③シンボル的*、④ダイヤグラム的）に分類し、その混成《ミックス》とそれぞれの連接の仕方に応じて様々な意味が産出されると主張する。そしてこのうちのどのタイプが主導的になるかはそのつどの（権）力関係にかかっていると考えるのである。

ガタリによれば、この図式はイェルムスレウの言語学とパースの記号論の自由な解釈に基づいて構想されたものだ（前者はシニフィアン-シニフィエに代えて形式における表現-内容という構図を提唱することで、後者は物質を記号とみなす視点を獲得することで、排中律に代表される伝統的なロゴス中心主義を超出する境位、意味と無意味の共存とでもいうべき境位を肯定したのであり、その限りで作動配列の理論の萌芽的段階にあるという）。ここでは、それぞれの作動配列の混成とその連接が生む効果については捨象し、主観性の生産という観点から略述するにとどめると、ガタリは、主観性の生産を〈言表の主体（文章における「わたし」）と言表行為の主体（文章を書く「わたし」）が同じコインの裏表のような関係に、つまり前者によって後者が保証されつつ、後者によって前者が主体化される関係にある〉と見なす構造主義的発想では作動配列のタイプの②しか念頭に置かない点で不十分であり、他のレヴェル（とりわけ③と④）とそれを制御している（権）力関係を考慮に入れる必要がある、と指摘している。

精神分析批判――スキゾ分析と資本主義

これまでみてきたガタリの思想は、ラボルドでの制度論的精神療法の実践を通じて培われたものである。そこでは垂直的な人間関係に水平的な人間関係を織り込んで横断性の次元の創出が企図され（たとえば、病院内での役割交換やイヴェントを通じてメンバーが総体として対等の関係を結べるようにする）、この次元の探求が精神分析とは別の仕方で無意識に迫るスキゾ分析を構想する契機となる。無意識は家庭に比重を置く個別的経験から遡行的に解釈されるものではなく、社会的関係の中から集合的に生産されるものと捉えられ、その生産プロセスにみられる創造的ポテンシャルの解明に問題の焦点が合わされるのだ。

注意しておきたいのは、無意識がいかなる人称性にも帰属しない分子的結合と見なされていること、創造的ポテンシャルがそのつど新しい作動配列を生み出すとされていること、ただしその効果は現実に機能しないと明らかにならない（作動配列自体はニュートラルなもの）ということである――ちょうどタンパク質が作られないと遺伝子情報はそれとして機能せず、タンパク質が組み合わさると細胞としてそれまでになかった現象が起こり、さらに細胞が集まって個体になると予測もつかないより高次の現象（器官の形成など）が生じるのと同じように。

ガタリは無意識についてもこうした分子生物学的な知見の延長上で考えようとする。そこではまず、集団が基盤にあって個体を規定するのでもなければ、個体が総合されて集団を形成するのでもなく、個体はそのままで集団（集合体）であり、集団（集合体）もそのままで個体であるとされる。そしてそのように個体と集団が分かちがたく混

＊シンボル的　原語は symbolique だが、ラカンの「象徴的なもの（象徴界）」と異なり、ガタリの「シンボル的」は幼年期の言表行為にみられるような、意味作用の前シニフィアン的な要素がうごめく強度的状態を指し、ダイヤグラム的な変換の嚆矢としての側面をもつ。

交しているからこそ、個体も集団も既存のシステムの中で思考停止に陥ることなく新しいシステムを生産する力を秘めているとされ、そこから生産するものとしての無意識という形象を引き出すのである。ガタリはまた、個体と集団のこうした共存を実体（substance）に代えて共立体（consistance）と呼び、さらに、その様相を（静態的な構造分析によって解明される「仕組み（mécanique）」と同時発生的でありながらもそれを可能にする発生論的位相を表す動態的なものとして）「機械状（machinique）」と呼ぶ。こうして意識、前意識と無意識の間の先後関係を解消しながらも、それらを象徴的なものに依存させることなく、前人称的な特異性としての集合的主観性を形成する作動配列の効果と捉えるスキゾ分析の起点が整備される。

　スキゾ分析は精神分析の特徴とされる解釈、オイディプス主義（あるいはファロス中心主義）、転移と変換を通じた無意識の発見を分析者による被分析者の欲望の馴致と見なして批判するとともに、先に示した社会的次元を取り込むことで被分析者自身による無意識の再‐構築を目指す。いわば精神分析では分析者が被分析者の無意識の地図を作成する（夢の解釈）のに対し、スキゾ分析では被分析者自身が無意識の地図を作成する（無意識のデッサン）というわけだ。ところで、欲望は家族に限らず、学校、職場、病院そして分析者によって抑圧されているのだから、スキゾ分析が問いに付さなければならないのは抑圧の枠組みを社会の制度として要請した資本主義ということになる。ただし資本主義には面倒なところがある。というのも、資本主義は既存の制度をリセットして絶えず新しい制度を樹立する力（資本の絶対的な流れ）をもっており、そのままだとおのれすら維持できなくなるため、そうした力を規制する公理系（axiomatique）（流れを切断する国家など）を利用することで自らの存続を図っているからだ。ガタリによれば、これは大文字の他者Aの導入によって精神分析の延命を企てるラカンの手法に近い。実際、精神分析にはこの相似形を利用して資本主義の存続に加担してきた側面がなくもないだろう——たとえば、絶対的な流れの上に生きる人（風来坊であれ、引き籠りであれ）の無意識を解釈で矯正することによって労働を通じた自己実現へ誘う、といったように。

　精神分析や資本主義のこの巧妙さから脱け出すのは難しい。なぜなら、労働者（被分析者）も資本家（分析者）もひとつの作動配列の構成要素となっている点では何ら変わりなく、両者の違いは権力関係の規準としての公理系への順応の程度の差にあるに過ぎないからだ。だとすると、重要なのは、資本主義が特定の個人に利益を占有させない制度を生み出せるようにすること、ガタリの概念を用いて言えば、作動配列の混成と連接の変換可能性を担保することになるだろう。そのためには作動配列が権力関係に従属するのではなく、権力関係が作動配列に従属するようにもっていかなければならない。こうしてガタリは作動配列が構築される仕方の探究に向かっていく。

機械と地図作成法（cartographie）

ガタリの思想は、個人や集団の行動において非合理的とされる次元を客観的知識の欠如や主観的判断の誤謬によるものではなく、論理とは別の論理、いわば論理の他者と捉え、そこから人間的生の創造的ポテンシャルを引き出そうとする企図に貫かれている。この試みは無意識を言語学的な普遍的統辞法に立脚した軛から離脱させるとともに、記号論的な構成要素が様々な力学の影響の下に相互に作用し合う場（言表作用の集合的作動配列）と見なす独創的な視点を生み出す。それによれば、無意識はおのれを世界に開きつつ生成変化してやまない純然たるプロセス、すなわち前人称的な特異化の運動であり、それがどのような効果を生み出すかはひとえに作動配列の混成と連接の仕方にかかっている。

この無意識の動態的なシステムをガタリは「機械（machine）」と呼ぶ。スキゾ分析において無意識は意識や前意識と同時発生する主体の構成要素であるから、機械は人間的主体の発生論拠ということになる。これは人間を機械と捉える発想にほかならない。どういうことか。ガタリは終始一貫して人間を人為的な構築物と見なしており、そこに自然的な契機を認めようとしない。たとえば、欲求（besoin）や感情（sentiment）といった主体の成立を前提とする感性的な要素はもとより、欲望（désir）や情動（affect）といった前主体的な様相でさえ原初的なものではなく何らかの作用が働いた効果と考え、いずれも機械と形容するのである。ガタリの念頭にある機械は一般的な理解と異なる意味合いをもつ。したがってその含意をはっきりさせておく必要があるだろう。ここでは道具（outil）や機構（mécanisme）（構造主義的考察によって露わになる構造も含む）との対比をその手掛かりとしたい。

ガタリによれば、道具とは人間的主体が確立した後で功利性に基づいて制作されるものを指す。それは人間による操作を前提とするから、人間との間に受動的な関係しか構築しえない。これに対して、機械は能動的に人間に関与するので、人間を変容するポテンシャルを秘めている。より厳密に言うと、機械とは人間と道具の間を系統流（phylum）が貫くことによって両者の新しい実在的関係（主体性）を創出するシステムを指すのである――たとえば、ステップ地帯（という身体）において〈人間‐馬‐弓〉の結合がひとつの戦争機械となるように。もっとも、機械は機構（構造）と異なり、そうした結合を恒常的に維持する何らかの象徴的次元を占めるものではない。それは結合する構成要素の作動配列を内在的に発生させるとともに、自らの構築した関係によって新たな機械の生産を促す自己原因的な性質を有するものなのだ。

こうした議論を考慮すると、機械はもはや道具の発展的形態でも自然と対立するものでもなく、むしろ自然と人為一般に共通する存在論拠と言ってよいだろう。それは有機的なもの（生物）だけでなく無機的なもの（非生物）も射程に入れた、つまり後者からの前者の発生と前者から後者への解体を視野に収めた実在およびその総体を作動配列の変換プロセスの効果と規定するために選択された概念なのである。ガタリが現代社会に蔓延する機械への過度の依存を批判して自然への回帰を訴えるどころか、その反対に自然を機械の一部と捉えてさらなる機械化を企てるのも、このような機械の概念を踏まえれば容易に理解できる。重要なのは、従前の有機的連関を復元したり、原初の単一的存在に遡行したりすることではない。それらはいずれも系統流の効果のひとつに過ぎないのだから、系統流によってどのような作動配列が成立し、どのような構成要素がそこから零落するのか、そしてその零落したものが作動配列にどのような影響を及ぼし、どのような変換を促すのかを探求することが重要なのだ。その方法を図式化したものが「地図作成法」にほかならない。

ガタリにとって、機械は外部から人間を支配したり補完したりするのではなく、人間を内在的に基礎づけるものである。したがって両者の関係を描き出す地図作成法もそうした角度から構想されることになる。性急かつ粗雑な読解となるのを恐れずに整理しよう。

ガタリは機械に系統流と作動配列の連続性を確保する働きをみてとり、理論的には作動配列の機能を敷衍した図式を採用している。そこではまず、(1)機械が通時的な次元（先行する機械や後続する機械との関係）と共時的な次元

（機械とその外部環境との関係）から切り離せないと規定される。そしてその上で、ガタリは機械を四つの関手（foncteur）（流れ（F）、領土（T）、系統流（Φ）、世界（U））が結ぶ一定の縦横関係によって展開される、四つの領域（可能的、実在的、潜在的、現働的）の交錯と脱交錯の織りなす効果として分析する（モル的経度と分子的緯度の画定）。(2)次いでこれに（『千のプラトー』での協働作業を承けて）「条里化（striage）」と「平滑化（lisage）」という作用が重ね合わされる。前者は同一の区域内で同質的な機械状多数多様体（個体の分子的結合からなる集団）から異質的なものが発生する働きを、後者は隣接する区域間で異質的な多数多様体同士が変形し合って同質的なものが発生する働きをそれぞれ担う。(3)ガタリはここからさらに、平滑化を縦方向（FΦ）と横方向（FT）に細分することで異質性をプロセス的なもの（抽象的かつ連続的な質）と感覚的なもの（具体的かつ不連続な質）に峻別し、後者から前者へ異質性が密集することを「外延的なもの（extensif）」から「強度的なもの（intensif）」への移行と捉え、そこに「反生産」としての結晶化をみてとる。この移行は機械のポテンシャルを高め、逆方向に展開していく現働化の運動にエネルギーを充填することで前人称的な特異化（主観性の生産）の推進力となるだろう。こうしてガタリは事物の総体を貫く抽象的で非物体的な準拠対象（référence）に辿り着く。それは共立平面（plan de consistance）と名づけられ、ガタリ思想の存在論的基盤をなすものとなるのである。

政治経済的展望から エコゾフィーの思想圏へ

機械にはダイヤグラム効果によって脱領土化される抽象機械と、領土化された流れの領域に現れて平滑化を遂行する具象機械がある。ガタリによれば、前者は後者を超越的に統御する観念的形式ではなく、後者を横断しつつ自律的な一貫性（consistance）を保持する作用である。両者の間には、物質とそれを構成する微粒子の運動のように、区別はあっても分離はない。いわば具象機械は様々な領域（科学、工場、文化、教育など）で現れるが、それに対し、抽象機械はそれらに通底する政治的システム（権力関係）を表すというわけだ。ガタリはここから、主観性の生産が現実の主体化をどのような方向に進めるのか、あるいは様々な作動配列がどのような仕方で資本主義社会において機能しているのかという問題に接近していく。

ガタリの機械論（machinisme）によれば、人間はいくら個体化され、有機的全体性を形成しているようにみえても、それを横断する生物学的、物質的、記号論的、政治経済的といった集合的要素の結節点を構成しているに過ぎない。しかし、だからといって、個人の生はそのすべてを一方的に社会に握られているわけではない。実際、人間はこれまでに幾度となく社会を変革してきた。ガタリの独創性は、この変革をイデオロギーに主導された歴史的進展の成果ではなく、作動配列の変換（別の地図作成）による新しい社会の創造と捉えるところにある。ガタリは、どのような国家にも等しく原始的、封建的、専制的、民主主義的といった側面が（その配合は異なるにせよ）みられることから、人間の歴史全体を（やや強引ながらも）資本主義の歴史とみなし、そこにあるのは機械の更新に伴う構成要素の布置（constellation）の相違にほかならないと考える。資本主義の特徴である自らに異質的なものを見つけ出し（さらには作り出し）てはそれを自らに取り込む運動、すなわち、脱領土化と再領土化という二つの力のせめぎ合いの絶えざる運動はすべての社会に共通してみられるというわけだ。したがって、ガタリにおいては、地図作成法（地理学）の問いはあっても歴史（学）の問いは希薄になり、後者がある場合も、資本主義の機能（作動配列の可動性）をめぐるものに限られる。

　資本主義はおのれの内的矛盾から滋養を得ることを本性とするだけにきわめて厄介なシステムである。なぜなら、そうした資本の運動に抵抗を企てたところで、それはすぐに資本の運動に回収され、資本の運動を継続する活力にされてしまうからであり、あるいは、そうした事態を免れたようにみえる場合であっても、その抵抗が抵抗として固定化されることで骨抜きにされ、やはり資本主義の養分を生む装置と化してしまうからである（たとえば労働組合による資本家への持続的抵抗は、それ自体が官僚主義化することで公理系として資本主義に貢献するとともに、労働者の組合離れと消費者化を招いている）。だとすれば、資本主義への抵抗はほかならぬ資本の論理に、ガタリの概念に則して言うと、資本主義機械に訴えるしかないことになる。そもそも、この機械においては資本家も労働者もともに構成要素に過ぎず（労働者による資本家の欲望への自発的隷従が生じる所以である）、官僚でさえ、その個人的資質は官僚主義的なものと限らないのだから。したがって重要なのは、機械としての資本主義の本性をよく知り、その作動配列の変換可能性を追求することとなる。

先述したように、作動配列はそれ自体としてニュートラルである。その速度が速ければ主観性の生産が脱領土化（革命）に向かい、遅ければ再領土化（その極北がファシズム）に向かう傾向が強いというだけだ。ガタリによれば、今日の資本主義が人口爆発、生態系の荒廃、経済的格差、核エネルギー処理などの深刻な問題を抱えながらもそれらに適切に対処できないのは、資本主義の公理系が作動配列の可動性を錆びつかせ、主観性の生産レヴェルを劣化させる狡智にたけているからである。しかしそこでは、我々のポテンシャルがそうした停滞ゆえに強度を高め、あたかもマグマだまりのように噴出する機会を狙っているのでもある。どのような制度も自らと相容れないもの（過剰）を原理的に胚胎しており、そこから逃走／漏出するものを生み出してやまない。言い換えれば、制度に決して普遍的なものはなく、必ず何らかの孔が開いているのであって、そこから我々のポテンシャルが涌出することにこそ、今日の資本主義を変革するチャンスは宿っているのである。

ただし、そのチャンスを活かせるかどうかは、我々がどのような横断性の線（ダイヤグラム）を浮き上がらせるのかにかかっている。そこでガタリが提案するのが「エコゾフィー」という発想である。これは生態環境学（écologie）と哲学（philosophie）を組み合わせた造語だが、ガタリは前者の原義（家／公共の建物（οἶκος）-論理（λόγος））を敷衍して〈人間が個人と社会のいずれにおいても従前とは別の仕方で存在する方法を創造し続けることによって特異化の運動を活性化させる試み〉を打ち出す。したがってエコゾフィーは、地球の自然環境の保護と再生を担う「環境のエコロジー」にとどまらない。それはメディアを増殖させて社会的関係の多数多様化を図る「社会のエコロジー」と、科学的論理でなく美的＝感性的論理に基づく個人のありようを目指す「精神のエコロジー」という三つの領域を併せ持つ。ガタリがこの三つの不可分性を要請する理由は、公私を問わず我々の生のすべてを制御しようと迫ってくる今日の資本主義――ガタリはこれを「統合された世界資本主義」と呼ぶ――に対抗しようとするなら、我々もまた、選挙やデモなどの政治的行動をとる時だけでなく、日常生活のレヴェルから新しい実践を積み重ねていくのでもなければならないと考えるところにある（たとえば不法移民の人権尊重に積極的な夫が家庭で妻を暴力的に支配するのは本末転倒ではないか）。だとすれば、エコゾフィーは必然的に、集団による大規模な闘争の実現よりも個別の問題への対処を通じた緩やかな連帯のほうを指向することになるだろう。そしてガタリによれば、我々はそうすることによってのみ、個人や社会を同一的な鋳型にはめ込んで平準化してしまうのではなく、そうした枠組みを至る所ではみ出す前人称的な特異化の運動へと自らを開いていくことができるのである。

三つのエコロジーを結び合わせるエコゾフィーは、統合された世界資本主義とは異なる角度から、すなわち存在の多数多様な様態の共存を浮き彫りにする横断性という次元から、我々の間に屹立する様々な障壁を突き崩し、既存の作動配列の開放と新しい作動配列の形成を促す。ガタリは、これが混沌（chaos）の中に純粋な無差異ではなく存在論的な糸目をもった作動配列の構成要素の相互浸透作用（osmose）から生じると見なし、その効果を「カオスモーズ（chaosmose）」と名づける。カオスモーズはカオスの複雑性に異質発生性のポテンシャルが宿っていること、そのポテンシャルが存在に異質混交性を促すこと、それによる特異化がそのつど一回限りの出来事であること、そういう仕方で創造的変化（生成）が担保されていることを証示してくれる。

ガタリによれば、これは芸術作品を創造する行為に等しい。とりわけ今日では産業化の波に揉まれ、消費や投機の対象にされることもあるとはいえ、芸術はその創作活動の経緯からして既存の価値観に異議を唱え、新しい価値観を呈示することに秀でている。また芸術は作品を通じて創作者のみならず鑑賞者をも創作に参加させ、そのたびに新たな世界を構築するという仕方で創造性を発揮する。この意味で芸術はカオスモーズの優れた実践と言えるだろう。ガタリはこうして美学の社会化（社会の美学化ではなく！）としての芸術的生活スタイルに、統合された世界資本主義を根底から変革する可能性を見出そうとするのである。

3　備考――ネグリとの邂逅

最後にネグリとの思想的異同について簡単に素描しておこう。ガタリとネグリにはスピノザ哲学への独創的な理論的依拠に基づく共産主義《コミュニズム》への指向において親近性がみられる。主観性の生産を何らかの超越的次元や超越論的境位からではなく、内在的な構成要素の力動的な交錯から導出するところは特にそうだ。唯一の共著である『自由の新たな空間』（一九八五）において、二人はそうした理解を相互に確認した上で、もっぱら主体における社会的実践の問題を、集合的主観性の主体化と組織化の方法をめぐる問題として考察している。ここでは同書の巻末に付された二人の単独の論稿にみられる微妙なニュアンスの相違を手掛かりにしてこの問題に迫ってみよう。もっとも、ガタリ論稿の主旨は前節までに紹介した議論の枠組みを大きく逸脱するものではないと思われるから、ネグリ論稿から窺える特質を抽出し、彼の他の著作の議論も踏まえつつ、その思想的射程をガタリに反照させることに主眼を置きたい。

ネグリの議論に接して気づかされるのは、ある種のデカルト主義の標榜と、そこから派生する理性への絶対的な信頼および歴史的目的論への固執である。たとえば、資本主義は支配層による盲目的な予測に呪縛されて前進を続ける非理性的な側面があるのに対し、そこから溢れ出た労働者はおのれの力と知の間に理性的な関係を打ち立てることで主観性を生産し組織化していくのだから、両者の闘争においては必ず後者に分があるはずだ、といったように。ネグリによれば、経済的搾取に対する怒りが（触媒としての党の指導の下に）労働者を構成的権力としての政治的主体（マルチチュード）に形成せしめるのは理の当然である。ここにみられる力と知の主体としての労働者の肯定、そして労働者による闘争の自（己）発（生）性とその対自化を通じた自己組織化とに対する確信は、ネグリの「理性の楽観主義」を端的に証示している。

こうしたネグリの展望に対し、ガタリは共感を示しながらも慎重な姿勢を崩さないだろう。というのは、先にもみたように、ガタリの説く作動配列はそれ自体として論理的な要素と非論理的な要素の交錯からなっており、またそこで機能する主体は個人や集団に限定されない前人称的な特異性を帯びている以上、労働者の自発性から自己組織化に至るプロセスが理性的に辿られる保証はなく、すべては偶然性（出来事）に委ねられるからである（労働者は怒りを共有しながらも自己組織化しないままかもしれないし、自己組織化してもそれが予期せぬ隘路に迷い込んで悲惨な結末を迎えるかもしれない）。したがって我々はまず、各々の日常生活の場で横断性の線を絶えず浮き彫りにしようと努めること、そうして逃走線／漏出線を描き続けることから始めるしかない。これがガタリの立場だろう。

二人の差異は集合的主観性の動機づけをめぐる問題に集約されるように思われる。つまり、それを個別的実践の延長上にある不確定要因と捉えるのか、それとも合目的的な集団として実現可能なものと見なすのか、ということだ。ネグリからすれば、革命を成就するためには集合的主観性がまさに集団として組織化されなければならず、その必然性は史的唯物論に照らしても間違いない。ガタリにとっては、集合的主観性が構築されるものである限り解体を免れず、もし解体しなければ反動化を余儀なくされる。したがって主観性自身も何らかの仕方で変わっていくほかない。そして、だからこそ、我々は作動配列の変換を促す地図作成を行うことができるのである。この時忘れてならないのは、我々一人ひとりがそのままで集団であるということ、そしてそういう仕方で政治的であるということだ。革命は分子的実験からしか、分子的実験においてしか起こりえないのである。

著作と翻訳

1　Ⓐ『精神分析と横断性』（*Psychanalyse et transversalité*, La Découverte, 2003（1974）. 杉村昌昭・毬藻充訳、法政大学出版局、一九九四年）、Ⓑ*La révolution moléculaire*, Les Prairies ordinaires, 2012（1977）.（『分子革命』杉村昌昭訳、法政大学出版局、一九八八年。および『精神と記号』杉村昌昭訳、法政大学出版局、一九九六年）、Ⓒ『機械状無意識』（*L'inconscient machinique*, Encres, 1979. 高岡幸一訳、法政大学出版局、一九九〇年）

＊前二著は論文集。Ⓐでは「横断性」と「機械と構造」が、Ⓑでは「意味と権力」と「価値、貨幣、象徴」が構造主義批判の文脈から必読。Ⓒでは、書名と同じ表題をもつ第一部に前期ガタリの思想が凝縮されている。

2　『分裂分析的地図作成法』（*Cartographies schizoanalytiques*, Galilée, 1989. 宇波彰・吉沢順訳、紀伊國屋書店、一九九八年）

＊単著としてはガタリの哲学的主著といってよい。難解な思想が平易な訳文で紹介されている。

3　Ⓐ『闘走機械』（*Les années d'hiver : 1980-1985*, Les Prairies ordinaires, 2009（1985）. 杉村昌昭監訳、松籟社、一九九六年）、Ⓑ『三つのエコロジー』（*Les trois écologies*, Galilée, 1989. 杉村昌昭訳、平凡社ライブラリー、二〇〇八年）

＊1と2に接して近づきにくさを感じたら、講演、対話、エッセイを中心とするこのどちらかに触れてみるとよい。ガタリ自身によるガタリ入門の書（Ⓑの日本語訳は独自編集となっており資料的価値も高い）。

4　『カオスモーズ』（*Chaosmose*, Galilée, 1992. 宮林寛・小沢秋広訳、河出書房新社、二〇〇四年）

＊ガタリ思想の到達点を示す遺著であり、2と並ぶもうひとつの哲学的主著。

5　Ⓐ『人はなぜ記号に従属するのか』（*Ligne de fuite: Pour un autre monde de possibles*, préface de Liane Mozère, éditions de l'aube, 2011. 杉村昌昭訳、青土社、二〇一四年）、Ⓑ『リトルネロ』（*Ritournelles*, éditions lume, 2007. 宇野邦一・松本潤一郎訳、みすず書房、二〇一四年）、Ⓒ『エコゾフィーとは何か』（*Qu'est-ce que l'écosophie?* textes présentés par Stéphane Nadaud, lignes/imec, 2013. 杉村昌昭訳、青土社、二〇一五年）

＊いずれも遺稿集。Ⓐは『千のプラトー』の執筆と同時期に単独で書き進められたテクストが編集されたもの、Ⓑは死の直前に書き上げられた一五七の詩的断章（日本語訳には訳者の宇野邦一氏が一九八四年に行ったインタビューが併録されている）、Ⓒはタイトルからも察せられるように主に晩年に書かれたテクストが編集されたものである。

読書案内

1　Ⓐフェリックス・ガタリ、粉川哲夫、杉村昌昭『政治から記号まで』（インパクト出版会、二〇〇〇年）、Ⓑ杉村昌昭編訳『フェリックス・ガタリの思想圏——〈横断性〉から〈カオスモーズ〉へ』（大村書店、二〇〇一年）、Ⓒフランソワ・ドス『ドゥルーズとガタリ　交差的評伝』（杉村昌昭訳、河出書房新社、二〇〇九年）

＊ⒶとⒷはインタビューを中心に日本で独自に編集されたガタリ思想の紹介本。Ⓒはフランスで二〇〇七年に公刊された伝記的解説書の翻訳。いずれも一般的な入門書とは趣を異にするものの、それがかえってガタリの思想的息吹をよく伝えてくれる好著。

2　江川隆男『アンチ・モラリア——〈器官なき身体〉の哲学』（河出書房新社、二〇一四年）

＊ドゥルーズ＋ガタリの思想をスピノザ哲学との絡み合いから独自の視点で読み解いた研究成果。

3　Ⓐトニ・ネグリ『未来への帰還——ポスト資本主義への道』（杉村昌昭訳、インパクト出版会、一九九九年）、Ⓑ廣瀬純『アントニオ・ネグリ　革命の哲学』（青土社、二〇一三年）

＊Ⓐはネグリ自身によるネグリ入門であるとともに、ネグリとドゥルーズ＋ガタリの思想的関係を知るにも格好の書。Ⓑは日本語で読める唯一のネグリ哲学の研究書にして入門書（二〇一五年一二月現在）。

4　*The Guattari Reader*, ed. by Gary Genosko, Blackwell, 1996.

＊ガタリの思想を最も概観しやすい基本書。

第3章　生の現象学
――ミシェル・アンリ、そして木村敏――

川瀬雅也

本章では、二〇世紀フランスを代表する哲学者の一人、ミシェル・アンリ（Michel Henry, 一九二二～二〇〇二）の思想を紹介する。ミシェル・アンリは、フッサール、ハイデガー、メルロ＝ポンティなどに代表される現象学の流れを汲む哲学者だが、従来の現象学（アンリはこれを「歴史的現象学」と呼ぶ）の発想を転倒して、存在の本質を、主観の外在化の運動のうちにではなく、むしろ、生の内面化の運動のうちに見出したことに、その特徴がある。だが、こうしたアンリの思想は、「歴史的現象学」に対する単なるアンチテーゼではない。それは、「歴史的現象学」には見えていなかった実在の真相を暴こうとする試みであったと言える。では、その実在の真相とは何か。ここでは、この問いに対して、著名な精神病理学者・哲学者である木村敏《きむらびん》（一九三一～）の思想を手掛かりに答えてみたい。経歴の上ではなんら関わりのない二人だが、彼らが、違った立場・観点から見ていた思想的風景は、実は、相当に重なり合ったものであり、木村の思想からアンリを照らし返すことで、アンリの哲学的意図を明瞭に浮かび上がらせることができるのである。

1　「歴史的現象学」の基本姿勢

直接経験への回帰

アンリの「生の現象学」の意図を際立たせるために、まずは、「歴史的現象学」誕生の背景から始めて、その基本的な姿勢について簡単に振り返っておきたい。

二〇世紀初頭の「歴史的現象学」誕生の背景には、私たちの直接経験が理性によって上塗りされてしまっていることについての気づきがあったと言える。諸科学の発達とともに、近代に始まった理性主義は隆盛を極め、現実や経験はすべて理性によって説明されると考えられるようになった。言い換えれば、私たちの生《な》まの体験、生まの知覚は、理性によって構築された図式に当てはめられ、そこから解釈されたのである。本来ならば、理性は、生まの体験から出発して、それを土台にして構築されるはずなのに、むしろ、後から構築された理性によって、生まの経験が上塗りされ、私たちの体験が初めから合理的なものとして構成されているように錯覚されてきたのである。

こうした理性主義による生まの体験の隠蔽への気づきが、あるがままの生まの体験へと遡ること、そして、そこから出発して、私たちの経験の本来のあり方を解明することへと動機づけることになる。「事象そのものへ」(zu den Sachen selbst)[*1]立ち返ることをスローガンとする現象学はこうして生まれ、この生まの体験へ立ち返る方法が「反省」(Reflexion)のうちに見出されたのである。

現出一般のアプリオリな構造

理性主義的、科学主義的先入見を排して、私たちが、私たち自身の生まの体験を反省的に振り返ることで見えてきたのは、理性や知性に先立つ私たちの感性的経験が、すでにして世界の意味の把握、感性的ロゴスの把握として機能しているということであった。私たちの経験の下層に〈感性的なもの〉が横たわっているということは新しい発見ではないが、現象学はそこに、世界の原初的論理、「感性的世界のロゴス」[*2]があることを見出し、そうしたロゴスの受動的構成[*3]の原理の究明に向かったのである。

私たちの感性的経験は、基本的に個物の経験である。だが、個物は常に地平の中で与えられる。地平を「地」(Figur/figure)として、その上に浮かび上がる「図」(Grund/ground)として経験されるのである。[*4]個物は、常に、

***1 事象そのものへ**　ハイデガーが『存在と時間』第七節で用いて以来、現象学の研究態度を示す標語として広く使われるようになった語。しかし、フッサールも著作の中で同様の表現をしばしば用いていた。フッサールにおいては、言説、思い込み、先入観を捨てて、事象そのものに立ち返れ、ということを意味するが、この「事象」の具体的意味は文脈によって様々に解釈しうる。

地平を背景として、その中で「〜として」、つまり、「意味」として把握されるのであり、それが個物の現出の「いかに」(comment/how)、そのアプリオリな現出構造をなしているのである。

現象学は、こうした地平を背景とした個物の現出という構造を、現出一般のアプリオリな構造として理解し、そうした構造の地盤をなす地平を「世界」と名づけた。通常、私たちの意識は個物に向かうが、世界には向かわない。世界は、意識への現れ一般の条件をなすが、それ自身は現れることはないのである。では、この世界はいかにして構成されるのか。現象学は、この問いに対して、主観性の本質構造が世界の開在性にほかならないと答える。世界地平が開かれてあることが主観性そのもの、つまり、何かが現れることの条件だからこそ、現れてくる個物は意識されても、その条件としての世界は意識されることがないのである。世界＝主観性は、それ自体は意識されず、見えないことで、あらゆる現れ、あらゆる見えるものを可能にし、その見えるものが「意味」として現出することを条件づけているのである。

「歴史的現象学」は、こうして、私たちの経験から理性の上塗りを剝ぎ、反省によって、直接経験、生まの経験に達し、そこに、経験のアプリオリな構造、つまり、地平を背景とした意味の現出というアプリオリな構造を見出した。だが、アンリは、現象学の潮流のうちにありつつも、こうした理解を共有しない。アンリは、直接経験の構造を地平構造から説明することも、また、それを意味の現出として理解することも拒むのである。では、アンリは私たちの直接経験をどのようなものとして捉えたのだろうか。

2　リアリティとアクチュアリティ

離人症

唐突に思われるかもしれないが、ここで、ある精神病理学的な症状について紹介しよう。それは離人症(Depersonalisation)と呼ばれるもので、患者は、世界についての感性的経験はなんらおかされていないのに、自我、時間、空間、事物などの一切の「現実感」が失われるのである。つまり、物がそこにあることは分かるのに、それがそこにある気がしない、自分というものが感じられない、時間や空間が誰にとってもあることは分かるが、それが実感できない、といった体験を持ち続けるのである。

こうした症状において、患者の感性的経験はなんらおかされていないのだから、「歴史的現象学」が生まの経験の構造として理解した、世界地平に条件づけられた意味の現出の構造は保たれていると言えよう。患者は、知覚的経験のレベルに限れば正常であって、事物や時間的・空間的隔たりがあることを感じとれるのだが、しかし、そこにはたえず「あるという実感」が欠如しているのである。

この離人症の症状が教えてくれるのは、「歴史的現象学」における経験の構造は、たしかに、私たちの日常的経験の構造の一部をなすが、しかし、そのすべてではないということである。実際、離人症においても感性的経験は成立しており、それにもかかわらず、患者は、現実感の喪失に苛まれているのである。逆に、健常者が日常をあるがままに経験できるのは、離人症患者と共有する感性的経験とともに、離人症患者が喪失した現実感も保たれて

＊2**感性的世界のロゴス**　フッサールの『形式論理学と超越論的論理学』の「結語」に見られる言葉。メルロ＝ポンティは、この語を『知覚の現象学』第三部、第二章「時間性」で取り上げ直している。カント的な図式に従えば、感性は直観の働きであり、悟性が論理（ロゴス）の働く場であるとされるが、「感性的世界のロゴス」とは、感性的に与えられた世界がすでにロゴス、つまり、秩序や論理によって分節化されていることを示している。

＊3**受動的構成**　フッサールの言葉。メルロ＝ポンティも頻繁に用いる。「構成」は通常、意識の能動的働きであり、カント的な図式では悟性の働きに分類される。しかし、フッサールは、「感性的世界のロゴス」の解説で述べたように、受動的な感性のうちにすでに原初的なロゴスの構成があると考えており、こうした感性レベルの構成の機能を「受動的構成」と呼ぶ。

＊4**「地」と「図」**　心理学の用語。一様に塗られた面のなかに、色相、明度などが異なる小部分が存在する場合、この小部分が際立って見え、一様に塗られた面は、小部分の背景をなし、その背後にまで広がっているように見える。デンマークの心理学者ルビンは、この小部分を「図」と呼び、背景の面を「地」と呼んだ。「図と地の構造」は知覚一般の構造をあらわすものと理解されている。

いるからであり、健常者の経験は、感性的経験と現実感とが渾然一体となって形成されたものだと言えよう。

アクチュアリティと「生の現象学」

ここでの離人症についての報告は、木村敏の著作や論文によるものだが、木村は、右の感性的経験と現実感を、それぞれリアリティとアクチュアリティと呼ぶことで区別している。つまり、「歴史的現象学」が直接経験として見出した経験の構造はリアリティを可能にする構造、言い換えれば、離人症的経験の構造であり、離人症的経験がアクチュアリティを欠いているように、「歴史的現象学」における経験の構造もやはりアクチュアリティを欠いていると考えざるをえないのである。そして、アンリが、現象学の流れのうちにありながらも、従来の現象学に与することができなかったのも、まさにこの点にあったと考えられる。つまり、アンリは、私たちの経験に「現実感」を与えている要素があることに早くから気づき、従来の現象学の原理では、この経験のアクチュアリティを説明できないことから、その理論を退け、経験の根拠と可能性を、「歴史的現象学」とは別の原理のうちに、つまり「生」（vie）のうちに見出そうとしたと考えられるのである。アンリが「生の現象学」を提唱する根拠はここにある。では、アンリは、「生の現象学」によって、アクチュアリティの可能性をいかに説明するのだろうか。

3　ロゴスとパトス

論理的現出を下支えする情感性

「歴史的現象学」の立場では、リアリティを説明できても、アクチュアリティを説明することができない、これがアンリの「生の現象学」の出発点となった。アンリは、私たちの直接経験が、意味の経験であるだけでなく、現実感や実感の経験でもあることに、そして、この現実感や実感を欠いた経験が生気を欠いた死んだ経験でしかないことに気づき、真の現象学はこの生きた経験の本質構造の解明でなければならないと考えたのである。

「歴史的現象学」は、理性主義を排して、直接経験に立ち戻り、そこに「感性的世界のロゴス」を見出した。つまり、世界の現出を「意味」の構造として理解したのである。しかし、「感性的世界のロゴス」は、原初的ではあっても、やはりロゴス、理性にほかならない。つまり、「歴史的現象学」にとっても、依然、存在の原理は理性のうちに認められていたのである。

それに対して、アンリは、存在の原理をパトスのうちに見出す。しかし、これも、ロゴスの原理に対する単なるアンチテーゼではない。アンリが着目するのは、世界地平を開示する働きとしての主観性が、現れの場、可視性（visibilité）の場を開くことで、一切の見えるものを可能にすると同時に、そうした働きとしての自己自身を感受しているのでなければならないということである。主観性は、まず存在しているからこそ、地平を開き、それを受容することができるのであり、この主観性の存在を支えているのが情感性（affectivité）、パトスだとされるのである。主観性は自己自身を触発しており（s'affecter soi-même）、絶えず自己自身を受け取っている。この根源的な自己受容、自己贈与（auto-donation）が情感性、パトスにほかならず、したがって、このパトスこそが、ロゴスとしての主観性、ひいては、「感性的世界のロゴス」の起源にあるとされるのである。

自己感受と現実感の一体性

こうして、アンリは、主観性の本質を自己感受（épreuve de soi）としての情感性のうちに見出す。だが、主観性が一切の現出の場、現れの場を意味する限り、主観性としての情感性、パトスは、ロゴスの起源にあるだけでなく、情感的世界、パトス的世界が開示される場、言い換えれば、現実感や実感といったアクチュアリティが開示される場をなしているのでなければならない。眼の前のリンゴの「赤」がありありと、現実感を伴って私に実感されるのは、私が自己自身を情感的に感受しているからにほかならない。逆に言えば、そうした自己感受を欠いた自我に現れてくるのが、感性的な「意味」の現出のみに還元された離人症的世界であると言えよう。実際、離人症においては、事物の現実感、実感が喪失されるだけでなく、自我の現実感、実感も喪失されるのであり、それは、自我が自己感受の契機を欠いたから、自我が自己自身を感受できなくなったからだと考えられよう。

だが、もしここで、この自我の自己感受と実在の現実感とが、対をなし、対応した二つの事象だと理解されるならば、それはアンリの考える直接経験の構造を見誤ることになるだろう。先に、「歴史的現象学」において、感性的主観性の働きと世界地平の開示とが区別されないことを確認したように、情感性と情感的世界の開示も決して区別されない。実は、木村のアクチュアリティという概念は、実在の側にも、主体の側にも適用される概念なのだが、それは、木村が、主体と実在という二項対立から出発せず、両者の「あいだ」から出発するからであり、「あいだ」から二項が派生すると考えるからである。木村におけるアクチュアリティとは、この「あいだ」、「あいだ」の実在性を意味しており、主体と実在に差異化され、合理化されるのに先立つ根源的現実を意味しているのである。同じことはアンリについても言える。アンリにおいても、情感性とは、主観性の本質であると同時に、世界の現出の本質様態である。世界の情感的現れ、その現実感は、自己感受が生起する場における現れにほかならず、また、情感性とは、自己感受を通じて、世界の情感的現れ、その現実感が感受されることにほかならない。情感的アクチュアリティとは、まさに、自我、事物、時間、空間などの一切が現実感を伴って、ありありと実感されることにほかならず、離人症において失われた現実感こそ、この情感的アクチュアリティだと考えられるのである。

「あいだ」としての「生の世界」

リアリティから区別される、情感的アクチュアリティの世界は、分析的思考においては主体の生から切り離して考えうるとしても、現実においては主体の生と一体化している。そこから、アンリは、こうした情感的アクチュアリティの世界を「生の世界」(monde de la vie) と名づける。フッサールは、理性によって上塗りされた世界、つまり、「理念の衣」(Ideenkleid) に覆われた世界の根底に見出された直接経験の世界を「生活世界」(Lebenswelt) と呼んだが、*アンリによれば、フッサールの「生活世界」は意味によって構成された合理的世界、リアリティの世界であり、このリアリティの世界は、ありありとした現実感を伴った世界、情感的アクチュアリティの世界と融合することで初めて現実の世界たりうるのである。アンリが「生の世界」と呼ぶのは、この情感的アクチュアリティの世界、主観性の本質をなす情感的生と一体となり、私たちの直接経験を現実感と実感を伴った世界として構成している、人間的経験の本質的側面なのである。したがって、この「生の世界」も、主体の前に立てられた地平、主体から隔たってあることを本質とした世界地平のようなものではなく、

「あいだ」そのものだと言えよう。

主体の生のうちには、すでに「生の世界」が含まれており、また、主体の生を離れて「生の世界」は成立しえない。アンリが、自らの思想を展開するために「生」の概念を用いるのも、まさに、この「あいだ」を的確に描き出すためであったと言えよう。「生きること」のうちには、すでに「主体が世界のうちで生きること」が含まれており、アンリにとっては、この「生きること」で生じる経験の本質的側面が情感的アクチュアリティの経験、つまり、現実感や実感の体験だったのである。

4　個体の個体性

アンリが「歴史的現象学」を退けるもう一つの理由　以上のように、アンリの「生の現象学」は、直接経験において与えられる世界を、意味として分節化されているだけではなく、現実感や実感として感受された世界として理解し、この感受された世界、つまり、「生の世界」の現出を主体の生の情感性と一体のものとして理解した。つまり、「あいだ」としての「生」あるいは「生の世界」を描き出したのである。

だが、アンリの思想は、このように「あいだ」に着目しつつも、あくまで個体（individu）から目を離すことのなかった思想でもある。「あいだ」を強調することは、一見、個体の個体性（individualité）を排して、個体の存在

＊**「理念の衣」、「生活世界」**　いずれもフッサールの用語。フッサールによれば、ガリレオは、客観的な数学的・科学的手法で、自然の精密な法則性を発見したのであるが、それと同時に、この客観的な数学的科学の世界を唯一の真の世界と見なし、前学問的な世界は感性的で相対的な世界に過ぎぬとして考察の対象から排除してしまった。しかし、フッサールによれば、こうしたガリレオの発見は、同時に、私たちに直接与えられている原初的な「生活世界」を隠蔽することとなった。つまり、ガリレオは、私たちが実際に直接的に経験している「生活世界」を、客観的な数学的科学という「理念の衣」によって隠蔽したとされるのである。

を全体のうちに解消してしまうことのようにも思えるが、しかし、アンリの「生の現象学」は、個体を全体性のうちに解消させせようとする傾向に徹底的に抗おうとするのであり、全体化や形式化の排除こそが、個体の個体性を形成すると考えるのである。

先には、直接経験の構造を、リアリティとしてだけでなく、アクチュアリティをも含むものとして見出したことのうちに、アンリが、「歴史的現象学」に抗して、「生の現象学」を唱えた動機が存することを確認した。だが、アンリにとって、「歴史的現象学」を退けなければならなかった背景には、もう一つの理由があった。それは、「歴史的現象学」の理論では、個体が全体性のうちに解消されてしまって、個体の個体性を保つことができない、ということである。

個体性の消失

すでに見たように、「歴史的現象学」は、地平を背景とした個物の現出を現出一般のアプリオリな構造として理解した。そこから、「歴史的現象学」は、一切の現出の起源をなすところの自我の現出を説明する際にも、この現出一般のアプリオリな構造、つまり、〈地平のうちでの意味としての現出〉によってそれを説明した。すなわち、自我は、一方で、〈主観性＝世界地平〉として、一切の個物の現出の形式をなすと同時に、他方では、それ自身もまた、この地平という形式のうちで現出するものとして、意味づけられた一つの個物として現れるとされたのである。実際、「歴史的現象学」は、存在・現れの形式としては、地平構造という一つの形式しか知らず、したがって、あらゆる現出はこの地平構造を介するものとして理解されざるをえなかったのである。

だが、ここには単純な矛盾がある。自我は、一切を条件づけるものであるはずなのに、この自我の存在が、今度は、条件づけられたものとして理解されてしまっているのである。しかし問題なのはこうした矛盾だけではない。「歴史的現象学」においては、自我の存在が、地平を介した現出構造の中で理解されることで、単に形式的なものに貶められてしまっているのである。

個物にとって、地平構造とは、その現れのアプリオリな本質である。個物は地平構造の中で、地平からの形式化の中でしか現出しえない。たとえば、それは、ある個物を「今あるものとして」「ここにあるものとして」「過去にあったものとして」「そこにあるものとして」規定することで、現出させるのである。感性的経験とは秩序や論理を欠いた単なる所与なのではなく、すでに原初的な秩序化、論理化として機能している。それが「歴史的現象学」の発見であった。「歴史的現象学」は、直接経験のうちに「感性的世界のロゴス」を見出したのである。

しかし、こうした地平構造に基づく「規定」は、あくまで一つの概念化であり、形式化である。つまり、それは常に他の個物にも開かれてあることを本質としている。「今あるもの」「ここにあるもの」という「規定」は、「この個物」でなくても、「他の個物」にも常に当てはまる。つまり、「規定」は、諸々の個物にあるカテゴリーを当てはめているのであり、カテゴリーによる分節化を通して、諸々の個物に「意味」を与え、個物を「意味」を担ったものとして現出させているのである。

「歴史的現象学」は、こうしたカテゴリー化に基づく現出構造を、個物だけでなく、自我にも当てはめる。自我の現出を地平構造に基づいて理解するとは、自我をカテゴリー化し、形式化し、概念化することを意味するのである。こうした理解の帰結は重大である。地平のうちに現出するものとして理解された自我は、他の自我にも共通するあるカテゴリーの一つのサンプルにすぎないものとして存在するとされるのである。自我の現出を地平構造に基づいて理解するとは、こうしたことを意味する。そこではもはや、自我の個体性は消失している。つまり、私の自我を、他に還元できぬ「私固有の自我」として成立させている要素（自己性）は切り捨てられているのである。

アンリが「歴史的現象学」を退けなければならなかったもう一つの理由がここにある。現出構造としては地平構造しか知らない「歴史的現象学」は、個体の個体性を保証できず、説明することができないだけでなく、個体を地平という全体性のうちで説明することで、個体からその実質的な個体性を剥奪し、それを単に形式的なもの、代替可能なもの、一つのサンプルに貶めてしまうのである。

「個」と「あいだ」の矛盾的統一

アンリの「生の現象学」は、個体をこの形式化、全体化の危機から救済することを目指している。アンリにとって、ある個体（個人）を、他に還元できない固有の個体（個人）にしているのは、「私がいる」という実感、自我の現実感にほかならない。この自我の現実感は、決して、外部から指し示され、規定されるものではなく、自我の内側から感じとられ、感受されるものである。アンリが、自我の存在を自己触発、自己感受、情感性として理解するのは、アンリが、自我の個体性を自我の現実感のうちに、自我の情感的アクチュアリティのうちに見出していたからにほかならない。ここでも、「生の世界」と主体の生の場合のように、自我の個体性と情感性の間に隔たりはない。自我が自己自身を無媒介的に感受していることが、自我の情感的アクチュアリティであり、自我の固有な個体性、実質的な個体性をなしているのである。

したがって、自我は、自己自身を感受することでアクチュアルなものとして存在し、また、先に確認したように、この自我の自己感受が同時にアクチュアルなものとしての世界の贈与を可能にしている。だがこれも、分析的思考によっては、このように、自我の自己感受と世界の情感的贈与とを切り離して語ることが可能であるが、現実的な事態としては、決して切り離されることのない一つの具体的全体なのであろう。つまり、自我のアクチュアリティはそのまま世界のアクチュアリティであり、「自我」や「世界」と言われているのは、唯一のアクチュアリティの抽象的な二つの側面にすぎないのである。

このように、アンリの「生の現象学」は、つねに自我と世界の「あいだ」を見ているのだが、しかし、この「あいだ」は個体性と一つになった「あいだ」にほかならない。「あいだ」と「個」の同一性は、論理的には背理であるかもしれないが、アクチュアルな現実においては、両者は矛盾的に統一された一体性をなしているのである。アンリにおいては、自我の自己感受という「点的」関わりが、自我と事物、自我と世界という「水平的」関わりと同じ広がりを持っている。アンリは、「君が立っている地面がそれを覆う君の両足よりも広くはありえないという幸運」というカフカの言葉を好んで引くが、この言葉は、自我の自己感受と世界の贈与との一体性を言い表した言葉として理解することができよう。自分が立つ地点が広大な地面と同じ広がりを持つというのは、論理的には背理でしかありえないが、アンリは、生のアクチュアリティが、合理性では説明できない特異な構造、矛盾を秩序とし、糧とする特異な構造を持つことを見抜いていたのであろう。

5　生と〈生〉

点と水平の根拠としての垂直

以上のように，アンリにおいては，自己感受という点的次元が，「生の世界」という水平的次元と同じ広がりを持ち，それがアクチュアリティとしての現実をなすと理解されているのだが，アンリは，同時に，こうした自己と自己との点的関わり，自己触発，自己感受のうちに，ある種の弱さも認めている。その弱さとは自己触発の徹底的な受動性，すなわち，自我がそれ自身の自己触発の根拠たりえないということであり，常に自らを「自己触発されたもの」として見出さざるをえないということである。だが，自我がそれ自身の自己触発の根拠たりえないということは，自我がそれ自身で自己を個体化しえないこと，自我が自己の個体性を自ら維持しえないことを意味している。では，アンリは，自我の個体化の原理，ひいては，「生の世界」のアクチュアリティの根源的原理をどこに見出しているのだろうか。

一般に，アンリの「生の現象学」は，生の本質構造としては，外部性，外部地平を徹底的に排除することにその特徴を持つと言える。しかし，アンリの生には別の意味での外部が存在する。アンリにおいて，生とは「自己性」(ipséité) にほかならない。つまり，外部地平を介することなく，自己が自己を受け取り，感受していることにほかならない。だが，生はその本質としての自己性の根拠であることはできない。生はたえず自己性を被っており，逃れようもなく自己であらざるをえないのである。もちろん，自己が自己を感受することは，自己の成就でもあり，それは自己享受 (jouissance de soi) としての喜びでもあるが，しかし，この喜びは決して自己受苦 (souffrance de soi) と切り離されることはないのである。生は，いやおうもなしに自己を苦しみ，自己を享受している。つまり，自己受苦や自己享受は生の外部から課されてくるのである。生は，その本質としての自己性を，自己の外部に持つのであり，言い換えれば，生の本質としての自己性は，生に対して超過している (excéder) のである。

アンリは，この生 (vie) を超過した自己性を，フランス語の vie の頭文字を大文字にして Vie と名づける。ここでは、この大文字のVieを小文字のvieと区別して（山カッコつきの）〈生〉と表記しよう。〈生〉とは、自己触発の運動そのもの、自己性の運動そのものである。そして、個々の生が、自己触発されてあることが可能なのも、おのおのの生が〈生〉に与っているからであるとされる。生は、〈生〉の〈自己性〉(Ipséité)を徹底的に被ることによって、それ自身のうちに自己性を持つ。生は〈生〉に支えられて生たりうるのであり、生は、その存在、その自己触発、そのアクチュアリティを、生と「垂直的に」関わる〈生〉に負っているのである。

先に、生の自己と自己との「点的」関わりが、それ自身のうちに根拠を持たないために、「生の世界」という「水平的」関わりを支えきれないことを問題にしたが、いまや、アンリが、この「点的」関わり、「水平的」関わりの根拠をどこに見出そうとしているかは明らかだろう。アンリは、「点的」、「水平的」関わりの根拠を「垂直的」関わりのうちに見出している。自我の生は、〈生〉との「垂直的」関わりによって、自己感受、自己触発として存在することができ、この自己触発という「点的」関わりが、そのうちに、「生の世界」の展開という「水平的」関わりを内包するのである。言い換えれば、アンリにおいて、個体の個体化の原理をなしているのが〈生〉であり、この個体化の成立と同時に、それと同じ広がりを持つものとして、アクチュアルな「生の世界」の展開が可能になるのである。

垂直次元に基づく他者関係

だが、アンリにおいて、自我と「水平的」に関わるのは世界だけではない。私の自我以外の他の自我、つまり、他者も私の自我と水平的に関わると言える。そして、アンリは、この他者との「水平的」関わりも、やはり「垂直的」関わりに基づいて理解するのである。

先には、アンリが、自我の存在を外部地平から規定することを拒絶していることを確認したが、同じことは他者の存在についてもあてはまる。他者を、地平を背景にして現出する一つの意味として理解することは、他者の他者性を廃棄して、あらゆる他者を一つの同じ形式（自我の現出形式とも共通の形式）のうちに埋没させることを意味するだろう。レヴィナス風に言えば、その際、他者は「同」*(le même)に回収されてしまうことになろう。しかし、他者を外部性から規定できないからといって、私たちが他者の内面性に直接アクセスできるわけでもない。あくまで、直接的に感受できるのは、各自にとっての固有の自己であり、他者の情感性、自己感受、自己触発に直接アクセスすることは、たとえそれが他者関係の理想であったとしても、常に挫折せざるをえない理想にすぎないのである。

こうしたことから、アンリは、他者関係というものを、生のレベルにおいてではなく、〈生〉のレベルにおいて考察する。言い換えれば、他者関係を、「水平的」関わりとしてではなく、「垂直的」関わりとして理解するのであり、そこに他者のアクチュアルな存在を見出すのである。

先には、自我の生を超過するものとしての〈自己性〉について触れたが、生が自己性であるのは、私の生のみならず、あらゆる他の生、つまり、あらゆる他者の生についても同じであり、その限りで、自我の生を超過した〈生〉は、同時に、あらゆる個体の生に共通した〈自己性〉でなければならないはずである。〈生〉は、あらゆる生ける個体の本質、その自己性であり、あらゆる生ける個体は共通の〈生〉のもとで生きているのである。アンリは、他者関係の可能性をここに見る。私の自己感受は、そのまま〈生〉の自己感受であり、この〈生〉の自己感受が個々の生ける個体の自己感受をなす限り、私は、私の自己感受を通して、他者の自己感受に結び付いているとされるのである。ここでもやはり、「垂直的」関わりが「水平的」関わりの根拠をなしている。私の自己感受が、〈生〉の自己感受と「垂直的」に結び付いていることが、他者の自己感受との「水平的」結び付きを可能にし、こうした他者との「水平的」結び付きがアクチュアルなものとしての他者の現前を支えているのである。さらにまた、あらゆる生ける個体が〈生〉の自己感受のうちで生きている限り、私が〈生〉のうちで自己感受することは、常に〈過

＊同　レヴィナスは『全体性と無限』で「同」と「他」（l'autre）を対置している。レヴィナスにとって、従来の現象学的存在論は、超越論的地平のうちで存在の光に照らされてあることを存在の原理と考えていた。つまり、一切の存在者は存在の光の中に回収されることで存在するのであり、同じ一つの形式のうちに取り集められることで存在するのである。レヴィナスは、こうした存在の原理を「同」と呼び、これに対して、この超越論的な存在の原理という同一形式に回収されない存在こそ他者の存在であるとして、これを「他」と名づけた。

去に生きた個体も含めて）あらゆる個体の自己感受と繋がり、それと同じ広がりを持っていると言える。先のカフカの言葉は、他者関係という「水平的」関わりについてもそのまま当てはまるのである。

アクチュアリティの根拠としての〈生〉

アンリの「生の現象学」は、このように、自我の生の自己関係という「点的」関わりや、自我と世界、自我と他者（共同体を含む）との「水平的」関わりが、全体として、自我の生と〈生〉との「垂直的」関わりを根拠にしているという構造を持っている。言い換えれば、それは、〈生〉との「垂直的」関わりが、自我、世界、他者など、あらゆるもののアクチュアルな現前の根拠をなしていることを意味しているのである。

すでに確認したように、「歴史的現象学」においては、こうしたアクチュアリティが汲み取られていなかった。自我、事物、他者は、いずれも全体性のうちで形式化されたものとして理解され、意味として、合理性として解釈されて、自我や他者から個体性が剝奪されてしまっていたのである。だが、「生の現象学」は、自我、世界、他者のアクチュアリティの可能性、そして、個体性の可能性を探究した。そして、その根拠として〈生〉を見出したのである。〈生〉も一つの現象であるが、それはロゴスとして現象するのでなく、パトスとして現象する。自我の実感のうちに〈生〉が宿るのである。そして、アンリはここから、つまり、パトスにおいて〈生〉と結び付いた自我から、その自己性から、水平的なパトス的関係、水平的なアクチュアリティを根拠づける。アンリの「生の現象学」は、垂直のパトスが水平のパトスを支えることのうちにアクチュアリティの可能性を見出している。そして、自我は、こうした垂直の「あいだ」と水平の「あいだ」の結節点にあって、二つの「あいだ」を結ぶ「要」として機能するのである。

6 「生の現象学」という課題

ミシェル・アンリが目指したもの

ミシェル・アンリは、パリ大学への招きを何度も断り、自然豊かな南フランスのモンペリエにとどまって、哲学的伝統と対話しつつ、独自の哲学的テーマを真摯に掘り下げることに一生を捧げた人だった。アンリは、この対話を通じて、思想史のうちに埋もれた「生の現象学」の系譜を掘り起こし、その系譜の延長線上に自らの思想を位置づけたのである。アンリが、この系譜に属するものとして掘り出したのが、エックハルト、デカルト、メーヌ・ド・ビラン、マルクス、ニーチェ、カンディンスキーなどであり、最晩年に、アンリは、この系譜に、新たにキリスト教思想を加えるのである。こうした経緯を考慮するならば、「生の現象学」をアンリの思想に限定して理解することは、アンリの意図に沿うものではないと言えよう。アンリの思想は、「生の現象学」のひとつの展開にすぎず、「生の現象学」とは、一つの学派ですらなくて、思想史の中で問い深められるべき一つの課題を名指していると考えるべきだろう。

そこで、本章の最後に、この「生の現象学」という同じ課題に、アンリとは別の立場・観点から取り組んでいると思われる木村敏の思想の概略を紹介することにしたい。

木村敏の「生の現象学」

ここまでも、木村の思想や概念の助けを借りつつ、アンリについて考察してきたが、改めて木村の主要な思想を確認することで、アンリがその「生の現象学」を通して解明しようとした課題の広がりを確認できるだろう。

すでに述べたように、本章で検討した離人症の考察は木村の分析に依拠しており、離人症の考察を通してアクチュアリティという概念を引き出すのも木村である。では、木村はこのアクチュアリティという概念でいかなる現実を暴き出そうとしているのだろうか。

木村は当初、このアクチュアリティを「こと」という概念で表現していた。「こと」とは、私たちの経験のなかで名詞化され、実体化されて現れてくる「もの」に対して、絶えず動詞的にしか表現しえない体験を言い表している。たとえば、それは「花が見えている‐こと」「私が悲しんでいる‐こと」であり、この「こと」が、「見えている花」「私の悲しみ」という「もの」に、それが体験されているという実感、現実感を与えるとされるのである。

だが、「こと」が体験である限り、「こと」の現れは、それを体験する主体や自我との関わり抜きにはありえない。いやむしろ、「こと」そのものが、対象と自我、環境世界と主体の「あいだ」の出来事にほかならないのである。また、この環境世界のうちには他者も含めて考える必要がある。そもそもある主体が環境世界と対峙する時、そこに他者が含まれていないことはありえない。たとえ実験室的な状況においてさえも、潜在的に他者が現前していると言えよう。したがって、木村が「こと」と名づける現実、アクチュアリティは、主体、環境世界、他者の「あいだ」に存するものであり、この「あいだ」で生じる体験そのものである。この「あいだ」としての体験と、主体・環境世界・他者という諸項とは、しばしば、体験の統一性、一貫性を維持するために、主体・環境世界・他者がその関わり方や振る舞い方を変化させるという仕方で関係する。つまり、まず諸項があって、それらの「あいだ」に「こと」が生じるのではなく、むしろ、「あいだ」としての「こと」が諸項を誘導し、従属させるのである。木村がしばしば依拠するヴィクトール・フォン・ヴァイツゼッカーの「相即」*（Kohärenz）はまさにそうした「あいだ」と諸項の関係を示しているし、また、木村自身は、合奏の個々の演奏者が、彼らの「あいだ」で奏でられる楽曲によって、みずからの演奏を律せられる経験を挙げている。木村は、このように、アクチュアリティということで、諸項に先立つ「あいだ」、諸項を導き、それらを支える「あいだ」の現実を言い表しているのである。

だが、諸項は「あいだ」によって支えられているとしても、「あいだ」そのものは、その根拠をどこに持つのだろうか。この問題を検討する時に木村が依拠するのが、先にも名前を挙げたヴァイツゼッカーである。ヴァイツゼッカーはもっぱら有機体の行動を分析しつつ、有機体と環境世界との「相即」の関係そのもの、すなわち「あいだ」そのものを「主体」（Subjekt）と名づけ、この主体を「生命それ自身」に根拠づけているのである。木村は、このヴァイツゼッカーの「生命それ自身」を山カッコつきの〈生命〉、あるいは、ギリシア語で「生命」を意味するゾーエー（zoé）と言い換えている。有機体は環境世界との間で「相即」の関係を保つことで生きるのだが、この有機体が生きることを誘導しているのは「相即」そのものであり、この「相即」を根拠づけ、維持する根源的運動こそが〈生命〉、すなわち、ゾーエーと呼ばれるのである。同じことを他者関係という水準で語りなおせば、個々の自我は他者と関わり合うことで生きるのだが、自我と他者のそれぞれの生き方を導くのは両者の「あいだ」、つまり、二つの生命体の「あいだ」にあるゾーエーであり、このゾーエーが自我と他者のそれぞれが生きることを、そして、両者の共生を可能にしている、と言える。木村は、このように各項が「生きる」こと、また「生きられる」ことを根底で支える根拠を〈生命〉、またはゾーエーと名づけ、「あいだ」に生きるあらゆるものは、このゾーエーに導かれ、ゾーエーを分有することで、生きることができると考えるのである。

開かれた課題としての「生の現象学」

以上は木村の思想のほんの素描にすぎないが、さらに詳細に検討がなされれば、そこには、アンリの思想と共通する志向の際立つ点（たとえば、両者の時間論）、さらには、アンリの思想をいっそう拡張させる点（たとえば、精神病理学的分析や死の問題）などが確認されるはずである。木村は、精神病理学の研究に軸足を置きつつ、医学、神経生理学、生物学、そして哲学などの諸々の知見を総合することで、右のような思想に辿り着いた。互いに現象学に深い共感を抱いているという共通点はあるにしても、その立場・観点の全く異なる二人の思想家が、ある共通の課題を掲げて思索したことの意義は大きいだろう。私たちは、この課題を、アンリに倣って、「生の現象学」と呼んでも差し支えないのではないかと思う。アンリの思想を「生の現象学」のひとつの展開として理解するならば、アンリの思想は、それに固有の議論のなかだけに閉じこめて考えられるべ

＊相即　ヴァイツゼッカーの『ゲシュタルトクライス』に見られる用語。有機体と環境世界や環境世界の諸対象とが密接な仕方で取り結んでいるある種の関係を言い表している。たとえば、ある人が飛んでいる蝶を目で追う場合、蝶を網膜上に維持するために、まず視線が動き、次に頭が動き、さらに体が動き、ついには歩き始めるというように、人の側に感覚的・運動的な諸々の変化が生じるのであり、この一連の変化が蝶の視覚的現出を可能にするのである。このように、環境世界が現れることと有機体の知覚および運動は常に一体となって一つの行為を形成しており、ヴァイツゼッカーは、こうした環境世界と有機体との密接な結合的関係を「相即」と呼ぶ。

きではなく、共通の課題を掲げる他の思想へ開かれたものとして解釈されるべきだろう。その際、アンリの「生の現象学」が掲げる課題をよりいっそう具体的、実践的に探究する一つの道を、木村の思想が準備してくれているように思うのである。「生の現象学」とは、このように、多面的な観点を取り入れつつ、今後さらに追究されるべき課題を指し示しているのである。アンリの思想は、そのための明確な楔を思想史上に刻み込んだと言えるだろう。

著作と翻訳

ミシェル・アンリ

1　『現出の本質』上・下巻（*L'essence de la manifestation*, PUF. 1963. 北村晋・阿部文彦訳、法政大学出版局、二〇〇五年）

＊ミシェル・アンリの主著。従来の認識論や存在論の本質をえぐり出し、その限界を提示し、自らの「生の現象学」の構想につなげる議論の展開は実にあざやか。

2　『マルクス――人間的現実の哲学』（*Marx, Tome I: Une philosophie de la réalité. Tome II: Une philosophie de l'économie*, Gallimard. 1976. 杉山吉弘・水野浩二訳、法政大学出版局、一九九一年）

＊アンリの第二の主著。マルクス主義をマルクスに対する誤読の総体として一蹴し、「生の現象学」の観点からマルクスを読みなおす試み。

3　『精神分析の系譜――失われた始源』（*Généalogie de la psychanalyse. Le commencement perdu*, PUF, 1985. 山形頼洋・上野修他訳、法政大学出版局、一九九三年）

＊ハイデガーの「存在忘却」に対して、西洋哲学史を「生の忘却」の歴史として解釈する野心的著作。

木村敏

1　『木村敏著作集』全八巻（弘文堂、二〇〇一年）

＊木村敏の初期から一九九〇年代までの著書、論文、その他の文章を集めたもの。木村の思想の全体像を系統的に整理。

2　『臨床哲学講義』（創元社、二〇一二年）

＊京都での六回にわたる講演のまとめ。語りかけるような優しい言葉で木村の思想の本質が熱く語り出されている。

読書案内

ミシェル・アンリ

1　ポール・オーディ『ミシェル・アンリ——生の現象学入門』（川瀬雅也訳、勁草書房、二〇一二年）

＊アンリに近い立場にあった著者によるアンリ哲学の概説書。少し上級の入門書だが、訳者による丁寧なアンリ哲学への導入やアンリの年譜も付いていて便利。

2　川瀬雅也『経験のアルケオロジー——現象学と生命の哲学』（勁草書房、二〇一〇年）

＊アンリを主題的に扱うのは九章のみだが、アンリ哲学を帰趨軸として、二〇世紀の哲学の動向が読みなおされている。

木村敏

1　檜垣立哉・木村敏『生命と現実——木村敏との対話』（河出書房新社、二〇〇六年）

＊気鋭の哲学者と木村敏の対談の記録。檜垣の巧みなリードで、木村自身が自らの思想を捉えなおし、そこから新たな「木村哲学」の可能性が開花する。

第4章　「寄生者」の思想
——ジャック・ラカン——

信友建志

ジャック・ラカン（Jacques Lacan, 一九〇一～八一）。フランスの精神分析家。一九五〇年代から始めた講義によって知られるようになり、一九六六年の主著『エクリ』によってその名声を不動のものとした。構造主義などの影響下、極度に抽象度を高めたその教えは、その難解さにもかかわらず、哲学、思想を含む人文諸科学全体に大きな影響を及ぼした。当時の心理学の適応主義傾向に対する彼の批判は多くの若者を惹きつけた。ドゥルーズ＝ガタリにとっては乗り越えるべき仮想敵だった。そして今日なお、薬物療法と認知行動療法一辺倒の風潮に対する批判としての意義を失わない。その難解な理論の論じる範囲は広い。だが本章では、彼の理論装置のなかで最も知られている「想像的なもの、象徴的なもの、現実的なもの」を、《他者》と「寄生者」をめぐる一連の変奏曲として読み解いていくこととしたい。

1　他者と寄生者

わたしは一人の他者である。

わたしは一人の他者である。

アルチュール・ランボー、一八七一年五月一三日の手紙の一節だ。

この一句はフランス現代思想のなかでとりわけ愛好されてきた。その傾向は日本の思想界にも輸入されたので、もしかしたら、もう飽きたよ、という方もいるかもしれない。

しかし、それがどういう意味なのか、となれば、話は別だ。

フランスの精神分析家、ジャック・ラカンもこの一節を愛していた。しかし、彼がこの一節を暗に念頭に置いたかのように、生涯を通じて繰り広げた問いは、実に難しい。少し考えただけでも広がりは無数だ。わたしが自分だと信じているこのわたしを、目の前の他者が盗み取っているのではないか。わたし、このわたしのなかで語るこの何かよく分からない、「もの」としか言いようのないものは何か。わたしが自己の身体だと思っているこの身体はだれかが勝手に使っていないか。わたしがしゃべっているように見えるその時、わたしのなかの誰が誰に向かってしゃべっているのか。

いま述べたことのどれも意味が分からない、と思う人もいれば、どれか一つにはちょっとひっかかりがある、と思う人もいるだろう。もう少し身近なところに話を落としてみれば、たとえばこうだ。あなたが恋に落ちたことを確信できるのは、たとえば思いもよらず相手を追いかけて走り出した自分の仕草や、呪いのように頭をかけめぐる相手の言葉によってではないだろうか。だとすれば、あなたが最もあなたであるのは、あなたが最もあなたでない時なのだろうか。

ここでは、この冒頭のランボーのことばを中心に、彼の思想のひとつの見通しを組み立てていこうと思う。鍵となるのは「寄生」である。

わたしのなかで考え生産する寄生者

精神分析。二〇世紀初頭、ウィーンの神経科医だったジークムント・フロイトが創始したその学問は、患者が自由に連想し、分析家がそれを解釈する、というかたちで行われる精神の治療である。その前提となるのは、人間の身体、とくに性にまつわるその部分に、その人の歴史、とりわけそ

＊適応主義　自我に問題があることが精神疾患の原因であるとし、精神分析の場合は精神分析家の自我を手本にして自我を強化すること、薬物療法では適切な投薬を利用すること、認知行動療法では適切で客観的な情報のフィードバックによってみずからの行動を修正することなどによって、自己の方が外的現実と呼ばれているものに適応するべきだという考えを指す。

の人の受けた言葉の影響が宿るのではないか、というヒステリー[*1]の問いだ。その問いかけをフロイトは正面から取り上げ、人がその歴史のなかで触れた言葉と身体の複雑な絡まり合いとしての無意識を対象とする、精神分析という学問分野を作り出す。

ウィーン、ベルリン、ロンドン、そしてアメリカと、その波は広がった。日本でも、一九二〇年代後半にはすでにフロイトの著作集が多く邦訳され、古沢平作、矢部八重吉らがフロイトのもとに留学、あるいは分析を受けるなど、その受容が始まっている。江戸川乱歩もそのサークルの一人だ。

しかし、フランスはというと、いささか難しい状況にあった。ある権威ある心理学者がフロイトの学説を「高尚な猥談」と茶化したように、ゲルマンの粗野な精神はデカルト以来のラテン的明晰さを誇るフランス人にはあてはまらない、という意見も強かったのである。むしろ、フロイトの強い関心を持ったのはアンドレ・ブルトンらをはじめとするシュールレアリズム運動[*2]の芸術家たちだった。それでも、一九二六年にはパリ精神分析協会が登場し、フランスにも本格的な精神分析の導入が始まる。

ジャック・ラカンが、精神医学を学ぶ若者として登場したのは、こういう時代である。

医学を学ぶかたわら、彼は様々な文学、哲学作品にも親しんだ。当時パラノイアに興味を持ち論文を発表していた、のちのシュールレアリズムの巨匠、サルバドール・ダリとブルトンの仲介で面会し、当時のシュールレアリズムの雑誌『ミノトール』に二度ほど寄稿している。後年の彼は、シュールレアリズムに対して必ずしも肯定的というわけではなかったが、そこから隠喩、コラージュそして自動書記のような概念を学んだことが、自身の精神分析の理論形成に役立ったことを隠してはいない。

他方、精神医学の教育としては、彼が後年、「精神医学の唯一の師」と呼んだガエタン・ガティアン・ドゥ・クレランボーの名前を挙げておかねばならない。とりわけ、彼の精神自動症や要素現象と呼ばれる概念は重要である。

精神自動症は、精神病圏の症状の初期現象としてクレランボーが挙げたもので、純粋に言語的な現象と説明されている。それは言ってみれば、不条理で無意味な語が生き物のように勝手に活動を開始する状況である。そうなると病者の言葉や思考は、むしろそれに対する応答として組み立てられるようになる。同時に、その現象は次第に自律性を高め、まるで新生物、寄生虫のような自律性と一貫性を持つ観念を形成し、主体のそばに居座り続けることになる。

ここに、シュールレアリズムの自動書記との類似を見ることもできる。もちろんそれは見かけの類似であって、もとになる理論は異なるとラカンは考えていたが、ともあれ我々は、ここで「わたしは一人の他者である」のひとつのヴァリエーションを見出すことができるだろう。ここではそれをこうまとめてみよう。わたしが考えるこのわたしは、もしかしてわたしのなかで自律的に語を紡ぐこの寄生虫との対話の産物なのではないか。そして、その対話から寄生虫のことばだけを無意識に押し込んで、自分は自分だと思っているのではないか。

後年のラカンはヤスパースらの見解も取り入れつつ、さらにこの見方を掘り下げていく。ここまでの見方では、核になる自動症の部分はよそからやってきた寄生虫であったとしても、残りの部分は主体がみずから組み立てることになる。しかし、妄想はそのようなものではない。妄想は妄想を構成する力自体を再生産するのだ、と考えるようになったのだ。興味深いことに、のちにラカンにとってきわめて重要になる構造という語は、次のような定義のされ方をしてもいる。すなわち「自らが自らを差異化しつつ自らを再生産する」能産性と力動性というものだ。この異他性、自律性、能産性、といったような寄生的感覚の重視傾向は、生涯ラカンの理論に寄生することになる。

＊1ヒステリー 一九世紀後半を代表する精神疾患のひとつ。なんらかの心的エネルギーが適切な表現を得られず、身体症状に転換する、と当時は考えられた。神経学的な原因が不明の麻痺や失声、視野狭窄などが当時の代表的症例であった。

＊2シュールレアリズム運動 フランスの詩人アンドレ・ブルトンらが提唱。先入観をもたず自動的に書き進めるという「自動書記」などから、理性の制御を受けない自動的な思考の存在を認め、夢や狂気の解放を唱えるもの。

2　鏡と想像的なもの

わたし以上にわたしであるもの

一九三一年、四月一八日午後二〇時三〇分。パリ、サン・ジョルジュ劇場前。のちにカトリーヌ・ドヌーヴ主演の映画『終電車』の舞台となったこの劇場の前で、事件は起こる。「あなたはデュフロさんにまちがいありませんね」。

呼び止めたのは三十代後半のきちんとした身なりの女性。呼びかけられたのは日本初のハリウッドスター早川雪洲との共演でも知られる女優、ユゲット・デュフロ。デュフロの返事を確認すると、女性はいきなりナイフを持って襲いかかる。デュフロは多少の怪我を負ったものの、周囲がすぐに女性を取り押さえる。

のちにラカンの『パラノイア性精神病』で扱われるこの女性、仮名エメは、郵便局で勤務する一方で小説を書き、出版社に持ち込んでは不採用、という日々を続けている。いつしか有名作家や女優が自分を迫害している、という観念を持つようになってしばしばもめ事を起こした彼女は、ついにこのような犯行に及ぶ。彼女が収容されたのは、当時ラカンが勤務していたサンタンヌ病院。ラカンは彼女の症例を題材に『パラノイア性精神病』という学位論文をまとめることになる。この論文でラカンは、初めて本格的にフロイト理論を参照する。

このエメの妄想に対してラカンが与えた意味づけ、「想像的同一化」に触れておかなければならないだろう。「迫害者たち」はエメ自身が誇大的に抱いている自己イメージ、つまり「あるべき自分」に一致している。理想は憎悪の対象である。目の前の、愛する他者が自分以上に自分であること、同時に、その愛する他者がつねに自分につきまとう迫害者というかたちで、いつも自分のそばにいること。しかし、この複雑怪奇な関係性も、フロイトの分析するようなある程度文法的なロジックに従って読み解けること。この論文は依然として精神分析的見解を援用した精神医学論文の枠に留まってはいるが、しかし今述べたような方向性は、引き続き維持される。それが、ラカンの最初の大きな理論的貢献として知られる「鏡像段階」論である。

一九三六年に発表され、一九四九年に至るまで数回の修正を経たこの理論は、リョコウバトやトビイナゴが性的に成熟するためには仲間の姿を見ることが必要だ、という事実をヒントにしている。いや極端に言えば自分自身を鏡で見ることでもよい。つまり、自分とは自然に作り上げられていくのではなく、まず先行した自分のイメージがあり、それを見てそれに追いつこうとすることでできあがっていく、ということだ。すでにパラノイア論で「想像的同一化」について語っていたラカンにとっては自然な展開と言っていいかもしれない。

ラカンはそこから、一八カ月前後まで乳児は運動器官の統一がとれていないことに触れる。赤ん坊がときどき自分の身体を不思議な生き物を見るような顔を注視しているのは、それが本当に別の生き物だからだ。このばらばらな生き物の集成としての乳児は、原初的不調和、特異な未熟性と描写されてもいいだろうし、また詩的に「寸断された身体」と呼ばれてもいいだろう。その最高のイメージを提供してくれるのは、シュールレアリズムの先駆と評されることもある中世の画家、ヒエロニムス・ボスの作品だ。そのため、その身体を統合するには、より完全に近い他者のイメージを先取りして、自分のイメージとする必要がある。もちろん、乳児に寸断された身体の話が聞けるわけもないのだから、それはむしろ、自分の身体イメージが崩れるような経験をした主体の分析からの溯及的な再構成というべきものではあるのだが。

この先取りされたイメージ、「鏡像的なもの」あるいは「想像的なもの」は、「わたし以上にわたし」である。たとえば、トランジティヴィズムと呼ばれる児童心理学でもよく知られた現象がある。小さい子どもが、自分が相手をぶったはずなのに、自分がぶたれた、と泣く。ラカンの解釈では、子どもは嘘をついているわけではない。あの子はわたし以上にわたしなのだから、わたしがあの子をぶったとしたら、それはわたしがぶたれたということなのだ。ラカンはそれを「原初的嫉妬」と呼ぶ。ここでは、文字通りわたしは一人の他者であり、その他者とは取り戻さねばならぬ自分なのだ。

想像的なものの二面性

この「想像的なもの」の持つ役割は二面的だ。一方でそれは、寸断された身体へと突き落とされてしまうことを防いでくれる。他方でそれはあくまで出来合いのものでしかなく、その出来合いのものに自分を合わせねばならない。ラカンはそれを「整形外科的」と皮肉ってもいる。だからその出来合いの「性格の鎧」は、世界の変化に抗してあるべき自己像のなかに立てこもるような現象を引き起こすことにも繋がりかねないのだ。むしろある時期までのラカンは、このような強固な鎧のせいで、世界の変化に対応しきれないこと、つまり固着を不調和の原因、あるいは症状の原因と考えていたようなところさえある。のちに見るように、だから嫉妬に満ちた閉じた二者関係から、世界に開かれた第三者的視点の獲得が必要なのだ、ラカンはそれを説いたのだと考える人も少なからずいる。

ところが、この「寸断された身体」について意外な特徴が指摘される。なるほど、一見するとそれは原初のカオスのような、非常に生々しい「現実的なもの」のようにも見える。しかし、ラカンはそれを「『これこそ君だ』という、彼の死すべき運命の暗号が明らかになるところ……」と読み替える。

これこそ君だ。そう、「わたしは一人の他者である」の押しつけだ。つまり、主体が「想像的なもの」の鎧をまとうことで身を守ろうとしている相手、それは寸断された身体としての主体を「これこそ君だ」と名指して、それを運命のように反復してくる記号の世界である、とラカンは考える。それこそが次に見る「象徴的なもの」の世界らしいのだ。

ラカンはここに、フロイトの言う「死の欲動」を見出す。それは「幻覚された記号の世界」が、脆弱な鎧を突破して主体に寸断された身体を「これこそ君だ」と突きつけてくることであり、鏡像的な二者関係のなかを行き交う嫉妬に満ちた攻撃性は、それを置き換え緩和したものに過ぎないことになる。

3　象徴的なものと死

想像的なものと象徴的なものの出会い

では置き換えとはなんだろう。ラカンはここで鏡像段階を改変する。鏡像のイメージ、先取りされた自己像は小文字の他者（autre）とされる。そして、その他者が登場したのは、「これこそ君だ」というメッセージを送りつける不可解な大文字の《他者》（Autre）の欲望を理解し引き受けるために、そのメタファーとして利用するためだ、と理解されるようになる。

主体、他者、《他者》。この三つ組みは、一般に想像的二者関係の解決と仲裁のための三者関係への移行と見られることが多かったし、その第三者的視点こそ象徴的なものと思われがちであった。しかしラカンは四つ目の存在に注意を向ける。この三つ組みは「死」を隠す、そして隠しつつその死を同定するための道具なのである。

この「死」のことをラカンは「幻覚された記号の世界」と呼んだ。つまり、何かの運命、それも死の運命を記したかのようなものが「記号」として繰り返し登場するというのだ。ラカンはそれを、自分の死刑執行命令書を自分には見えない頭部の皮膚に刺青された古代の死刑囚に喩えたこともある。まさに「これこそお前だ」というわけだ。そしてそれは《他者》の不可解な欲望に変形され、さらにその擬似的な答えとして小文字の他者としての鏡像が召喚される。

精神分析では、この運命的性格はよく知られていた。人は時に、あまりにもよく似た運命が人生に繰り返し訪れることを知っている。いつも同じ結末、いつも同じ不幸、いつも同じ失敗。その繰り返される出会い損ないを、精神分析は反復と呼んだ。だが問題は、その反復のなかの何が本当に「同じ」なのかだ。むしろ発想を逆転させて、それらが「同じ」であると認識されること、「この人にはこれとあれが同じに見えるのか」という驚きをもって、その人固有の特性と考えた方がいいのかもしれない。この「同じ」をラカンは一の線（trait unaire）と呼ぶことになる。

ラカンは当初、ヘーゲルの「概念」を考えることで、この記号と死の世界に取り組んだ。概念においては、実際その概念の適用される個々のものはなんでもいい。概念に当てはまってさえいればいいのだから。だからヘーゲルは「概念はものの殺害である」とまで言った。つまり、概念が成立するには実際に目の前にある個物を抽象化する、つまり個物の諸特性を否定し、殺すことが必要だ。そのあと初めて、ただの言葉の問題でしかない概念がその個物に適用できるかを考えることができる。コンピュータ風に言えば、いったんデジタルデータ化しなければいけないようなものだ。そうなればデータ化されたもとの個物は棄ててかまわない。いや、ある意味では初めから棄てられているのだ。

この場合の「記号」もそうだ。それはディスクール[*1]の世界のなかにある。それはディスクールの世界のなかにある。そして、この「記号」、ないしラカンの言葉を借りれば「固有名」は、ただあなたを指すためだけにそこに準備されている。しかし、それがあなたを指すためには、あなたは殺されていなければならない、あるいは潜在的にはもう死んでいても構わないものでなければならないのだ。それが、反復のなかにとらわれた人間存在の運命である。しかしなぜかそれをわれわれは「一人の他者」としての自分として引き受けねばならないのだ。

象徴的なものの二面性

ラカンは、こうしたメカニズムを象徴的なものと呼んだ。

しかしこの働きもまた二重の側面がある。まず一方には、ここまで見たように、そこにはヘーゲル的な絶対の否定の力、つまりすべてを抽象化する、いまふうにいえば仮想化する、フロイト風にいえば幻覚化する力が働いており、それが人間存在を取り込んでしまうという側面がある。古代中国の男たちのなかに、青史というヴァーチャルデータに名を残すことを代償に惜しげもなくその身を大義に捨てる者たちがいたように。ラカンは、象徴的なものの最初の形を墓に擬えるのが好きだった。たしかに、われわれがかつての文明の存在を理解する最初の手がかりとなるのは墓や埋葬だ。それは、「純粋な非存在」を何か違う形で存在させることへの努力だからである。フロイトが言うように、「何かが単にない」ことは意識さえされない。「何かがあった、あったはず、あってほしい」からこそ「何かがない」と語ることが可能になるのである。つまり、実体を否定化し抽象化、仮想化する力でありつつ、同時に非存在のものを存在させる力でもある、そんな一面だ。

だがもう一方で、この象徴的なものの世界は「機械の世界」でもある。

それを理解するために、ちょっと駆け足の説明だがラカンと構造主義の関係を概観しよう。ラカンがスイスの言語学者、ソシュールに影響を受けて、「シニフィアンとシニフィエ」[*2]という概念を導入したことはよく知られている。一般に、シニフィアンは何かを表象するものだが、だからといって表象されるものつまりシニフィエと必然的な結び付きがあるわけではなく、たんにシニフィアン同士の間の違いがあればいいだけで、その音に必然性はない、とされる。さらに言えば、言語によって描かれる世界はその恣意的なシニフィアンの配置によって切り分けられるのであって、初めから切り分けられた、分節化されたものにラベルを貼るように名前がつくわけではない。

他方で、ラカンが人類学者レヴィ＝ストロースに影響を受けたことも知られているが、レヴィ＝ストロースにとって問題だったのは、ある非常に複雑な婚姻のルールを持っているように見える部族だった。この複雑さは意外にも、数学でいう群論の変換規則にのっとって分析できる。つまり、いっけん複雑な現実の事象の背後には、一定の変換規則としての構造がある、とするものだ。

ラカンのなかでこの二つはどう一緒になるのだろうか。彼にとってそれは、まずヒステリーの経験から得られる症状論のために必要だった。第一に、「それはそれではない」。それは何か別のものを代理して表象しているのである。だからラカンはシニフィアンのことを「すべてを表すがそれ自身だけは表せない」と定義している。「馬に蹴られて馬が恐くなるのは普通のことで、父親が恐くなるのが恐怖症だ」。この時馬はシニフィアンとは言いがたいが、父親なら立派なシニフィアンであり、症状というわけだ。

だが「ほかのもの」を表すのにも、一定の変換規則がある。それが、コンプレックスと呼ばれるものだ。こんにちではこの語はほとんど劣等感と同じように理解されているが、もともとは複合、組み合わせのことで、劣等コンプレックスがいちばんメジャーになってしまったのでこのような勘違いが起きた。たとえばある劣等感を抱えてい

＊1ディスクール　一般に言説と訳される。ラカンにとっては個々人の具体的な発話（パロール）との対比で、パロールらを暗黙に統御し再配置するものとされた。

＊2シニフィアンとシニフィエ　スイスの言語学者フェルナン・ド・ソシュールの用語。構造主義の成立に大きな影響を与えた。言語とは別のなんらかの規範によって分類された世界と、それにラベルを貼るように表記を与える記号、という考えを離れた点で画期的であった。これにより、ある一時期の言語システム内の諸要素（シニフィアン）の差異関係によって切り分けられた偶発的な分類（シニフィエ）という見方が可能になった。

る人間が、関係のない出来事までその劣等感ないしその裏返しと関連づけて理解していれば、それがコンプレックスだ。しかし、個々の変換規則じたいもまたある変換規則のヴァリエーションだ、と考えれば、さしあたりその最も抽象度の高い変換規則をひとつ想定すればいい。それを精神分析では「エディプス・コンプレックス」と考える。一般には、これは「男子は母親を愛される存在であることを求め、そのためライバルとなる父親を邪魔者と考えるが、父から去勢によって威嚇され、禁止を言い渡されることで、父のようになって母のような人を所有することに目的を切り替える」とされている。しかしラカンにとっては、むしろこのシニフィアンのルール、つまり、何かが何かを直接かつ必然的に表すことは不可能であり、必ず何か他のものによって表されなければいけない、ということを意味するものとなった。つまり、自律性を持って一方的な変換規則のなかにすべてを取り込んでしまう機械、象徴機械、解釈機械の世界に我々はいる、ということだ。この時、主体は変換の前にも後にもいない。ただ変換が起こったということだけが、主体がその瞬間存在したらしい、ということを告げるばかりだ。

父の名

これまで、象徴的なものの役割は一方で「死」のような非存在を表すものであり、他方で「それはそれではない」という、意味するものと意味されるものの直接的、固定的な結び付きを禁止する役割も果たす、ということを見てきた。その二つの側面のつなぎ目となるのは、「よく分からないが、とりあえずそれだ、ということにしておくもの」の存在だ。

ラカンはそれを「父の名」と呼ぶ。

それは一方では、非存在のようなどうにも確定しようのないものに名前をつけることができる。他方で、そもそものような固定しようのないものを一つ世界の中に組み込んでおくことで、その世界全体を流動的にすることができる。それゆえ想像的世界の固着を離れ、象徴的世界の変化に対応できるようになるのだ。

喩えてみよう。こんにちのＤＮＡ鑑定が生まれるまで、ある女性から生まれた子どもがほんとうは誰の子なのかは、実に悩ましい問題だった。「父の名」はその問題を解決する。一方で、「お前の妻から生まれた子はお前の子である」とすることで、この不確定さはすべて吸収できる。それは世の中の自然とされる結び付きよりも、社会制度や仮構、擬制の自動性を優位に置くことでもある。だからこその「父の名」は「名ばかりの父」でもある。

他方では、その要素を受け入れるために、その自動性を通じて残りすべての要素が変化を受け入れることになる。新しい出来事が登場することで、それまでの意味はシャッフルされ、のきなみ事後的に書き換えられる。そして、このシャッフルと事後性をつかさどるシニフィアンの象徴機械は、たとえばひとたび妻に子が宿った瞬間から「わたしは父である前に一人の男である」などという抗弁には耳を貸さず、男のすべてを父親に書き換えてしまうのだ。

ともあれ、この「父の名」によって、それまで非存在だったものに名を与え、存在の世界に受け入れ、かつ想像的固着を切り離し新しい象徴的体系への絶えざる書き換えを可能にするという、象徴的なものの代表的なイメージ、つまり仲裁的な第三者役割が成立することになる。

4 裂け目、余剰、そして現実的なもの

こぼれおちるもの——分析家の欲望と対象a

こうして、象徴的なもの、想像的なものの二重の網を介して、いちどはわたしである一人の他者の場に「わたし」と呼ばれうる何かを到来させることに成功したかに思われたラカン理論だが、つねに一つの裂け目、そして一つの余剰につきまとわれることになる。

このメカニズムで、つまり象徴的な位置の変化に対応できない想像的なものの固着を、分析家の欲望、つまり、つねに「それはそれではない」方向へと開いていくものによって引きはがし、再度の構造化を待てば精神分析の用は済むと考えたとしよう。その純粋な死の欲動の現前化こそが「精神分析の倫理」に見えるかもしれない。

しかし、それはうまくはいかなかった。そこには必ず何かの、分析不可能なものが残る。言ってみればそれは、シニフィアンの変換機械はかならずエントロピーを派生させる、というようなものだ。分析家の欲望によってこの機械を作動させ続けても、そこには無や空虚に還元しきれないものが残る。ラカンはそれを「純粋な非存在」のなかの「欠損」と呼んだ。

しかし、ゼロのなかのマイナスとでもいうべきその欠損は、いきなり把握するすべもない。むしろ当初発見されたのは、この非存在への還元の努力をあざ笑うかのように、何か小さな要素が残されることだった。意味を欠いた、というより分析の枠組みのなかで最後まで意味不明のまま残るこの要素を、ラカンはイギリスの精神分析家ウィニコットの概念「移行対象」[*1]をヒントに考察し、やがてそれは「対象ａ」として独自の展開を遂げていく。

対象ａの概念の中身は時代によって多少の変化があるが、ここではエントロピーから説明しよう。

本質的に副産物であるもの。残余、廃棄物。しかしそれが交換の過程で必ず生じる。かつ、交換は本質的に不可視である。こうなると、廃棄物を生じるものだけが不完全な交換として認識可能な対象となる。だからこそ、この廃棄物の生産こそが主目的だった、と勘違いすることにもなる。たとえば、母の乳房から子の身体への乳の流れは、子の血となり肉となるはずだが、短期的にはその交換の成果は不可視だ。だから本来そのエントロピーである「うんちがいっぱい出たこと」だけが豊かな乳の流れの証拠となる。ラカンは糞便のほかに乳房、声、まなざしを典型的な対象ａと挙げていくが、そのどれもがこの型として解釈される。言葉が伝えるものの不可解さは、意味を欠いたマテリアルとしての媒体すなわち声を浮上させる。母から子へ流れるものの不可解さは、それを供給すると同時にそれを遮る柵でもある容器でしかない乳房を、価値あるマテリアルとして浮かび上がらせる。媒体、容器、インターフェース、それはいずれも「それ自体はそれではない」のだが、肝心の「それ」が分からないがゆえに、本来はないに越したことはない邪魔な「マテリアル」が、「それ」についての唯一の証言ないし「見せかけ」として、主体の幻想のなかで特殊な価値を担うようになる。

面白いことに、それはどれも切り離し可能、譲渡可能なものでもある。これが、ラカン理論によりいっそうの自由度を与えることになる。対象ａは身体の呪縛から離れ、社会を流れる物質に自由に飛び移れることになる。メディア、ゴミ、そしてとりわけ貨幣。ラカンはマルクスの剰余価値論[*2]がヒントになったとして、対象ａのことを剰余享楽と呼ぶこともある。

われわれはここまで、「交換」という言葉を何の交換か述べずに使っていた。ここで、それが明らかになる。交換される流れは享楽の流れである。

享楽の把捉のモード

享楽の流れ、それは把捉しがたい、よく分からないものである。人が感じはするもののそれについて何も知らないものだ。精神分析で言う快感は、実質的にはホメオスターシスのような安定状態を指すのだから、それと対比すれば享楽は自らを脱した快楽に近い。その意味でもやはり「わたしは一人の他者」なのだ。

ラカンの言う構造が、自己差異的で能産的なものとして理解されてきたことは、すでに述べた。しかし、そこで何が生産されようと、それではカバーしきれない穴がある、という疑いをラカンは抱く。ラカンはそのことを《他者》の《他者》は存在しない、と読み替える。対象aは、この穴の周囲に残る残滓として、穴のなかにある何かの存在を予期させる。

ではそのあとは？ たとえばサドを見よう。サドはそのような媒介を持たない絶対的な享楽を把握することを目指す。彼にとってそれは、根源悪としての破壊的自然である。だから彼はこの邪悪な自然の破壊性の片棒を担ぐことで、なんとかこの享楽を把捉しようとする。マゾヒストは逆に、この破壊の跡に残った残滓、屑に同一化し、自らがこの破壊性の永遠の対象であることを確証しようとする。

倒錯者だけがそうするわけではない。神経症者にとっても変わりはないのだ。それはたとえば、象徴的なものと想像的なものによって行われる。いちばんありそうなラインとしては、その表象の不可能性を禁止と読み替え、たとえば原罪に対する時のように、けっしてできはしないし、やろうともしない禁止の侵犯が、その先にあると予期

＊1 **移行対象** イギリスの精神分析家ドナルド・ウィニコットの用語。幼児が幻想から現実へ移行する際の中間的領域としての遊びを取り上げ、そこで用いられる幻想と現実の継ぎ目になる独特の対象を移行対象と呼んだ。

＊2 **剰余価値** ドイツの思想家カール・マルクスの用語。彼が資本主義の分析を行った大著『資本論』で、本来ならば等価交換が行われているにもかかわらず利潤が生じるという矛盾が剰余価値という概念で分析されている。

された享楽の可能性を示唆すると見ることである。倒錯者のように非存在を体験的に理解する代わりに、禁止とその彼岸という「否定」を通じてかいま見る、といってもいい。こうして人はその禁止の「意味」を傾聴し、そのことで享楽する。しかし、現実的なものと象徴的なものの縫合もまた必要だ。それが、ラカンのいう「ファルス的享楽」である。言ってみれば浮遊するこの享楽を、自らの身体を使って捕まえ、ファルス[*1]という一角に隔離することだ。このファルスはべつにペニスでなくともよく、主体の持つ歴史性にふさわしい部位に配置される。だから、フロイト以来の精神分析は、とりわけヒステリー症状における麻痺の部位などを、ファルス、ファルスと連呼することになったのだ。

それは自己の身体だけとは限らない。愛の営みであってさえそうだ。われわれは、そのさなかで相手の身体を自分の享楽のメタファーに、あるいは自分の身体を「《他者》の享楽」のメタファーに変える。だが、それが一致する、いってみれば「同時にイク」ことはない。これは主体の身体と《他者》の享楽が一致するというはかない夢の産物なのだ。だいいち、女性はどう考えてもファルスではない。少なくとも、男性が自己のファルス的享楽に固執する限りでは、女性はなんのメタファーにもならない。しかし、男性が自らの享楽の不可能性、つまり去勢を受け入れ、持たざる者としての自らを与える時、女性もまた持っていないものとしての自らをその享楽のメタファーに変えることができることになる。

一部で悪名の高い精神分析における禁止、去勢や欠如の問題は、このように、様々なかたちで不可能な享楽を捉えようとする絶望的な営みにほかならない。男女どちらにも《他者》の享楽への同一化の不可能性があり、それが一方では去勢、他方ではペニス羨望[*2]というかたちで、この本質的な欠如を象徴化しているのである。そのために、人は自らをその不可能の象徴化としての欠如に同一化させることもいとわない、そこに愛の可能性がある。ラカンの愛の定義「持っていないものを与えること」は、ここから生まれた。

男性的論理、女性的論理

しかし、晩年のラカンは、それでもやはり《他者》の身体の享楽と愛は一致しない、という不可能性を維持することになる。というのも、いまわれわれが挙げた様々な享楽の把捉のモードにおいて、何を欠如としてみるかがそもそも異なっているからだ。ラカンはそれを、性別化の論理としてまとめた。むろん、これは生物学的性別には依存しない。

男性的論理はいってみればラカンにとっては次のように構想された。「～という性質を持つ」という関数を考えれば、過去、現在、未来においてそれに合致する人間の外延[*3]は確定できる。ファルスを持つか持たないかをひとつの関数と取れば、すべての人間はこの関数のなかで真か偽、つまり「すべての人間はファルスを持つか持たないか、どちらかである」と決定しうる。つまり、セクシャリティをファルスの有無だけで切り取ろうという考え方だ。

問題はこの時、有限の操作でこの「すべての人間の集合」を作らねばならない点にある。ラカンは、男たちはそれを「原父」という一つの例外を設定することで幻想的に処理していると考えた。フロイトが神経症者の幻想から抽出した「原父」とは、すべての女を独占する部族の長、というものだ。「すべての女」を所有するがゆえに、この原父だけが一人の例外であり、かつこの例外が「すべて」を論理的神話によって仮構することを可能にしている。この男性的論理では、性的対象として向かう先は対象aである。つまり、不可視のものの存在、「女なるもの」を論理的に仮構したうえで、その手がかりとなる残余を愛し、そのことによってそのマテリアル、つまりただの「見せかけ」としての一人の女をおのれの症状として創造するのだ。

これに対しラカンが女性的論理として取り出したのは直観主義的なものだった。ここでは「ある性質を持つ対象」についての議論は、そのような対象を見つけるか、あるいはそのような対象を構成する方法が与えられた時にだけ証明されたものとされる。とすれば、たとえばファルスを持つ、という言明が真か偽かのいずれかになるもの

＊1**ファルス** 精神分析では身体的な意味での男性性器をペニス、それ以外の文化的、象徴的等々の意味合いが含まれる男性性器をファルスと呼んでいる。
＊2**去勢とペニス羨望** 去勢はフロイトの用語で、男性が性器を喪失する可能性のある何かとして認識することを指す。ペニス羨望は女性が男性器を自分が喪失した何かとして認識する可能性を指す。
＊3**外延** ある概念があり、その概念に実際に当てはまる個々の対象の範囲のことを外延という。

が必ず存在すると仮定できるわけではない。だからすべての女を所有する、言ってみればその享受が「法的に」規定されている原父ではなく、実際に一人ひとりの女を口説く具体的な持つ、それゆえすべての女について語りうる可能性のあるドン・ファンこそが、女性の神話ということになる。言ってみればそれが「プラグマティズム」の理論となるわけだ。この時、性的対象はふたつの選択肢を持つ。一つは先に述べたもの、つまりファルス的ないし自慰的な享楽と自己の身体を同一化することであり、他方は女性の神秘家たちのように《他者》の享楽へと直接に向かうことである。

いずれにせよ、ここでは同じファルスをめぐってまったく違う切り分けが行われていることが分かる。そのゆえに、互いが《他者》の享楽を把捉しようとするそのモードがそもそもまったく食い違ってしまうのだ。*

5　性関係の不在、そして愛

わたしは一人の他者である。

このモチーフが、ここまで様々に変形させながら用いられるのを見てきた。つまり、精神分析にとっては性そして享楽が異物であること、言語と身体は、それを自らのものとして引き受けるために用いられ、それによってわたしが「一人の他者」としてのわたしを認めるに至るまでの過程を見てきた。

その身体化には様々な様式がある。男性的、女性的といった性別化の論理もその一つである。しかし、ラカンはそこに性関係の不在を見る。関係の不在、つまりそれは、ある現実がそこから決定されることの不可能さと読み替えられる。すでに見てきたように、《他者》の享楽はつねにとんちんかんで、二人の愛し合うものたちの間でそれが相補的に一致することは不可能なのだ。

しかし、それでも我々は愛し合う。なぜなら精神分析は、そこに主体の最も特異な享楽、主体の歴史のなかの真に偶発的事件との出会いがあり、それこそが自己差異的、自己生産的な構造となって主体の歴史を形成していると考えるからだ。この出会いののち、わたしは一人の他者となる。そしてこのテーマが、この寄生物のような享楽を自らの身体によって、あるいは愛における他者の身体によって（そして、最晩年のラカンにおいてはそれ以外にも様々な創作や症状によって）何とか必然のものとして繋ぎ止めようとする、主体の営みの様々な変奏曲のまさに中心でつねに響くことになる。

著作と翻訳

1 『エクリ』（*Écrits*, Paris, Seuil, 1966. 佐々木孝次他訳、弘文堂、一九七二〜八一年）

＊ジャック・ラカンの主著。日本語訳は世界的に見ても早期に翻訳されたこともありかなり難解。ブルース・フィンクによる英語版全訳もある（*Écrits*, W. W. Norton, 2006）。こちらはやや考え過ぎの感もあるが、隅々まで思索の行き届いた訳。

2 『セミネール』（*Le séminaire de Jacques Lacan*, Paris, Seuil, 1973-. 岩波書店、一九八七年〜）

＊はラカンが行っていたセミネールの記録であり、二〇一四年秋までにフランス語版では全体の六割ほどが刊行済みである。日本語訳は第一巻『フロイトの技法論』、第二巻『フロイト理論と精神分析技法における自我』、第三巻『精神病』、第四巻『対象関係』、第五巻『無意識の形成物』、第七巻『精神分析の倫理』、第八巻『転移』、第一一巻『精神分析の四基本概念』が出版されている。きわめて密度の高い『エクリ』に比べると余談雑談も多いがとっかかりも多い。まずはこちらを通読されたい。

3 『ディスクール』（佐々木孝次・市村卓彦訳、弘文堂、一九八五年）

＊日本独自編集で、ラジオ講義『ラディオフォニー』と日本講演の記録が収められている。内容は難解だが訳は周到である。

4 『テレヴィジオン』（*Télévision*, Paris, Seuil 1974. 藤田博史・片山文保訳、青土社、一九九二年）

＊その姉妹編というべきテレビ講義が収められている。同じく難解だが、細部まで目配りの行き届いた訳文が助けとなる。

5 『人格との関係からみたパラノイア性精神病』（*De la psychose paranoïaque dans ses rapports avec la personnalité*, Paris, Seuil, 1975. 宮本忠雄・関忠盛訳、朝日出版社、一九八七年）

＊ドン・ファン　ヨーロッパの伝説上の色男。モーツァルトの歌劇『ドン・ジョヴァンニ』（ドン・ファンのイタリア語読み）では、彼が口説いていった女性たちがリストアップされる「カタログの歌」が人気の一場面となっている。

＊ラカンの博士論文。「症例エメ」が扱われている。

読書案内

1　ブルース・フィンク『ラカン派精神分析入門』（中西之信他訳、弘文堂、二〇〇八年）
＊ラカン理論の臨床寄りの全体像を平易に描いた好著。

2　新宮一成『ラカンの精神分析』（講談社現代新書、一九九五年）
＊おそらく日本の文脈では馴染みやすく感じられる一冊。

3　松本卓也『人はみな妄想する』（青土社、二〇一五年）
＊ラカン研究の最新の傾向を知ることができる。

第5章　イタリアの現代哲学
――ネグリ、カッチャーリ、アガンベン、エスポジト、ヴァッティモ、エーコ――

鯖江秀樹

二一世紀哲学のパノラマのなかでイタリア現代思想が注目を集めている。ネグリとアガンベンを筆頭に、ここ一〇年のうちにイタリアの思想家たちの著作が欧米のみならず、アジアや南米などでも次々と翻訳され、大きな反響を呼んでいる。さいわいわが国でも今世紀に入って紹介が飛躍的に進み、彼らの思想に日本語で触れることのできる環境が着実に整いつつある。本章は、すでに邦訳のある代表的な六人の思想家――アントニオ・ネグリとマッシモ・カッチャーリ、ジョルジョ・アガンベンとロベルト・エスポジト、ジャンニ・ヴァッティモとウンベルト・エーコ――を二人一組のかたちで取り上げ、それぞれの理論や鍵概念を紹介していく。そのあと、イタリア現代思想に通底する問題意識と特徴を導き出していく。

1　ネグリとカッチャーリ――帝国をめぐって

ネグリと〈帝国〉

イタリア現代思想への関心を高めるきっかけになった著作のひとつとして、アントニオ・ネグリ（Antonio Negri, 一九三三～）とマイケル・ハート（Michel Hardt, 一九六〇～）の共著『〈帝国〉――グローバル化の世界秩序とマルチチュードの可能性』（二〇〇〇）を挙げることができる。刊行の翌年、九月一一日のアメリカ同時多発テロが世界を震撼させた。『〈帝国〉』は、その直後からテロリズムの撲滅と正義を掲げ、世界の一元化を図ろうとする超大国アメリカと重ね合わせられるように読まれ、学術書としては異例のセンセーションを巻き起こすことになった。

ネグリは政治哲学者であると同時にイタリアきっての活動家であり、現在もなお、革命や転覆の可能性を模索し続けている。父と祖父はともに共産党員で、左翼思想の色濃い家庭環境で育ったネグリは、故郷パドヴァ大学で哲学を学び、その後ナポリやパリに渡って、ヘーゲルやマルクス、スピノザ、ルカーチ等の政治思想を読み解きつつ、自らの思想を形成した。一九六〇年代以降は、アウトノミア運動[*1]をはじめとする急進的な左翼労働運動を主導することになる。キリスト教民主党党首アルド・モーロ暗殺（一九七四）に関与した疑いで逮捕されるが、獄中から国会議員に当選して釈放された後、フランスに亡命する。一九九七年まで続くこの亡命生活のなかで、『革命的スピノザ』（邦題『野生のアノマリー――スピノザにおける力能と権力』）および『構成的権力』（ともに一九九二）など、『〈帝国〉』に連なる権力論が上梓された。

ネグリ＝ハートによると、この論争の書のタイトルともなった〈帝国〉とは、冷戦終結以降、グローバリゼーションの時代に顕在化した主権権力による新たな統治体制である。国民国家に典型的に見られた一極集中型の規律社会と、テイラー＝フォード・システム[*2]による生産形態が脱中心化され、生産、交換、消費の循環は国境を越えて形成されていく。こうした世界の市場化と相俟って、（フーコーがその実像を明らかにした）近代の規律社会は（ドゥルーズが予見した）管理社会へと移行し、国民国家に代わってグローバル企業や国連、ＮＧＯなどの国際組織が、地球規模のネットワークを形成していく。「世界はひとつ」といえば聞こえはいいが、それは決してユートピアではない。そうではなく、権力の中心を欠き、ボーダーレスに展開する新たな支配のかたちであり、「単一の支配論理のもとに統合された一連のナショナルかつ超ナショナルな組織体」なのである。

地表を水平的に覆っていくかのようなこの〈帝国〉は、新しい地政学的な支配様態となる。では、その権力はいかに行使されるのか。ネグリは、フーコーに由来する「生権力（biopotere）」を用いてそれを解き明かそうとする。ネグリ曰く「生権力とは、生をその内側から規制するような権力形態」であり、人間の生そのものを標的としている。意識やイデオロギーを通して人心掌握を目指した旧来型の支配とは異なって、「生きる」ということを丸ごと管理しようとするのが、生権力なのである。

世界政治に対するこうした現状分析を経て、ネグリはそれでもなお〈帝国〉に対抗するための希望を見出そうとする。それは、グローバルに対して「ローカル（地域性、局所性）」を称えることも、オルタナティヴとして別の（たとえば旧ソ連のような）「帝国」の到来を期待することでもない。そうではなく〈帝国〉の支配がその内部に産出する新たな主体こそが抵抗の担い手となる。この主体が「マルチチュード」である。人民、階級、大衆といった伝統的概念とは異なり、「マルチチュード」は、「単一の同一性には還元できない無数の内的差異」から構成される。ネグリ自身も認めているように、この不定形の「群れ」は、異なる者同士が接続され、関係性が常に更新されていくインターネットや、ドゥルーズ＝ガタリのいう「ノマド」をヒントとした新たな抵抗の形象である。

〈帝国〉を構成する網目（ネット）は、同時に〈帝国〉の構成を創造的に組み換える変革の可能性を有している。というのも、「マルチチュードがこの社会的世界の現実的な生産力であるのに対して、〈帝国〉は、マルチチュードの活力を吸い上げることによってのみ生き延びるたんなる捕獲装置にすぎない」からである。〈帝国〉は、ある特定の人民や領域に根を持たない支配のメカニズムである。だからこそ、そのメカニズムを成り立たせているマルチチュードは――いかに生物学的な次元で権力に晒されようとも――支配装置を再編成するという能動的な役割を担いうる。ネグリの用語で言い換えれば、マルチチュードは「構成する権力（pouvoir constituant）」に転化しうるのである。

＊1**アウトノミア運動**　「自律・自主」の意。伝統的なマルクス主義とは異なり、政党や労働組合などの組織にとらわれず、階級や身分、出自の異なる労働者や学生、非雇用者などが工場や学校、街頭での自立権を目指した社会運動。一九七〇年代イタリアで運動が活発化したが、その理論的支柱となったのがネグリである。

＊2**テイラー＝フォード・システム**　二〇世紀初頭にアメリカで考案された合理的な労働・生産管理法。労働者の熟練度に左右される従来のものづくりに代わり、生産方式やそれに用いる用具、労働時間などを規格統一した。徹底した合理化により労働から最大限の効率と生産量を引き出そうとするシステムで、イタリアでも、一九二〇年代にフィアット社が自動車製造ラインで本格的に導入した。

ネグリ＝ハートは、ポスト産業社会以後の政治支配の新たな様態を〈帝国〉というイメージを介して見通し良く提示したと言えるだろう。だが、興味深いことに、同じイタリアの思想家、マッシモ・カッチャーリ（Massimo Cacciari, 一九四四〜）は、そのネグリの〈帝国〉とはまた違った帝国像を提起している。

カッチャーリと群島

カッチャーリは、故郷ヴェネツィアを拠点に、多彩な活動を展開してきた。美学を出発点として、建築論や都市論で健筆を揮い、作曲家ルイジ・ノーノと共同で音楽パフォーマンスを手がけたことでも知られる。ベンヤミン、ハイデガー、ニーチェなど、ドイツ語圏の思想の強い影響のもと、独特の晦渋な文体を駆使してモダニズム文化や神学、共同体などに関する著作を次々と世に送り出した。それとともにイタリア下院議員やヴェネツィア市長を務めるなど、異色の経歴の持ち主でもある。

それ以上に見逃しがたいのは、ネグリとの邂逅と確執である。若きカッチャーリはネグリに薫陶を得て一時期マルクス主義思想に傾倒し、一九六〇年年代末から「オペライズモ*」の理論的支柱として労働運動に参加していたものの、両者の間で思想的な立場の違いが次第に表面化していった。その後、ニーチェを梃子にして、形而上学と弁証法に代わる「否定の思考（pensiero negativo）」を掲げたカッチャーリの思想をネグリが拒絶し、両者の決裂は埋めようのないものとなった。

そのカッチャーリは、『〈帝国〉』を念頭に置いた論文「帝国に関する逸脱と三つのローマ」（二〇〇二）を発表している。この論文は、〈帝国〉の意義を頭ごなしに否定しているわけではなく、むしろネグリの描いたグローバル化の支配形態を丹念に検討しようとするものだが、その手続きそのものが、逆にカッチャーリ思想の輪郭を浮かび上がらせてくれる。〈帝国〉という理念の起源である古代ローマに立ち戻り、ギリシア―ラテン文献の語法を緻密に辿りながら、本来そこに備わっていた意味の古層を手繰り寄せる。それによって明らかになるのが、法の掟に従って、出自や民族、宗教も異なる敵＝他者をありのままに、「客」として迎え入れる古代帝国の姿である。このイメージが、現代の〈帝国〉を批判的に再考する手掛かりを与えることになる。「平滑空間」というネグリの言葉にも象徴されるように、新しいものを異質なものとして排除し、テクノロジーを介して多様なものを平板化して支配するグローバルな主権形態は、実のところ、帝国の本来の理念とは食い違っているのではないだろうか、と。

このように、カッチャーリの思考は一貫して、古代や中世の古い言語（ないしはその豊かなイメージ）という迂回を経て、アクチュアルな課題へ向かおうとする。なぜなら、「（帝国や神話といった）今なお使用せざるをえないこれらの言葉があるように、過去は決して死に絶えることなく、われわれは現代の性格を把握するために、過去と「戦い」つづけなくてはならない」からである。この「戦い」のはるか先にカッチャーリは真の調和を見据えようとしている。

その可能性を秘めているのが、実はヨーロッパである。代表作『ヨーロッパの地理哲学』（一九九四）および『多島海』（一九九七）でカッチャーリは、経済統合を優先させるかたちで実現したヨーロッパ共同体（ＥＵ）に、さらに深い調和を与える統治形態を、故郷ヴェネツィアの「多島海（arcipelago）」のイメージに託して模索しようとする。ヴェネツィア沿岸に無数に点在する群島は、分け隔てると同時に（差異を解消することなく）互いを結び付ける新たな共同体のメタファーとなる。その姿は、「境界（confine）」という概念の本来的意義を想起させてくれるだろう。語源に遡るなら、「境界」とは「限界／目的（fine）」を「ともにする（con）」という意味を持つ。自国と他国、内部と外部、中心と周縁、味方と敵を分断し、個別化するだけではなく、互いの接触を可能にする場が、「境界」なのである。だが、他者との接触は同時に、対立や争いへと転化する可能性を孕んでいる。その葛藤は、『必要なる天使』（一九八六）においてすでに、天使とダイモン（デーモン）という形象によって描き出されていた。ダイモンが、変えようのない運命のなかに人を閉じ込めてしまう「分離－悪魔的な（dia-bolico）」使者であるのに対して、天使はその運命を粉砕し、世界を「ポリフォニックな不一致の一致（discors concordia polifonica）」へと導こうとする。

＊オペライズモ　直訳では「労働者主義」の意。後の「アウトノミア運動」に受け継がれていく一九六〇年代の新左翼運動。イタリアの知識人たちが積極的に関与し、主に北イタリアの工場地帯で労働運動が組織された。労働者を社会発展の原動力と見なす点では一致するものの、運動を先導した知識人たちの間で階級や社会制度に対する認識の違いがあり、一枚岩の運動体とはならなかった。

このように、天使とダイモンの間に相関性を見出すカッチャーリの政治哲学は、現在と過去との「戦い」、「境界」という接触面での対立の果てに、来るべき「調和（armonia）」の可能性を導き出そうとする。「調和」とは、均衡や比例と並ぶ古代の美的理念にして、平和や秩序を含意する政治的理念でもある。また、言うまでもなく、すぐれて音楽的な理念でもある。「調和」は、美学、政治哲学、音楽パフォーマンスにまたがるカッチャーリの全活動に通底する理念である。複数の要素を調和させる「一者（Uno）」を志向する点において、カッチャーリの思想は、マルクス＝ヘーゲル的な弁証法というよりもむしろネオプラトニズムを基盤としている。ただしこの「調和」とは、決して「寛容」の態度ではない。「寛容とは悪との共犯」であり、「平和の真の敵は「傲慢」にほかならない」とは、ほかでもなくカッチャーリの言葉である。事実、グローバル化と歩調を合わせて社会が均質化し、標準化していく傾向（それを助長する技術偏重や機能主義）にカッチャーリは警鐘を鳴らしている。その点においても、彼が構築しようとする「新しいヨーロッパ」は、かつての盟友ネグリが提唱する〈帝国〉の「陰画《ネガ》＝否定」となっている。

2　アガンベンとエスポジト——生政治をめぐって

アガンベンとホモ・サケル

ネグリと並んで、イタリア現代思想への関心を飛躍的に高めるきっかけとなったのが、ジョルジョ・アガンベン（Giorgio Agamben, 一九四二〜）である。イタリアの現代哲学のなかでは、その主要な著作すべてを日本語で読むことのできる唯一の思想家で、哲学界における「イタリア・ブーム」の立役者と言っても過言ではない。

彼は、ハイデガーやベンヤミン、フーコーやドゥルーズを批判的に継承しながら、あらゆる知の領域に分け入って自らの思想を展開してきた。しかも考察対象を特定するのではなく、アリストテレスや聖書、ストア学派などの古代思想、アヴェロエスを中心とする中世の注釈や神学、ロマンス語詩やルネサンスの人文主義、近代の芸術と思想、そして現代思想など、複数のモティーフを横断しながら、西洋哲学を支配してきた二項対立のずれや断絶——

すなわち「閾」――を炙り出してきた。時代や空間をアナクロニックに飛び越えていく独特の文献学的手法は、パリ国立図書館やロンドンのヴァールブルグ研究所での留学生活を通じて培われたものである。

とはいえ、アガンベンの思想が、美学的なテーマを扱ったものから、より直接的に政治を対象としたものへと移行しているのはたしかである。前期では、経験（とりわけ言語と芸術の経験）の喪失と人間の退行として近代を見据える歴史哲学が展開される（『幼児期と歴史――経験の破壊と歴史の起源』（一九七八）や『言語と死――否定性の場所についてのゼミナール』（一九八二））。後期の考察は、冷戦後のアクチュアルな政治情勢を念頭に置いて、近代以後の西洋文明の没落、非人間的な次元へと凋落した「生」を中心的なテーマとしている（『到来する共同体』（一九九〇）、『ホモ・サケル――主権と剝き出しの生』（一九九五）、『開かれ――人間と動物』（二〇〇二））。こうしたテーマの移行にあって、美学と政治の交差から生まれるアガンベン思想を集約した形象が、「ホモ・サケル（homo sacer）」にほかならない。いずれにせよ、一連の著作では一貫して、人間の存立基盤が多角的かつ根本的に審議されている。

アガンベンの思想は、晩年のフーコーが語った「生政治」を継承し、それを独自に発展させたものである。その点はネグリとも共通するのだが、アガンベンは「生―政治」の「生」の方に鋭い考察を向ける。「生」には（アリストテレスに由来し、アレントが検討を加えた）「ビオス（bios）」と「ゾーエー（zoē）」の二つのタイプがある。前者は社会的かつ政治的な生で、「それぞれの個体や集団に特有の生きる形式」を指し、後者は、「生きているものすべてに共通の、生きているという単なる事実」を意味する。それゆえ「ゾーエー」は、「剝き出しの生（vita nuda）」とも言い換えられる。アガンベンの名を一躍世界に知らしめた主著『ホモ・サケル』では、「剝き出しの生」の具体像がホモ・サケルのうちに見出される。古代ローマ法において殺しても罪に問われず、かつ神の犠牲として捧げることも許されなかった人間、それがホモ・サケルである。歴史の古層から掘り起こされたこの形象こそが、現代人の存在条件を明るみにしているのではないか。言い換えれば、現代の政治的主体は、ホモ・サケルが体現する「生きられるに値しない生」ではないのか。そうアガンベンは世に問うたのである。この形象はさらに、前世紀のアウシュヴィッツ、そして今世紀のグアンタナモで頂点に達する強制収容所の囚人たち、さらには、臓器移植や遺伝子工学など、最新の医療技術で人工的に操作された「生」にも似ているのではないか。

ホモ・サケルは、人類の窮状をわたしたちに垣間見させる極限的形象となる。しかもこのイメージは、アガンベンの他の著作において通奏低音のように姿を現してくる。たとえば、『幼児期と歴史』における亡霊と幼児がそれにあたるだろう。

童話『ピノッキオの冒険』に登場する、「おもちゃの国」という意表を突く考察対象を糸口にして、レヴィ＝ストロースの儀礼研究、ヤコブソンの言語学、さらには古代の神話を横断しながら、アガンベンは、遊戯と儀礼、通時的時間と共時的時間のずれに位置する、死んだばかりで先祖にもなりえていない人間（＝亡霊）と、生まれてはいるが人間にもなりきっていない、「言葉を持たない幼児（infanzia）」を探り当てる。生と死という両極に位置するこれらの形象は、人間とその歴史とは何なのか（あるいは何によって規定されてきたのか）という根源的な問いへとわたしたちを駆り立ててくれる。

このように、互いに深く結び付いていると同時に、対立し合ってもいる二項の亀裂やずれを浮かび上がらせつつ展開されるスリリングな論の運びは、アガンベンならではのものであろう。法制度からも宗教的戒律からも排除された「残余」であるホモ・サケルの形象はさらに、『開かれ』において、人間と動物をめぐる議論に舞台を移して引き継がれていく。なかでも鮮烈な印象を与える事例を挙げるとすれば、ミツバチへのある実験に対するアガンベンの解釈をおいてほかにないだろう。その実験では、蜜を充たしたグラスを前にしたミツバチが、腹部を切断されてなお、蜜を吸い続けていたという。このミツバチは「何かを何かとして知覚する可能性そのもの」を剝奪された、放心状態にある動物なのだが、アガンベンは、この「本能的な振舞い」にのみ従う「生きているだけの」動物と、深い倦怠にある人間を近接させようとする。なぜなら、人間の倦怠とは、ある種の麻痺状態である同時に、その状態の意味を自らが開示する可能性を奪い去られていることだからである。哲学的言説は、人間と動物の間にあるはずのこうした近接性を分断し、理性や平等という理念で覆い隠すことで、人間性を確保しようとする操作をその内に含んでいるのではないか。逆に、そうした人間中心主義が現代においてもはや十全に機能しなくなったからこそ、アガンベンの思想にアクチュアリティが見出されることになったのである。

エスポジトと免疫

ネグリやアガンベンと並んで，「生政治」の問題圏において近年着実に成果を収めつつあるイタリアの思想家がもう一人存在する。ロベルト・エスポジト（Roberto Esposito，一九五〇〜）である。長年，イタリア人文科学研究所で中心的役割を担ってきたエスポジトは，マキアヴェッリやヴィーコ，アレントやシモーヌ・ヴェイユなどの分析を通じて，道徳哲学や政治哲学に関する著作を一九八〇年代からコンスタントに発表してきた。近年では，やはり後期フーコーの鍵概念「生政治」をテーマとした三部作『コムニタス——共同体の起源と運命』（一九九八），『イムニタス——生の保護と否定』（二〇〇二），『ビオス——生政治と哲学』（二〇〇四）で脚光を浴びることとなった。日本でも『近代政治の脱構築——共同体・免疫・生政治』（二〇〇八）や『三人称の哲学——生の政治と非人称の思想』（二〇〇七）が翻訳されている。

エスポジトの思想の特色は，「生政治」の問題に対して，ネグリともアガンベンとも異なるアプローチを試みる点にある。フーコーによると，一八世紀半ば以降，「生政治」は生物学的な種としての身体を，生殖や誕生，出生率や死亡率，健康や公衆衛生，寿命を通じて統轄してきた。しかしながらエスポジトは，論文「生政治，免疫，共同体」（二〇〇二）において次のように問うている——「生政治のプロセスが極みに達した過去二世紀ほど，大規模で血腥い大量殺戮戦争が記録された時代は，これまで絶えてなかったのである。いったいなにゆえに，生を保障し保護し強化することで機能する権力が，それほどまでに死の潜在性を表明するのだろうか」，と。近年のエスポジトの仕事は，その自問に対して答えを与えようとするものである。それはネグリのように変革の可能性に満ちたものでも，アガンベンのように極端に悲劇的な結末に至るものでもない。解決の鍵は「免疫化」のパラダイムに求められている。

周知のように，免疫とは，身体が病原体や毒素を非自己の異分子と識別し，排除しようとする生体防御の仕組みを指す。わたしたちも，細菌や毒素を薄めたワクチンの投与を受けることで，身体の内部にバリアを設け，健康を脅かす契機を避けながら生きている。しかしながら，いかに弱体化されていようともワクチン（薬）はやはり毒であり、生の保護は、生を危険にさらす脅威（細菌や毒素）との接触と不可分に結び付いている。この医学用語に内在する逆説を、エスポジトはさらに、そのラテン語の語源「イムニタス（immunitas）」を分節化しながら検討している。すなわち、「ムヌス」（munus.「贈り物」、「責任」の意）が「ない」（in. 否定を表す接頭辞）というのが、その語本来の意味なのである。言い換えると、他者に対して負うべきなんらかの「責務」や「借り」を免除されている状態を指す。だとすれば、免除＝免疫された自己は、負荷を避けるようにして、他者との接触や関係を断ち切ろうとする可能性もある。この「免疫」と正反対の語源的意味を持つのが、共同体、すなわち「コムニタス（communitas）」で、「ムヌス」と「ともにある（con）」状態を指している。共同体と免疫は、「ムヌス」を介して、他者の肯定と否定として鏡合わせに向き合っているのだ。この構図は、生を保証すると同時に大量の死を生み出す政治の双面性――生政治と死政治――と符合している。

この免疫の仕組みを個人の身体ではなく、社会の内部に置き換えて考察することで、エスポジトは、なんらかの驚異や危険に対するあまりに過剰で、強迫観念めいた「自己免疫化」から現代の諸問題が生じているのではないか、と問いかけている。二〇〇一年九月一一日、マンハッタンのツインタワー崩壊は、「西洋の世俗化との混淆から自らの純潔を守ろうとするイスラム原理主義と、「自らの余剰生産を非西洋世界には分与させまいとする」西洋の双方が、互いに過剰な免疫を図ろうとするあまり、そのメカニズムが制御不能となったひとつの帰結である。リスクに対して絶えず警戒感を募らせる――いわゆる「リスク回避型社会」――ことによって、社会の発展は凍結し、いずれ自壊の路を辿ることになるのである。

とはいえ、免疫は、ただ破局を引き起こすばかりではない。このパラダイムは、生政治を死に向かわせると同時に、生に送り返す可能性も秘めていると、エスポジトは主張する。そのひとつとして挙げられているのが「出生」である。「あらゆる出生者（子）は、はじめて接触をもつことになるあらゆる人々にとってばかりか、身ごもった母親当人にとっても、ひとりの他者、ひとりの異邦人として、この世に生まれ落ちてくる。母親は、別々のたがいに対立するふたつの免疫システムの緊張関係のなかで、子との葛藤に直面しつつも、子をそのうちに宿すのである」。つまり「出生」というモデルのなかでは、免疫機能は、異分子に対するバリアである以上に、異分子と接触をとるためのフィルターや共鳴板の役割をも果たしうるのである。人口調整や出生率を介して権力が管理してきたはずの「出生」に、免疫という観点から切り込んでいくことで、生や共同体を肯定的に読み換える可能性は残されていると、エスポジトは考えている。免疫は、「剝き出し」の次元にまで還元された生が、それでもなお微細で多元的な構成要素から成り立っている――その意味では「剝き出し」ではない――ことを把握するのに有効なパラダイムとなりうるからである。

3　ヴァッティモとエーコ――解釈と記号の多元性

これまで紹介してきた思想家たちはいずれも、生政治や共同体などの政治的な問題圏のなかで独自の理論を展開させたが、ヴァッティモとエーコの理論は、そこからやや離れたところに位置している。両者はともにトリノ大学の美学者ルイジ・パレイゾン（Luigi Pareyson，一九一九～九一）のもとで学んでいた。その後、イタリア国営放送（ＲＡＩ）での仕事を経て、一九六〇年代以降、それぞれ解釈学と記号論の領域で本格的な活動を開始し、一九八〇年代に注目を集めることとなった。ネグリと同世代で、アガンベンやカッチャーリよりもひとつ前の世代に属してはいるが、ヴァッティモとエーコの思想はいまなお健在で、かつ更新され続けている。

ヴァッティモと仮面

ジャンニ・ヴァッティモ（Gianni Vattimo，一九三六～）は、先述のパレイゾンとガーダマーに師事し、ハイデガーやニーチェの強い影響のもと、『主体と仮面』（一九七四）や『差異の冒険』（一九八〇）、『近代性の終焉』（一九八五）や『透明なる社会』（一九八九）などによって、現代解釈学の代表的論客となった。故郷トリノで美学を講じるかたわら、『信じることを信じること』（一九九六）や『キリスト教以後』（二〇〇二）など、近年はとくに、宗教の現代的意義をテーマとする著作を世に送り出している。また、欧州議会議員を務めるなど、政治活動にも精力的に携わっている。

こうした経歴のなかで最もよく知られるのが、ヴァッティモが掲げた「弱い思考（pensiero debole）」であろう。現象学者のピエル・アルド・ロヴァッティ（Pier Aldo Rovatti, 一九四二〜）と共同で編まれた論集（一九八三）のタイトルにもなっている、この「弱い思考」とは、「思考の形而上学的な特徴を否定すること」によって、「思考の冒険の意味を再び思考し直し、隘路を超えて進む道を探査する」ことであり、「境界によって画されることを欲しない多価的なスローガンとして機能する」という。すでにハイデガーが指摘していたように、あらゆる西洋の哲学は「根拠（Grund）」への志向を第一原理としてきた。「根拠」を前提として対象を思考し、すべての問いを暴力的に沈黙させる形而上学的な体系は、いわば「強い思考」である。それに対して「弱い思考」は、「強い思考」を乗り越え、克服し、それに代わる新たな体系の構築を目指しているわけではない。そうではなく、「根拠を与える（fondare）」のではなく、「根拠を剝奪する（sfondare）」のが「弱い思考」の課題なのだ。ヴァッティモが「思考を思考する」、「信じることを信じる」など同語反復的な表現を多用するのは、「根拠」そのものを疑問に付し、そのつど足場を組み立てるように思考しようとする姿勢に根ざしている。

こうしたヴァッティモの思想を読み解くうえで鍵になるのが、「仮面（maschera）」という概念である。「仮面」とは、それをつけている「実体」と対になって考察すべきものではない。そうしてしまうと、主体と客体、肯定と否定、合理と非合理など、形而上学の基盤たる二項対立の罠に囚われることになるからだ。ヴァッティモにとって、「実体」や「存在」は、あくまですでに過ぎ去ったものの痕跡であり「伝達」ないしは「送付」なのである。つまりそれらは、直接にではなく「仮象（apparenza）」を通じてのみ把握可能なものである。それを前提にしてヴァッティモは、仮面＝仮象をふたつのモデルに分類する。そのひとつ、「悪い仮面＝仮象」とは、不安や実在との格闘を超越的な価値や絶対的真理で覆い隠す姿勢であるのに対して、「良い仮面＝仮象」とは、移ろいやすさや脆さを認め、複雑で紛らわしい現実や出来事から目を背けない態度である。つまり、前者は憶測、うぬぼれ、偽善の産物であるのに対して、後者は承認や自己卑下の次元にあるのだ。

『仮面と主体』では、ニーチェの『人間的、あまりに人間的』に依拠しながら啓蒙主義の欺瞞的な仮面が暴かれていく。啓蒙主義は、過去の因習や迷信を「理性」の光によって照らし、真実を対置する――ヴァッティモ流に言えば幻想や神話の「仮面を剝ぐ（smascherare）」――のだが、その行為自体が、実のところ形而上学的思考の遺産にほかならない。言い換えればそれは、確かさを与えることで不安を拭い去ろうとする暴力的な思考のヴァリアントなのである。それゆえに啓蒙主義が遂行した「仮面の剝奪」を「さらに剝奪する（smascheramento di smascheramento）」思考の運動が不可欠なのである。幻想や神話など、近代的理性が覆い隠すか周縁に追いやろうとしてきたものを、それ自体として承認するこの「仮面」のパラダイムは、宗教論やメディアや消費文化を対象とする現代社会論でも保持されていくことになる。

エーコと記号

ウンベルト・エーコ（Umberto Eco, 一九三二〜）は、先述の論集『弱い思考』に論文を寄せてはいるものの、盟友ヴァッティモとまったく異なるアプローチによって世界の多元性を摑もうとした思想家である。日本では彼の名はむしろ小説家として知られているだろう。世界的ベストセラーとなった『薔薇の名前』（一九八〇）を皮切りに、『前の日の島』（一九九四）、『バウドリーノ』（二〇〇〇）など、いまなお旺盛な執筆活動を繰り広げている。

哲学的な仕事に関しては、エーコはふたつの軸を持っている。一方には、パレイゾンの指導下で培われてきたトマス・アクィナスを中心とする中世の哲学・美学に関する研究があり、他方には、古典文学からテレビやマスメディアを横断する記号論的分析がある。理論的な著作のなかでも、エーコはその博覧強記ぶりを遺憾なく発揮しているが、基本的にはこの両軸のなかで、過去と現在の意外な結び付きを突き止めながら、独自の思想を提起してきた。

大学卒業後、アヴァンギャルドの芸術家たちとの交流に触発されて書かれたのが、『開かれた作品』（一九六二）である。タイトルが示す通り、現代の音楽や絵画、文学、建築などを題材に、作品が受け手の積極的な参加へと開かれていることを理論的に明らかにしている。この受け手の参加を許容するメッセージの不確実性や多義性を、「記号」という観点から精緻に分析した成果が、代表作『記号論』（一九七五）である。言語学者パースに依拠しながら、記号を、何か別のものを代理する役割を果たしうるすべてのものと理解したうえで、エーコは記号論に「嘘をつくために利用できるあらゆるものを研究する学問」というアイロニカルな定義を与える。この嘘を成立させるふたつの側面――表現と内容のあいだにある一定の規則（コード）と、それを解釈する作業――を体系化したエーコの記号論は、言語以外の多様な領域を射程に収めた包括的な文化理論ともなっている。だからこそ、記号論で培われた洞察は、現代社会に対する鋭い分析に遺憾なく発揮されることになるのだ。

なかでも近年目立つのは、エーコが戦争に繰り返し言及していることだ。その狙いは、文字通り「戦争」という概念を再考することにある。エーコによると、現代の「新戦争（neoguerra）」は、クラウゼヴィッツが『戦争論』で論じたようなこれまでの戦争――「旧戦争（paleoguerra）」――とはまったく異なる局面に達しているという。戦争はもはや国家間の対立ではなく、敵が誰なのかすら判然としない。経済勢力の論理が国家勢力よりも優位を占めるようになり、かつては秘密にされてきた情報は、敵と味方の双方に絶え間なく大量に流されていく。結果として「新戦争」は勝者と敗者を決するのではなく、敗者と大量殺戮のみを生んでしまうのではないか。

エーコは知識人として反戦を訴えるのではなく、新たな局面を迎えた戦争の不透明さをできる限り精確に理解しようとする。現代の戦争に共通する諸要素をつぶさに吟味し、定義から曖昧さを取り除こうとするのだ。それはおそらく、今なお姿を変えて生き延び、亡霊のように回帰してくる暴力の正体を見定めるためである。人口に膾炙した理念や概念はかえって、それが意味するものを曇らせ、不可解なものにしてしまう。その最たるものが戦争であろう。このように、戦争を考察する記号論者エーコの立場は、『解釈の諸限界』（一九九〇）で展開されたネオプラトニズム批判と一致していると考えられる。諸存在の最上位に据えられた「一者」が世界を構成する原理だと考える点で、ネオプラトニズムは、すべての存在を似通わせてしまう「解釈過剰」に陥ることになる。それは記号の差異を抹消し、世界を曖昧で不透明なものに変えてしまうだろう。だからこそ、新戦争の不透明さとは何なのかが、あえて問われねばならないのだ。

4　イタリア現代思想の戦略

ここまで現代イタリアを代表する六人の思想家を紹介してきたが、まず断っておきたいのは、彼らがなんらかの流派を形成している（あるいは形成しようとしている）わけでも、相互に積極的な議論を交わしているわけでもない、ということである。イタリアを代表する美学者の一人、マリオ・ペルニオーラ（Mario Perniola, 一九四一～）は、「対立項をいかに思考するか」という根本的な問いに対する解決策の違いが、この国の美学思想を複数に分岐させていると考えているが、その解決策は相互にまったく食い違っているという。本章で紹介した（ネグリとエスポジトを除く）思想家たちが、もともと美学を専攻していたことを考えると、ペルニオーラの指摘は、ある程度イタリア現代思想全体にも当てはまるだろう。すなわち、この国の思想は、ひとつの傾向や流れに括ることのできない多様性を宿しているのである。「フレンチ・セオリー」に入れ替わるように「イタリアン・セオリー」が台頭してきたという捉え方は、理解しやすいものではあっても、こうしたイタリア現代思想の内実を決して照らしてはくれない。

そう釘を刺しておいたうえで、イタリア現代思想に通底する（だが、紹介したすべての理論に完全に当てはまるわけではない）特徴をあえて指摘するとすれば、以下のような点を挙げることができる。

まず、近代哲学が多かれ少なかれ拠り所としてきた、精神や国家、階級などの伝統的な理念を回避してきたことが挙げられる。いやむしろ、これらの理念では、現在のアクチュアルな状況を捉え損ねてしまうことにきわめて自覚的だと言うべきだろう。本章で紹介した思想家たちが直接的に論及することはあまりないにせよ、この自覚の背後には、二〇世紀前半のイタリア思想において絶大な影響力を誇ったベネデット・クローチェ（Benedetto Croce, 一八六六～一九五二）やアントニオ・グラムシ（Antonio Gramsci, 一八九一～一九三七）が影を落としているのかもしれない。クローチェにとっての「精神」、グラムシにとっての「階級」は、それぞれの思想を規定する基本的なモティーフとなっていた。それらの偉大な知的遺産をいかに克服するのかが、イタリア現代思想の流れを規定していたとも考えられる。

だからこそ、哲学の伝統的な用語の代わりとして、現代社会の混沌とした錯綜状態を批判的に分析する概念装置を新たに立ち上げようとする。そこにイタリア現代思想のダイナミズムを見出すことができる。ネグリの「マルチチュード」、カッチャーリの「多島海」、アガンベンの「剝き出しの生」、エスポジトの「免疫」など、読者の想像力を喚起するイメージ豊かな概念がそれにあたる。このことと関連して興味深いのは、現実への分析を推し進めるために、あえてメタ的な思考を実践していることであろう。その代表格がヴァッティモだが、アガンベンもまた、『事物のしるし』（二〇〇八）で自らの方法論に関する見解を提示し、『装置とは何か』（二〇〇六）という小著を発表している。

とはいえ、先述したそれぞれの論者の概念は、まったく独自に考案されたものではなく、元はと言えば歴史の堆積のなかから拾い上げられてきたものである。近代の思想が置き去りにしてきたそれらの理念が、語源に遡って捉え直され、時代や空間を超えてアクチュアリティを持つパラダイムへと練り上げられているのだ。ここに見られる根源（アルケー）への志向もまた、イタリアの現代思想を特徴づける要素のひとつである。ただしそれは、一般的な意味での歴史主義とは一線を画するもので、エスポジトも近著『生きている思考』（二〇一〇）において、イタリア現代思想の特質は、現在進行中の出来事と遠い過去の歴史を同時に視野に収める「比類なき二重のヴィジョン」にあると指摘している。

それゆえ、本章の思想家たちが共通して、ベンヤミン、ハイデガー、フーコーに触発されるかたちで思考を展開していることも偶然ではないはずだ。歴史の瓦礫、存在の根源、考古学という語に象徴されるように、彼らはそれぞれが異なる手法で「過去」や「起源」を志向していた。その知的遺産と共鳴しながら、現代哲学を牽引したフランスのすぐそばで、一定の距離を保ちながら新たな知の戦略が練り上げられていたのである。

本章で紹介した六人のほかにも、先述のペルニオーラや、「ミクロ・ヒストリー」で知られるカルロ・ギンズブルグ（Carlo Ginzburg, 一九三九〜）、マルチチュード派の代表的論客、パオロ・ヴィルノ（Paolo Virno, 一九五二〜）

なども、すでに日本語訳のある魅力的な著作家たちなのだが、ここでは名前を挙げるに留めておきたい。

著作と翻訳

1　アントニオ・ネグリ、マイケル・ハート『〈帝国〉——グローバル化の世界秩序とマルチチュードの可能性』（*Empire*, Harvard UP, 2000. 水嶋一憲・酒井隆史ほか訳、以文社、二〇〇三年）

＊『マルチチュード』（二〇〇四年）、『コモンウェルス』（二〇〇九年）とならぶ三部作の第一弾。グローバリゼーションの時代における革命の方途を模索する。

2　マッシモ・カッチャーリ『必要なる天使』（*L'angelo necessario*, Adelphi, 1992. 岡田温司・柱本元彦訳、人文書院、二〇〇二年）

＊ベンヤミンの「新しい天使」を介して、神学、哲学、芸術、歴史を横断するイメージ論。特異なテーマと晦渋な文体に読みにくさを感じたら、本章でも参照した以下の論文からカッチャーリ思想に触れるのがいいだろう。マッシモ・カッチャーリ「帝国に関する逸脱と三つのローマ」（柱本元彦訳、『ラチオ』01号、講談社、二〇〇六年、二四五〜二八六頁）。

3　ジョルジョ・アガンベン『ホモ・サケル——主権権力と剥き出しの生』（*Homo sacer. Il potere sovrano e vita nuda*, Einaudi, 2008（1995）. 高桑和巳訳、以文社、二〇〇七年）

＊刊行当初、旧ユーゴに対するＮＡＴＯの空爆という矛盾と逆説に満ちた政治状況と重ね合わせて読まれた名著。初期の『中味のない人間』（一九七〇年）や『スタンツェ』（一九七七年）にも通底する「イメージによる思考」が政治論を舞台として遺憾なく発揮されている。

4　ロベルト・エスポジト『近代政治の脱構築——共同体・免疫・生政治』（*Termini della politica. Comunità, immunità, biopolitica*, Mimesis, 2008. 岡田温司訳、講談社、二〇〇九年）

＊エスポジトが専念する諸問題がコンパクトに集約された論文集。ナチズムや優生学思想にも論及がある。また、生政治を「非人称」という観点から論じた刺激的な著作も邦訳されている。『三人称の哲学——生の政治と非人称の思想』（岡田温司ほか訳、講談社、二〇一一年）。

5　ジャンニ・ヴァッティモ『透明なる社会』（*La società trasparente*, Garzanti, 2011（1989）. 多賀健太郎訳、平凡社、二〇一二年）

＊イタリア哲学におけるポスト・モダンの象徴として読まれた代表作。表題はあくまで疑問符付きで理解されるべきで、多元的かつ多様な社会のあり方が、著者独自の解釈学を通じて吟味されている。

6　ウンベルト・エーコ『開かれた作品』(*Opera aperta. Forma e indeterminazione nelle poetiche contemporanee*, Bompiani, 2013 (1962). 篠原資明・和田忠彦訳、青土社、二〇一一年)

＊後の体系的著作『記号論』よりも具体的事例に富んだ名著。読者＝鑑賞者との相互性を可能にする作品の存在様態が明晰な理論をもとに考察されている。なお、本章で触れた戦争論については以下を参照。ウンベルト・エーコ『歴史が後ずさりするとき――熱い戦争とメディア』(リッカルド・アマデイ訳、岩波書店、二〇一三年)。

読書案内

1　上村忠男『現代イタリアの思想を読む』(平凡社ライブラリー、二〇〇九年)

＊イタリアの政治哲学研究の泰斗による論文集。クローチェやグラムシを含め、いまだ十分に知られているとは言い難いイタリア現代思想の諸相を照らし出してくれる。

2　岡田温司『イタリアン・セオリー』(中央公論新社、二〇一四年)

＊アガンベンやエスポジトの訳書を手がけてきた著者による概説書。イメージや表象、都市など、イタリアの思想家たちの考察領域の幅広さを痛感させられる。近年日本でも議論されるようになった生政治論に関心があるのなら、同著者『アガンベン読解』(平凡社、二〇一一年)や金森修『〈生政治〉の哲学』(ミネルヴァ書房、二〇一〇年)、檜垣立哉『生と権力の哲学』(筑摩書房、二〇〇六年)などを併読されたい。

3　篠原資明『エーコ――記号の時空』(現代思想の冒険者たち29)』(講談社、一九九九年)

＊小説家と哲学者、エーコのふたつの顔のうち後者の特徴を、記号論を中心に平易な文体で説いた好著。なお、本章で取り上げた思想家個人を主題とする研究書として、次の二点を挙げておきたい。エファ・ゴイレン『アガンベン入門』(岩崎稔・大澤俊朗訳、岩波書店、二〇一〇年)、廣瀬純『アントニオ・ネグリ――革命の哲学』(青土社、二〇一三年)。

※校了後の二〇一六年二月一九日、本章で取り上げたウンベルト・エーコが他界した(享年八四歳)。一九九〇年代のイタリア政界汚職事件をめぐる小説『ヌメロ・ゼロ』(二〇一五)を発表するなど、旺盛な執筆活動は最期まで絶えることがなかった。イタリアを代表する偉大な知性の死を悼みつつここに附記しておきたい。

第Ⅱ部　現代のドイツ哲学

第6章 「実践哲学の復権」の再考
――ハーバーマス、ルーマン、ガーダマー――

加藤哲理

「存在をめぐる巨人の戦い」。マルティン・ハイデガーは、その主著『存在と時間』の冒頭において、哲学という営為を表現するのに、このような言葉を用いた。本章の舞台である二〇世紀後半のドイツもまた、そのような巨人たちの闘争によって彩られているが、数あるその主人公の中で、ここに登場する哲学の巨匠は、ユルゲン・ハーバーマス（Jürgen Habermas, 一九二九～）、ニクラス・ルーマン（Niklas Luhmann, 一九二七～九八）、ハンス＝ゲオルグ・ガーダマー（Hans-Georg Gadamer, 一九〇〇～二〇〇二）の三人である。では、それぞれに批判理論、社会システム理論、哲学的解釈学という、二〇世紀後半のドイツを代表する思想潮流の旗手たちを並べて本章は何を試みようとしているのか。彼らを結び付けている論点や問題は多種多様でありうるが、ここではとりわけ、「実践哲学」（praktische Philosophie）の可能性への問いを、彼らとそして二一世紀を生きる私たちを結び付ける共通の地平として設定してみることにしたい。私たちが営んでいる行為や活動のあり方、さらにはそれが他者と結び付く時に不可避的に生じる社会や政治のあり方についての哲学的反省としての実践哲学、その存在意義はいかなるものなのか。これこそが本章の探求を導いていく問いとなるだろう。

1　実践哲学の復権

理論と実践

本章の問題構成の基底を流れる「理論（theōria）」と「実践（praxis）」という二つの対立項は、古代に遡れば哲人タレスが空を眺めるあまりに溝へと足を踏み外したことを揶揄する逸話やプラトンの対話篇に描かれるソクラテスとソフィストたちの緊張感溢れる対決にその端緒が描かれているが、その相違がアリストテレスの手によって明確に概念化されて以来、西洋思想史を織りなす欠かすことのできない糸となっている。その対立は、中世のキリスト教世界においては神への愛に生きる聖なる「観想的生活（vita contemplativa）」と、自己への愛によって日常生活を営む俗なる「活動的生活（vita activa）」の間の相克として継承され、近代に入ってからも、たとえばカント以降のドイツ観念論の挑戦に代表されるように、様々なかたちへと相貌を改められながら、多くの思想家にとって重要な問いであり続けている。

ただし、哲学史上における両者の関係を一言で要約してしまうならば、そこでは一貫して実践に対して理論が優勢を保ってきたことは否めない事実であろう。ソクラテスの死を契機として、プラトンがアテナイの政治の目まぐるしい混乱に眩暈を感じ、政治家としての実践から退却して、永遠不変のイデアの観想へと自らの営みと転回して以来、そのような理論的生活によって獲得される「知（epistēmē）」こそが実践的生活を導いていくべきであるという命題が、長きにわたり西洋思想を支配してきたのである。真の哲学者だけが善き生と正しき共同体を築くことができる。プラトンの哲人王の理念に最も明確に現れているように、無秩序かつ無根拠極まりない「臆見」（doxa）が支配する実践の領域についての哲学的反省は、理論哲学に比して、どこまでも二義的な地位に位置づけられてきた。後に述べるように、『ニコマコス倫理学』において、師のプラトンが明確化しえなかった実践哲学に固有の意義を見出そうとしたアリストテレスでさえ、結局は理論に捧げられる生活の崇高さを讃えていたのである。

しかしながら、他方において私たちの生きる現在の気分を形作った二〇世紀とは、まさにこのような理論的生活の不動の優位に対する根源的な挑戦が次々と登場した時代であったことは論を俟たない。ニーチェによる高らかな神の死の宣言は、伝統的な哲学が――さらには近代科学までも――その営為の根拠としてきた永遠性や不変性からなる世界を、虚構された背後世界として完膚なきまでに破壊しようとするものであった。彼ほどの辛辣さは持たないにせよ、多かれ少なかれ、生の哲学や現象学や実存主義、日常言語学派やプラグマティズム、さらにはポストモダンと総称される諸思想に至るまで、生活世界や言語ゲームや差異など、用いる語彙に異同はあったとしても、英米系と大陸系いずれにおいても、二〇世紀を代表する思想潮流の多くは、実践に対する理論の優位という大きな物語に対して、異議申し立てをしてきたといえよう。言うなれば、それらは、従来の西洋哲学が理想化してきた普遍性や一般性、永遠性や抽象性によっては汲みつくしえない特殊性や相対性、時間性や具体性を孕まざるをえない実践的なるものの領域へと哲学の眼差しを転回することを要求してきたとも言えるのである。

「実践哲学の復権」（Rehabilitierung der praktischen Philosophie）運動もまた、まさにこのような二〇世紀の時代の空気を十二分に吸い込みながら、一九六〇年代と七〇年代においてドイツに興隆した思想潮流の一つである。ヨアヒム・リッターやマンフレート・リーデルなどの論者を旗手とし、すでに歴史的出来事となったその運動の具体的内容について紹介する前に、まずは彼らが主としてその思想的な淵源としていたアリストテレスの哲学における理論と実践の関係について、簡潔にその枠組みを紹介することで問題構成をはっきりさせておこう。

「実践哲学の復権」運動

すでに述べたように、理論に関わる学と実践に関わる学の相違を明確に概念的に区別してみせたのはアリストテレスである――もう一つの「制作」（poiēsis）に関わる学という範疇については本章の主旨に合わせてここでは除外する。彼によれば、二つの学はその対象の性格によって峻別されるべきである。すなわち、対象が他ではありえないような必然的な事柄に関わるものが理論学であり、他方において他でもありうるような蓋然的な事柄に関わるものが実践学なのである。前者には数学や自然学や論理学が含まれ、倫理学や政治学や修辞学（弁論術）など実践に関わる事柄は後者に帰属することになる。師であるプラトンへの批判を念頭に置きながら、アリストテレスがここで戒めようとしているのは対象の領域を混同してしまうこと、たとえば実践の領域において数学など理論学と同じような厳密性を追求しようとすることである。

かくして、アリストテレスは実践哲学にその独自の領域を確保したという意味において、その祖に位置づけられることになるのだが、実践哲学の復権運動の担い手たちが、再びアリストテレスに着目したのは、現代における危機の源泉を、まさに西洋思想を長く支配してきた実践に対する理論の優位のうちに見出したからである。

やや単純化するのであれば、彼らの描く物語はこうである。プラトンに始まった抽象性と一般性を持った理論学の優位は、近代に入ってから科学的思考の圧倒的優勢へと姿を変えて継承されていくことになった。それ以来、数学的、論理的思考の確実性を根城とするデカルトを攻撃して修辞学の意義を擁護したヴィーコのような例外的な存在を除いては、近代科学は、その本丸である自然科学の対象領域のみならず、社会科学や人文科学の対象領域においても勝利の凱歌をあげ続けているのである。

そして、二〇世紀に白日の下となった現代社会が抱える様々な問題は、かつてアリストテレスが発した警告を無視して、個別具体的な状況に応じた「実践知／慎慮」(phronēsis) の働くべき社会や政治の領域にまで、「理論知／智慧」(sophia) が要求する厳密性を求めたことに起因するのである。だからこそ、この運動が主張するのは、いまこそ近代思想の流れのなかで忘却されてしまったアリストテレス的な実践哲学の伝統を取り戻すことである。主としてドイツを中心とする、一つの思想史上の出来事としての実践哲学の復権運動の意義とは、まさにその名前が示す通り、実践哲学に固有の存在意義を思考することを私たちに再び喚起せしめたところにあるのである。そして、本章もまたこの運動が開いた地平のうちでもう一度思考することを試みるのである。

思索という行為

すでに述べたように、実践に対する理論の優位に対し根源的な批判を遂行し、実践という領域を一義的に考察するべき対象として再び認知せしめたところに実践哲学の復権運動の意義はあった。しかしながら、ここで私たちが想起しなければならないのは、理論と実践の順位を反転させることによって、実践哲学をめぐる難問は解かれないままのものとして残されることである。

その問いとは「実践が理論に先立つ」のであれば、なぜ実践についての理論が要請されるのかというものである。実践哲学が「哲学」と銘打たれるものである以上、それはただの実践的知恵とは区別される一つの理論的反省でなければならない。しかしながら、理論的反省によっては決して具体的な生が活動する場である実践の領域へと接近することはできないのではなかったのか。

ここで哲学そのものに対する懐疑と破壊に立ち止まっているべきでないとすれば、私たちは実践についての哲学的反省の意味を再び考えなくてはならない。二一世紀において私たちに残された課題は、素朴に理論と実践を逆転させることではない。実践哲学の復権の一つの思想史的淵源となった一九二〇年代におけるアリストテレス講義において、ハイデガーはすでに理論と実践の二項対立そのものを解体することを目指す刺激的なテクスト解釈を呈示していたが、私たちが問わねばならないのは、そのハイデガーの言葉を借りるのであれば「思索という行為」、つまりは理論という実践が、一つの実践ないし「実践の根源的形態」としてもつ意味なのである。その時にこそ初めて私たちは実践哲学の復権を真に思考したことになるだろう。

そして、ガーダマーはその積極的な支持者として、ハーバーマスはその徹底的な批判者として、ルーマンはそこからまったく超然とした存在として、それぞれに異なって思考しながらも、このような新たな実践哲学の可能性を模索した思想家として三人を紹介することによって、二一世紀における実践哲学を探求するいくつか方向性を展望すること、それが本章の目指すところなのである。

2　ポスト形而上学時代の批判理論――ユルゲン・ハーバーマスと社会哲学の使命

ハーバーマス＝ガーダマー論争　ハーバーマスが本章の扱う問題に当初から関心を持っていたことは、初期の論集である『理論と実践』からはっきり窺い知ることができる。「政治的実践への見通しをもって社会的生活連関を認識することはどのようにして可能であるか」。このような問いを設定しつつ、彼がまず批判しているのは科学的な価値中立性と客観性要求に侵された近代の社会科学であり、むしろそこでは「或る状況において正当さと正義をもってなすべき事柄について実践的指針を与えることを約束していた」古典的政治学の理論的営為に対して、ハーバーマスは一定の評価を与えているのである。

ここまで関心を共有しながら、にもかかわらず彼はアリストテレス的な実践哲学の伝統を復権しようという試みについては一貫して批判的な距離を置き続ける。そして、その距離は一九六〇年代末から七〇年代初めに生じたもう一人の本章の登場人物であるガーダマーとの著名な論争に最も明白な形で現れることとなっている。

ハーバーマスがまず指摘するのは、アリストテレス的な実践哲学がその理論的基盤となっている形而上学的な基盤――目的論的自然観――をすでに喪失しているということである。しかしそれだけではなく、彼が問題視するのは、マルクスが暴露したような権力関係や生産関係における社会そのものの歪みを的確に批判し、その抑圧から解放されるための道筋を、その理論がなんら示すことができないことである。それどころか、すでに伝統が自明な基盤を失った近代においては、ポリスや人倫というすでに実体を失った概念へと実践の基盤を求めることは、現代社会への有効な処方箋になるどころか、既存の共同体を正当化する機能しか果たすことはできないのである。このような観点からハーバーマスは、この論争以後も、一貫して実践哲学の復権や、彼が新アリストテレス主義、新ヘーゲル主義と呼ぶもの、あるいは彼の理解によればその変異としての英米政治理論における「共同体論[*1]」（communitarian）的な立場に対して、批判的姿勢を保ち続ける。

こうしたアリストテレス的な実践哲学を理論的基礎とする立場に対してハーバーマスは、『認識と関心』において、様々な学問的な認識が自らの定位する文脈と理論家自身の「関心」に条件づけられることは認めながらも、そのうちに、科学における実証主義の基礎となる「技術的関心」、歴史的解釈学の基礎となる「実践的関心」とは区別されるものとして、社会制度のうちにある隠蔽された支配や抑圧を暴露する「解放的関心」という審級を設けて、そこに批判理論に独自の領分を基礎づけようとする。そして、彼は理論家の社会に対する関係を、精神分析における医者と患者の役割と類比的に捉えながら、日常的に実践に生きる人々が自らの実践の連関のうちでは意識化することのできない、社会的現実を背後から規定するイデオロギーを診断し、それを批判することを理論の本来的な役割だと考えるのである。

批判理論における言語論的転回

実践哲学の復権運動やガーダマーとの対決が、ハーバーマスの思想形成になんら痕跡も残さなかったわけではない。とりわけガーダマーから与えられた反批判は、彼に自らの理論家としての立場そのものに根源的な再考を迫らせるものであった。ガーダマーは述べる。イデオロギー批判という理論的実践もそれが一つの実践である限りなんらかの実践的関心に基礎を持たざるをえない。にもかかわらず、ハーバーマスが社会制度に存在する抑圧を全体として批判できる天使のごとき特権的地位に立つことができるとするならば、それは彼がなおも上空飛翔的な立場から実践を眺める理論の優位の伝統に拘束されているからである。

ここから、いわゆる批判理論における「言語論的転回[*2]」(linguistic turn)、すなわちホルクハイマーやアドルノらのフランクフルト学派第一世代とは異なる視座、すなわち「意識哲学」から「コミュニケーション的行為」への転回というハーバーマス独自の道が開かれてくる。ここではその思想的苦闘の結晶である大著『コミュニケーション的行為の理論』の詳細に立ち入ることはできないが、博覧強記を駆使しつつそこでハーバーマスが試みたのは、社会理論が対象とする人間の行為や活動を、個人が目的志向的に遂行する主観的なものではなく、言語を媒介とする間主観的な相互行為として定義し、そこから新たな社会理論の可能性を構想することなのである。

そして、またそれは同時に彼にとって新たな理性の可能性の発見でもあった。ホルクハイマーとアドルノが、理

＊1**共同体論**　マイケル・サンデルなどに代表される政治哲学上の立場。個人の善き生の探求はなんらかの文化や伝統に支えられて初めて可能となるという観点から、リベラリズムの立脚する個人主義的な人間像に批判を加えるところに、その思想的特徴がある。

＊2**言語論的転回**　近代哲学において自我や意識や認識などが中心的語彙を占有したのに対して、二〇世紀の後半にかけて、英米系の分析哲学から大陸系の種々な哲学まであらゆる潮流において、「言語」が哲学的反省の対象として浮かび上がってきた現象が、総称してこう呼ばれる。

性をただ個人や主観が世界を計算的に支配するための道具的なものとしてのみ理解し、また『啓蒙の弁証法』においてその袋小路を徹底的に批判することによって、やがて理性の可能性そのものに対する絶望へと陥っていったのとは対照的に、ハーバーマスはそのような道具的理性に導かれる「戦略的行為」とは明確に区別されるものとして、「コミュニケーション的行為」の領域とそこで働くべき新たな理性へ目を向けることによって、彼の理論は新たな境地へと入っていくことになる。こうして彼は、実践を超越した地点から社会を眺めるのではなく、どこまでも生活世界に内在しつつも、それを統制する理念として働くものとしてのコミュニケーション的合理性を概念化することによって、その規範を基礎として新たな社会哲学を構築する作業へと歩みだすのである。

討議倫理から デモクラシー論へ

ではコミュニケーション的合理性の理念とはいかなるものなのだろうか。彼はそれを「討議倫理」(Diskursethik) として理論化する作業に着手する。かつてカントが神のような超越者に訴えかけることなく道徳の基礎づけを目指したのと同じように、そこでハーバーマスが試みるのは、コミュニケーションにおいて遵守されるべき、それに背反してはあらゆるコミュニケーションが妥当性を失ってしまうような定言命法を導出することである。ここでもその委細を説明することはできないが、このような討議が真に討議であるために必要とされる普遍的な手続き上の条件として、たとえば強制性の排除、参加の平等、相互尊重、合理的根拠への訴えかけなどが挙げられる。

こうして、生活世界における日常的な実践から「準超越論的」(quasi-transcendental) で「抗事実的」(kontra-faktisch) な規範として、このような普遍的な形式を再構成し、それを正当化原理として現実の社会をより善きものへ、解放へ向けて批判し続けていくことこそ、社会哲学に携わる理論家の役割であるとハーバーマスは考える。もう一人の討議倫理の旗手であるカール＝オットー・アーペルに比すれば、彼の議論は時に折衷的で哲学的な厳密性を欠くという批判はありうるが、ピアジェの発達心理学を援用しつつ、このような統制的理念に照らして人類史の道徳的発展段階を再構成する試みや、『事実性と妥当性』以降に前景に現れてきたように、法や政治、とりわけ討議を基礎とするデモクラシーの理論化への関心は、彼のこのような使命感から出ているものといえよう。

ハーバーマスによれば、私たちの生きる時代とは、あらゆる伝統や習慣——それはアリストテレス的な実践哲学がその地盤としていたものである——の自明性が失われ、批判的反省に曝されることが不可避となったポスト慣習的な段階にある。そのような時代にあって、なおも理論的生活がそこから超然としているべきでなく、一つの社会における実践であるとすればそれに何が可能であるか。しかも、その営為を近代社会の大いなる遺産の一つである理性の普遍性へと正しく根拠づけるためにはどうすればよいのか。理論と実践の伝統的関係すらも自明性を失った「ポスト形而上学」時代の社会哲学の可能性の探求。このような問いの地平に私たちが立とうとする時、ハーバーマスの思想的営為はなおも私たちにとって一つの指標となることだろう。

3 観察としての理論——ニクラス・ルーマンと社会システム理論

ハーバーマス＝ルーマン論争

第二次世界大戦後のドイツの思想空間を華やかに彩った論争として、アドルノとポパーによって口火を切られた「実証主義論争」、先に紹介したハーバーマスとガーダマーの論争に加えて、ハーバーマスともう一人の本章の主人公であるルーマンとの間で行われた「システム理論論争」が挙げられる。ここでは、この対決を出発点にしながら理論と実践という問題系についてのルーマンの異なった思考法に接近していくことにしよう。

この論争以降もルーマンは一貫してハーバーマスの社会哲学と自分の社会システム理論の間に明確な線を引き続けているが、では何が決定的に彼らに袂を分かたせるのであろうか。簡潔にいえば、その淵源はおそらく現代社会の複雑性や偶発性という現実をどれだけ真摯に引き受けるかという問いに帰着する。先に述べたように、ハーバーマスの理論は、多元化した社会を前提としながらも、そこからどのように普遍的なコミュニケーションの形式を再構成し、それによっていかにして社会統合の新たな契機を探求するかということにその関心が向けられていた。しかしながら、ルーマンによれば、そのような試みは社会の様々な領域が分化した近代社会にあっては、もはや不可能な挑戦なのである。

なぜハーバーマスはそのような無謀なプロジェクトに乗りだしてしまうのか。それは彼がアリストテレス的な実践哲学の批判者であるにもかかわらず、なおも実践や政治という領域を、特権的に人間の本質的な構成契機であると考え続けてきた「古いヨーロッパ的な」(alt-europäisch) 伝統に囚われたままだからである――ルーマンによれば、マルクスですら経済や労働という領域になお人間本性の現れを見ようとしていた点で同様の陥穽から免れていない。システム理論は「技術」の次元のみを対象としており、「実践」の次元を欠いているとハーバーマスがルーマンを批判する時、加えてその「実践」のうちに「理論」によって見出されるべき規範的基礎を要請する時、ハーバーマスは、なおも理論と実践という二項対立を前提として思考してしまっているのである。

後述するようにルーマンの社会システム理論もまた、彼自身の独自に仕方でそのような二項対立を破壊しようとするものであるわけだが、さしあたって複雑性や差異を理論の前提とするルーマンからすれば、ハーバーマスの討議の理論も、どのようなコミュニケーションが合理的であるかないか、という偶然的なコードによって構成され、複雑性の「縮減」(contractio) ないし「不確定性の遮断」によって、自己保存的に作動するシステムのうちの一つに過ぎないのである。にもかかわらず、そのような自らの偶然性を自覚することのなく唯一妥当的な普遍性要求を掲げるとすれば、ハーバーマスの議論は、現代社会における理論のあり方としてはふさわしくないものなのである。

多元的なシステムの宇宙としての全体社会

ではルーマンの眼には社会はどのような姿に映っているのであろうか。『社会システム理論』の浩瀚な著述をここで紹介することはできないが、「システム／環境」(System/Umwelt) の区別、「オートポイエーシス」など、すでに人口に膾炙した様々な概念によって知られる彼の社会理論を簡潔に紹介しておくことにする。

では、さっそくルーマンの観ているシステムの宇宙の姿をのぞいてみよう。この世界に存在しているのは、内部と外部、自己と他者、システムと環境を区別することによって、絶えず自己を保存し続けている多種多様なシステムである。このシステムはお互いを環境としながら、ときおり偶然に共鳴しあい分化と生成を続けていく。そして、この宇宙に属するのは人間の社会という領域だけではない。あらゆる人間以外の存在者からなる領域もまたシステムとして機能し、むしろ人間の心や社会がシステムの宇宙の一分枝なのである。

では生物学的なシステムから、人間の領域である「心的システム」と「社会システム」を区別するものは何か。それは、それらのシステムがそれぞれに意味を媒介にして構成されるものであることである――おそらくここまでは本章の主人公たちは一致することだろう。それぞれのシステムは自らをその外部、環境から境界づけ統一性を保つために、自身の意味上のコードを持つ。たとえば宗教システムであれば聖／俗、政治システムであれば権力の優位／劣位、経済システムであれば「持つ／持たない」、科学システムであれば真／偽、芸術システムでれば美／醜などなどであるが、ここで重要なのは、この「区別」(Unterscheidung) そのものが意味によって構成された偶発的なものであること、それぞれが他のシステムに対してなんらかの根源性を主張することはできないということである。こうして社会の「全体」は、見通すことのできないシステムの複合体として理解されることになる。

そして、ルーマンはこのような社会システムが不可避に孕んでいる偶発性や不確実性が初めてはっきりと私たちに自覚されるようになった時代が近代であると考える――彼によればポストモダンとはその延長に過ぎない。彼は大著『社会構造とゼマンティク』において、このヨーロッパにおける近代社会の誕生のプロセスを記述する試みに挑戦しているが、社会全体の部分への分化が、血統や居住地などの第一義的な分化によって制御されていた古代社会や、上層と下層や中心や周辺という区分によって抑制されていた中世から初期近代の社会とは異なって、近代社会の特質は、それぞれの部分システムが個々の領域において自らの文法をもって自律的に作動する「機能分化」した社会であることなのである。

このような社会には、かつてのように宗教であろうと政治であろうと科学であろうと、「全体社会」(Gesellschaft) そのものを包括する特権的な視座から何かを語ることのできるような審級は存在しない。それでは、このような複雑性と偶然性に満ちたシステムの宇宙のなかで、理論家のなすべきこととは何であるのか。社会の全体について語ることが自己矛盾を生み出してしまうとすれば、いかにして社会について理論を構築することが可能となるのだろうか。

観察の観察としての理論

ルーマンが創造した多種多様な道具立ての中で、理論と実践という問題系が最もよく表れているのは、「作動／観察」（Operation/Beobachtung）という概念においてである。すでに述べたことからも分かるように、ルーマンの社会理論においては、実践や活動は徹底的に脱主観的に描かれている。誰かが行為するのではない。いつでもシステムが作動するのである。それこそ社会を織りなす現実である。システムは作動によってオートポイエーシス的に再生産され続ける。

そしてルーマンによれば、意味構成によってなされる社会の諸システムにおいては、その作動のために必ず観察が伴うという。彼がこの概念によって表現しようとするのは、システムが作動するためには、その内部で生起する作動をあるパースペクティヴへと構成する区別が必ず同時に働いているということである。このような観察眼はすべてのシステムの作動において盲点として機能しており、そのシステム自身の内部からは問いかけることはできない。たとえばある合法／不法を区別するシステムのうちでその法システム自体の妥当性を決定したり、討議的／非討議的という区別を前提とする道徳体系の内部において、その区別そのものの妥当性を基礎づけることができないように。

ではシステムの内部からそのシステムたらしめている区別を反省することができないとすれば、どこに理論的反省や批判への余地が存在しているというのだろうか。いわば究極の根拠づけを求めようとする、これまでの西洋思想の伝統は、観ること能わざる究極の盲点、神の観察を空しくも探求する試みであった。それに対して、ルーマンの答えはきわめて慎ましく、しかしラディカルである。すなわち彼にとって理論という営みとは、なんらかのシステムにおいて作動している観察を別の区別によって観察してみること、「セカンドオーダーの観察」（Beobachtung zweiter Ordnung）に過ぎないのである。観察の観察としての理論とは、すべてのシステムを包括して区別することのできる唯一の超越的な視座を提供するものではなく、あるシステムが自明のものとしている準拠枠組を異なったパースペクティヴから区別することでその偶然性を暴露し、いわば「脱構築」していく営みである。当然、この理論という観察もまたあるシステムの作動である以上、そこにはその盲点となる偶然的な区別があり、それはまた異なったサードオーダーの観察によってしか観察されることはなく、この観察は無限に増殖していく。

そして、ルーマンは自らの営為がそのような観察のなかの一つでしかないことも喜んで認めるだろう。『社会の〜』と銘打たれたルーマンの晩年に執筆された大量の著作（『社会の政治』『社会の法』『社会の芸術』など）は、社会学というシステムから、機能分化したシステムのうちで作動している観察を観察し、さらにそれぞれにシステム同士がお互いをどのように観察しているかの全体を描こうとした野心的なプロジェクトであるとも言える。矛盾した言い方になるが、社会の全体を語ることができなくなった時代——それは実践哲学が不可能となった時代でもある——に、なんらかの社会の全体を対象化しうる「実践哲学」が存在しうるとすれば、このようなシステム理論としてしか可能とならないのである。ここで理論家に必要とされるのは、複雑性の昂進が一つの宿命となった現代社会において、自らの観察の偶発性をどこまでも自覚しつつ、社会システムのうちで生まれいずる多種多様な区別を観察し続ける冷徹な眼を持つことだろう。そして、このような社会的現実のうちで生成し続ける差異への意識の涵養を、一つの新たな理論家の使命、彼の言葉を借りるのであれば「社会学的啓蒙*」（Soziologische Aufklärung）として示したところに、彼の社会システム理論の意義があるといえる。

4　理論を讃えて——ハンス＝ゲオルグ・ガーダマーと哲学的解釈学

ソクラテスの徒としてのガーダマー　「解釈学は哲学であり、そして哲学としては実践哲学である」。この言葉が示している通り、ガーダマー主著『真理と方法』をもって哲学的解釈学を一つの思想上の立場へと昇華させたガーダマ

＊社会学的啓蒙　ルーマンによれば、近代啓蒙は、「顕在的／潜在的」という区別に依拠し、人間の理性による社会全体の顕在化を目指した。だが社会学的啓蒙は、その区別によって、あるシステムにおける潜在的なものの残余を観察し、その偶発性を明らかにするにとどまる。また社会学的啓蒙自身も特権的ではなく、自らのうちに潜在的なものを常に有している。

ーの営為もまた、明白に本章の問いの地平を共有している。実際に彼はその書の中枢部「〈解釈学的経験の理論〉の要綱」と名づけられる箇所で、アリストテレスの倫理学の持つ現代性に訴えかけ、解釈学における「理解*」（Verstehen）のあり方の範型として、アリストテレス的な実践知に高い評価を与えている。

しかしながら同時に、ハーバーマスやルーマンと比べた時に、彼の立場がどこにあるかを物語ることには困難が伴う。というのも、彼をただアリストテレス的な実践哲学の擁護者としてのみ解釈すれば、それぞれに異なった角度からこの二人の批判の対象となることは明らかである。だが逆に、また現代における解釈学的哲学の祖として彼を捉えても、その思想のうちで、理解や解釈が対話を通じて形成されるというテーゼを強調するならばハーバーマス、それらの行為が意味的な地平から脱出できないというテーゼを強調するならばルーマンの近くに彼を位置づけることが可能となってしまう。

そこで本章ではガーダマーの独創性を明晰するために、一般的に理解されているような実践哲学の復権の賛同者でもなく、哲学的解釈学という潮流の代表者でもない、彼の第三の姿に焦点を当てることにしたい。それは古典文献学者、とりわけソクラテスの徒、プラトン哲学の継承者としての彼の相貌である――実際に彼の教授資格取得論文は『プラトンの問答法的倫理学』であった。そうすることで、ガーダマーが哲学的解釈学を提唱することによって、普遍的なコミュニケーション的合理性でもなく、多元的なシステムごとの複数の合理性でもない、独自の実践理性のあり方とそれについての理論の可能性を構想していたことが明らかになることであろう。

解釈学的循環と問答法の論理

人間の実践の根源的形態である理解が「解釈学的循環」（hermeneutischer Zirkel）というプロセスを辿るというガーダマーの主張は、すでによく知られている。私たちが誰かや何かを理解するために、まずはさしあたって私たちをつなぐ共同性、「伝統」（Traditon）の普遍性へと帰属することから出発しなければならない。そして、そこから他者が本来持っている個体性や異質性と粘り強く対話し、現在において不断に生じ続ける「解釈学的状況」の特殊性へとそれを「適用」（Anwendung）することによって、伝統を新たなものへと創造的に継承していく。テクストを読むことだけではなく、私たちと歴史、自己と他者の活きた連関は、このような全体と部分の解釈学的循環として生じる。これが『真理と方法』で彼が明らかにした理解の根本的構造である。

しかしながら、あまり知られていないのは、この構造の背後にガーダマーが彼独自のプラトン読解から継承した「問答法的倫理学」（dialektische Ethik）が存在していることである。「理解可能な存在は言語である」という彼の言葉通り、人間の相互理解が言語を媒介とする限りにおいて、理解は「問答法」（Dialektik）の論理によって進んでいく。それはまず、なんらかの存在者について「答え」が共有されているところから始まる。しかし、人間存在の動的な歴史性から不可避的に生じてくる差異は、その答えをやがて「問い」へと必然的に転じていく。ここで新たな相互理解への要求が掲げられ、やがて再び歴史のなかで答えが与えられることで対話は終わりを告げる。しかしながら人間が有限な存在である限り、このプロセスは終わることがない。ここには理解の構造の言語的次元として、問答法の論理が息づいていることが分かるだろう。

『真理と方法』においては十全に展開されることはなかったが、彼の思想形成の全体を眺めるのであれば、この問答法の論理への着目にはソクラテスの徒としての彼の面目が如実に反映されている。そして、哲学的解釈学が普遍性へと要求を掲げることができるのは、我と汝から始まり、諸民族や諸宗教の対話に至るまで、あらゆる実践の領域において、この問答法の論理が一貫していると言いうるからである。哲学的解釈学を提唱することで彼が復権しようとしたのは、このような理解の循環、問答法の論理に正しく入っていくことのできるような実践理性のあり方であり、それは一つのコミュニケーション的合理性に回収されることもなく、複数の合理性に断片化されることもなく、粘り強く対話によって「地平の融合」（Horizontverschmelzung）を生み出していく能力なのである。

＊**理解**は、解釈学の伝統において、テクスト解釈の方法の一契機であったが、近代になってシュライエルマハー、ディルタイを経て、ハイデガーへ至って、人間の根源的な存在様式として考えられるようになり、哲学的、存在論的性格を付与されることになった。

ソクラテスにおける理論と実践の統一

ではこのような解釈学的対話の圏域にあって理論家が果たすべき使命とは何であろうか。実践哲学というのはそれ自体が実践知ではなく、どこまでも哲学であり、人間の生活形態についての反省である。同じように、哲学的解釈学もそれ自身が理解の術なのではなく、それについての理論に過ぎない。それならば、ただ実践があるだけでなく、なぜ哲学者が存在しなければならないのか。

ここでガーダマーの哲学的解釈学における理論家の役割の持つ独創性は、これまで述べたような理解を動かしていく循環のアプリオリな構造の概念化、解釈学的対話を導く構造の意識化という対象知的な反省の次元だけではなく、プラトンの対話篇がそれを絶えず読者に要請していたのと同じように、再びその理論家自身が、その論理構造の体現者であるべきという一つの実践的要求を掲げているということにある。問答法の論理を理論的に知るだけでは人はまだ哲学者ではありえない。その論理を誰よりも深くその身で生きなくてはならないのである。

ここで再びソクラテス＝プラトンの徒としてのガーダマーの面目が現れてくるわけだが、アリストテレスが慎重に師と距離を取りながら、倫理学や政治学の学習をすでに経験を積んだ年長者に限定し、自らの理論的営為と、実践知自体の二つの働きを概念的に区別することから出発したのとは反対に、ガーダマーの哲学的解釈学には、ソクラテスの倫理的な実存においてその二つの統一を根源的に回復させようとする契機が潜んでいる――実際に彼は古代哲学を読む際に伝統的になされていたようにプラトンとアリストテレスの間に対立を見てとらない。無知の知をもって、解釈学的循環の円相と問答法的ロゴスの円環が受肉した姿そのものとして生きたソクラテスにおいて、理論は解釈学的対話として実践の根源的形態でなければならず、実践はそれがもし根源的であるならば理論と同じ構造で行われるべきである。そして、もし理論家に特有の使命があるとすれば、生活世界のうちにおいて哲学に身を捧げて生きること、一でもなく多でもない中庸、「問答法的／弁証法的」な合理性を自らが探求し、他者に涵養していくこととなるのである。こうしてガーダマーの哲学的解釈学は、それ自身がまさにテクストを読むことを通して、現代において、このような理論的生活の本源性をいま一度讃える試みでもあったのである。

このようなガーダマーの立場からすれば、なおもハーバーマスとルーマンは、理論と実践の二項対立を超えて思考しようとしながら、なおもその範疇を超え出ていないということになる。なぜならハーバーマスとルーマンは、そのうちに再構成されるべきコミュニケーション的合理性を観るにしても、複雑性と偶発性の総体としての社会システムを観るにしても、なおも理論家の眼差しを社会の「外部」において社会的実践を眺める――ハイデガーの言葉を借りるのであれば「表象*」（Vorstellung）的思考の残滓を払拭できていないからである。だからこそ彼らは社会「について」批判することや記述することを理論家の使命とし、それを一かその反面としての多へ還元してしまうのである。

「存在をめぐる巨人の戦い」は続く

それに対して、すでに一部を紹介したように、それぞれの立場からガーダマーに対する根本的な批判もまた存在して然るべきだろう。たとえばルーマンの眼には、ガーダマーの立場は近代社会の複雑性への対応力を欠いた旧態依然たるヨーロッパ的思考の遺物にしか映らないに違いない。だが、いずれにしてもここから明らかなのは、古代ギリシアの賢人たちの心を摑んで離さなかった、一か多か、それとも一即多かという形而上学的な問いは、二一世紀においてもなお生きているということである。本章に登場した二〇世紀後半のドイツ哲学の巨人たちがその地平を開いたように、「実践哲学」という場所へと新たに戦場を移して、この「存在をめぐる巨人の戦い」は続けられているのである。その先で待っているのは「神々の闘争」なのか、あるいは「地平の融合」なのか。一つだけ言えることは、私たち自身が不可避的に社会のうちで実践を生きているという「事実性」（Faktizität）を真摯に引き受け、さらにどこまでも実践のうちに留まりながら、その私たち自身のあり方そのものへと哲学的に問いを立て、自らの脚下を解明していくことによってしか、その答えが自覚されることはないということであろう。

＊表象　ハイデガーは、その著『世界像の時代』において近代的思考の特徴を、主観が世界を自らにとっての表象としてのみ捉え、それを世界像として構成しようとするところに求めたが、実践や政治を対象として扱う態度を保ち続ける限り、理論的反省はその内容を問わず、そうした表象的思考の圏域にあることになる。

著作と翻訳

1 『科学の時代における理性』（*Vernunft im Zeitalter der Wissenscfaft*, Suhrkamp Verlag, 1976. 本間謙二・座小間豊訳、法政大学出版局、一九八八年）

2 『理論を讃えて』（*Lob der Theorie*, Suhrkamp Verlag, 1983. 本間謙二・須田朗訳、法政大学出版局、一九九三年）

3 『理論と実践——社会哲学論集』（*Theorie und Praxis: Sozialphilosophische Studien*, Hermann Luchterhand Verlag, 1963. 細谷貞雄訳、未來社、一九七五年）

4 『近代の観察』（*Beobachtung der Moderne*, Westdeutscher Verlag, 1992. 馬場靖雄訳、法政大学出版局、二〇〇三年）

＊古代の実践哲学についてのガーダマーの独創的な解釈については『著作集』（*Gesammelte Werke*）の第五巻から第七巻に収録の一連の論文の翻訳が待たれるが、さしあたっては1と2の二つに所収の実践哲学についての講演から彼の思想の一端を窺い知ることができる。3はハーバーマスの思想形成からいえば最初期のものだが、実践哲学の復権という本章の問題構成を彼が共有していることを読みとることが可能である。ルーマンの厖大な著作から一つを取り上げておくとすれば、4は彼の理論や時代認識に、彼特有の語彙に精通していなくても比較的接近しやすい文献である。

読書案内

1 ジョージア・ウォーンキー『ガダマーの世界——解釈学の射程』（佐々木一也訳、紀伊國屋書店、二〇〇〇年）

2 木前利秋『理性の行方——ハーバーマスと批判理論』（未來社、二〇一四年）

3 クラウディオ・バラルディ、ジャンカルロ・コルシ、エレーナ・エスポジト『ニクラス・ルーマン社会システム理論用語集』（土方透・庄治信・毛利康俊訳、国文社、二〇一三年）

＊ガーダマーについての邦語で読める入門書はまだ少ないが、英米系の政治哲学者の手による1は、本章の問題構成を異なった角度から思考するためのよき手引きとなるはずである。また最近刊行された巻田悦郎『ガダマー入門——語りかける伝統とは何か』（アルテ、二〇一五年）も参照のこと。ハーバーマスの思想の全貌を、その問題意識や時代診断から行為の理論や熟議民主主義をめぐる考察まで含めて、包括的に考察した研究として2を挙げておこう。またジェームズ・ゴードン・フィンリースン『ハーバーマス』（〈一冊でわかる〉シリーズ）（村岡晋一訳、岩波書店、二〇〇七年）も入門には適している。ルーマンの社会システム論の関門となるのが彼特有の語彙であるが、3はその優れた用語解説である。彼に興味をもたれた方はこれを武器にして『社会システム理論』や『社会構造とゼマンティク』などの彼の大著に挑戦してい

くとよいだろう。また複雑性の理論家としてのルーマンへの案内としてはクリスティアン・ボルフ『ニクラス・ルーマン入門——社会システム理論とは何か』（庄司信訳、新泉社、二〇一四年）がよい。

第7章　アレゴリーとメタファー
――ベンヤミンとブルーメンベルク――

齋藤元紀

アレゴリーやメタファーといった「修辞」は、たんなる表現技巧に過ぎないものとして「哲学」という本流からはしばしば傍流とみられることも少なくない。しかし「修辞」をめぐる思考は古代以来長い歴史を持ち、とくに一九世紀末以降、現代哲学において重要な位置を占めている。そのなかでも双璧をなすのが、ベンヤミン（Walter Bendix Schönflies Benjamin, 一八九二～一九四〇）のアレゴリーをめぐる思考と、ブルーメンベルク（Hans Blumenberg, 一九二〇～九六）のメタファーをめぐる思考である。本章では、両者の生涯をふまえてそれぞれの思考の特徴を考察することで、現代哲学における《修辞の思考》の射程を明らかにする。

1　ベンヤミンとブルーメンベルクの《修辞の思考》

楕円的思考の二つの焦点

直線は偽りであり、真理は曲線である。これは一見もっともらしい真偽を語っているように思えるかもしれないが、しかしこうした安易な物言いに騙されてはならない。曲線の背後には恐るべき永遠が横たわっているのであり、そしてそれこそが本当の真理なのだ――。かつてニーチェ（Friedrich Wilhelm Nietzsche, 一八四四～一九〇〇）は『ツァラトゥストラ』の「幻影と謎について」のなかでこうした比喩を用いて、本来の真理を求める思考のあり方について語った。従来型の哲学は、一貫した反省によって真理に求める直線的思考であった。それが偽りだとしても、しかしたんなる曲線的思考にとどまるなら、それはやはり伝統的思考の呪縛のうちにある。むしろ来るべき新たな哲学は、幾重にも屈曲した反省を通して真理を迂回しつつ、その姿を浮き彫りにする楕円的思考でなければならないのである。

一九世紀末にニーチェが比喩を通して描き出したこうした楕円的思考は、文字どおり《修辞の思考》と呼ぶことができる。アレゴリーやメタファーに代表されるこの《修辞の思考》は、一九六〇年代以降、分析哲学や言語哲学、また認知科学などの分野で注目を集めてきたが、もともとは古代ギリシア以来、哲学的思考の表現方法として多くの思想家たちによって考察されてきた長い歴史を持つ。

大陸哲学ではとくに一九世紀末から二〇世紀初頭にかけてにわかにこうした《修辞の思考》が活況を呈したが、なかでもその申し子であるとともに、現代哲学において際立った魅力を放つ人物として、ベンヤミンとブルーメンベルクの名を挙げることができるだろう。ナチス・ドイツの反ユダヤ主義が吹き荒れるなか、文芸批評家として、また哲学者として、文化史に通暁した味わい深いエッセイ的思考を展開しながらも、悲劇的な最期を迎えたベンヤミン。かたや、ナチス・ドイツによる迫害を辛うじて逃れてのち、博覧強記の才を生かして精神史を横断し、次々と大著を刊行していったブルーメンベルク。両者は共に《修辞の思考》を展開しながらも、しかしあたかも楕円の二つの焦点のように、相互に共鳴しつつも異質な立場に立っている。ベンヤミンが展開したのは、バロック研究を通して深めたアレゴリー的思考であり、ブルーメンベルクが展開したのは、西欧概念史全体に対する高次の批判ともいうべきメタファー的思考である。

以下では、両者それぞれのこの独自な思考の特徴を明らかにしてゆくが、まずはそれに先立って、哲学史を振り返りつつ、ベンヤミンとブルーメンベルクへ至る《修辞の思考》の変遷を簡単に辿っておこう。

《修辞の思考》小史

先に述べたように、アレゴリーとメタファーはいずれも古代ギリシア以来の古い伝統をもつ修辞学の技法である。言葉が指示する対象を文字どおり表現する通常のやり方とは異なり、アレゴリーもメタファーも、当の言葉とは異なる対象や意義を指示するギリシア語の「転移（*τροπή*）」に由来する「転義（trope）」、すなわち「比喩」の技法である。* とはいえメタファーやアレゴリーそのものは、こうした表現技法として定義される以前から、すでにホメロスの神話叙事詩やプラトン（Plato, 紀元前四二七～三四七）の対話篇においても用いられていた。それゆえアレゴリーもメタファーも、ギリシアとローマの時代をとおして次第に哲学的反省の対象として自覚されてきたと言ってよい。

その後、中世の聖書解釈学やルネサンスからバロックの時代の美学や文学において、メタファーとアレゴリーのいずれの技法も大きな影響を与えた。哲学では、メタファーはホッブス（Thomas Hobbes, 一五八八～一六七九）やロック（John Locke, 一六三二～一七〇四）によって非合理的思考として批判されたものの、パスカル（Blaise Pascal, 一六二三～六二）やヴィーコ（Giambattista Vico, 一六六八～一七四四）はアレゴリーも含めたその独自の認識論的意義を評価した。その後バウムガルテン（Alexander Gottlieb Baumgarten, 一七一四～六二）やカント（Immanuel Kant, 一七二四～一八〇四）、そしてヘーゲル（Georg Wilhelm Friedrich Hegel, 一七七〇～一八三一）らの象徴＝シンボル論の文脈で考察が展開される一方、ロマン主義以降、シェリング（Friedrich Wilhelm Joseph von Schelling, 一七七五～一八五四）をはじめとして、メタファーやアレゴリーは理性を超えた想像力の発現として高く評価されるようになる。

そうした流れを受けて、一九世紀末から二〇世紀初頭にかけて、修辞をめぐる新たな冒険的思考がにわかに活況を呈し始める。古典文献学者として出発したニーチェは、修辞学の伝統に掉さしつつ、メタファーやアレゴリーをふんだんに駆使することによって、哲学に新たな思考の局面を切り開いた。他方、美術史家ヴァールブルク（Aby Moritz Warburg, 一八六六～一九二九）は文化学や精神史を横断しつつ、膨大な資料を蒐集しながら、絵画図像の象徴を読み解く作業に着手した。クルツィウス（Ernst Robert Curtius, 一八八六～一九五六）がその修辞学研究の名著『ヨーロッパ文学とラテン中世』（一九四八年）をヴァールブルクの思い出に捧げていることからも、彼の企てが徹底して《修辞の思考》によって支えられていたことが分かるだろう。

危機の時代と《修辞の思考》の新たな冒険

カッシーラー（Ernst Cassirer, 一八七四～一九四五）は、このヴァールブルク文庫を熱心に活用するとともに、精神史と思想史に対する該博な知識を駆使し、「シンボル形式」と「神話」の研究を通してカントの超越論的哲学の更新に挑んだ。またカッシーラーとヴァールブルクの薫陶のもと、新たな「図像学」の理論を打ちたてたのが美術史家パノフスキー（Erwin Panofsky, 一八九二〜一九六八）であった。この時期の文化人類学研究の飛躍的発展も手伝って、一九二〇年代以降には、精神分析学、神話学、宗教学、民俗学等の様々な分野で神話や比喩をめぐる思考が花開いてゆく。ユング（Carl Gustav Jung, 一八七五〜一九六一）、オットー（Walter F. Otto, 一八七四〜一九五八）、ケレーニイ（Karl Kerenyi, 一八九七〜一九七三）、フロベニウス（Leo Viktor Frobenius, 一八七三〜一九三八）、マリノフスキー（Bronisław Kasper Malinowski, 一八八四〜一九四二）、エリアーデ（Mircea Eliade, 一九〇七〜八六）、グラッシ（Ernest Grassi, 一九〇二〜九一）らは、そうした思考の代表者と呼んでいいだろう。世紀を挟んで、第一次世界大戦からヴァイマール共和国を経て、ナチス・ドイツの一党独裁と第二次世界大戦におけるその崩壊へと至る過程のなかで、あたかも時代に対する危機感に応答するかのように、こうした《修辞の思考》は展開されたのである。

なかでもベンヤミンとブルーメンベルクこそは、まさにこの危機的時代の《修辞の思考》の正統な嫡子と言える。というのも、ベンヤミンがヴァールブルクのルター論文をも参照しつつ仕上げたバロック研究の教授資格論文が『ドイツ悲劇の根源』であり、またブルーメンベルクがカッシーラーの問題意識に加えて、フッサール現象学やハイデガー存在論、さらにはベンヤミンをも批判的に引き受けて構築したのが「メタファー学」や「神話」研究だったからである。アレント（Hannah Arendt, 一九〇六〜七五）は遺稿『精神の生活』のなかで「哲学の術語はすべてメタファーである」と述べたうえで、「古代の視覚のメタファー」を継承するベンヤミンの思考を「掠め過ぎてゆく」

＊メタファーとアレゴリー　アリストテレス（Aristotelēs, 紀元前三八四〜三二二）の『詩学』によれば、メタファーすなわち「隠喩（*μεταφορά*）」とは「ある事象に対して、本来は別な事象を指示する言葉を転用すること」である。他方のアレゴリーは、「他（*ἄλλος*）」と「語る（*ἀγορεύειν*）」というギリシア語の合成語であり、本来の語とはまったく別の語を用いて異なる意味を語ることである。アレゴリーは、文字どおりの意味と潜在的な意味の両者を併せ持つ点でメタファーと重なる部分を持ち、クィンティリアヌス（Marcus Fabius Quintilianus, 紀元前三五頃〜一〇〇頃）の有名な定義では「連続するメタファー」とも呼ばれる。

「真理」を描く試みとして、またブルーメンベルクの思考を「何世紀にもわたる西欧思想」を「メタファー」によって読み解く試みであると同時に「近代の疑似科学」の「メタファー」への依拠を批判する試みとして特徴づけている。

もっとも、神話、メタファー、アレゴリーをめぐる両者の思考は、必ずしも一括りに纏められるものではなく、多くの論点を共有しながらも、微妙な緊張関係のなかに立っている。アレントによれば、メタファーは「なぜわれわれは生きるのか」という問いに答えがないことと同じく、「なぜわれわれは思考するのか」という問いに対しても答えを与えてくれるわけではなく、あくまで「世界の認識と交渉を可能にする道具」であるという。だがこうしたアレントの評価に反して、ベンヤミンとブルーメンベルクは、彼らを取り巻いていた時代の危機に敏感に反応し、あえて《修辞の思考》という迂回的手法を用いて、不透明な世界を生き抜き、思考し抜くあり方の究明に挑んだのだと考えられる。そこで次に両者の生涯を見てゆくことにしよう。

2　ベンヤミンの生涯

多感な少年時代

ベンヤミンは一八九二年、裕福なユダヤ人家庭の長男としてベルリン西部の高級住宅街ヴェステンに生まれた。骨董品取引商として財をなしたベンヤミン家は当時ベルリンでも有数の資産家で、ベンヤミンが洗礼時の祝いとして贈与された額は当時の単純労働者の百年分にあたる金額であったとも言われる。ベルリンの豪華な邸宅に住み、夏には避暑地や保養地へ出かけた幼少期の幸福な思い出は、死後まとめられた『ベルリンの幼年時代』に収められている。

一九〇二年にギムナジウム「田園教育舎」ハウピンダ校に進学したベンヤミンは、生徒の自治活動を尊重する主宰者ヴィネケン（Gustav Adolf Wyneken, 一八七五～一九六四）に強烈な感化を受け、ドイツ青年運動の洗礼を受ける。一九一二年にはフライブルク大学に入学するが、青年運動の活動に熱中していたベンヤミンは、その後一学期ごとにベルリン大学との転学を繰り返す。ところが一四年に第一次大戦が勃発、その際ヴィネケンが聖戦賛美の姿勢を打ち出したため、翌年には絶縁、青年運動からは完全に身を引いている。

徴兵の可能性が高まるなか、ゲルショム・ショーレム（Gershom Gerhard Scholem. 一八九七～一九八二）と知友となり、生涯続く友情を育む。兵役を免れたベンヤミンは一五年にミュンヘン大学、一七年にはスイスのベルン大学へと転学、そこでフロイト（Sigmund Freud. 一八五六～一九三九）やニーチェの研究に没頭し、一九年には博士論文『ドイツロマン主義における芸術批評の概念』を提出、最優秀の成績を収めている。この博士論文は翌年大学から補助金を得てフランケ書店から出版されるものの、世間からさしたる注目を集めることもなく、五五年にアドルノ（Theodor Ludwig Adorno-Wiesengrund. 一九〇三～六九）らの尽力により再刊されるまではほとんど世間から忘れ去られたままであった。

波乱の幕開け

この間、ベンヤミンの私生活は波乱含みの状態にあった。一四年にグレーテ・ラートと婚約をするがのち解消、一七年にドーラ（Dore Sophie Kellner. 一八九〇～一九六四）と結婚し、一八年には長男シュテファンをもうけるが、二一年には同級生の妹ユーラ・コーンと再会、熱烈な恋愛感情を抱いてしまう。ところがユーラの恋心はベンヤミンの当初の婚約相手グレーテの兄フリッツに向かっており、二五年に二人は結婚。さらにユーラの兄アルフレートは二一年にグレーテと結婚する。こうしたなか、二一年から翌年にかけて執筆されたのが『ゲーテの親和力について』であるが、その冒頭に掲げられたクロップシュトック（Friedrich Gottlieb Klopstock. 一七二四～一八〇三）からのエピグラフ「盲目に選ぶひとの眼には、犠牲の煙が沁みる」には、そうした交錯する人間模様が映し出されているとも読める。この親和力論は、二四年にホーフマンスタール（Hugo von Hofmannsthal. 一八七四～一九二九）が編集する雑誌に掲載されている。

ドイツの時局が傾きかけ、次第に反ユダヤ主義が巷で高まり始めた二一年、『暴力批判論』が刊行される。同じころ、ベンヤミンは自らが購入したクレー（Paul Klee. 一八七九～一九四〇）の作品名を題目に掲げる雑誌『新しき天使』を企画するが、インフレにともなう資金難のために断念している。二三年には教授資格取得のためフランクフルト大学に滞在、そこでアドルノや「フランクフルト新聞」に勤務していたクラカウアー（Siegfried Kracauer, 一八八九〜一九六六）の知遇を得る。二五年には教授資格取得論文『ドイツ悲劇の根源』をフランクフルト大学に提出するも、却下される。ベンヤミンは相当憤慨したようだが、ショーレムによれば、本人も無意識ではアカデミズムから離れることを願っていたともされる。

その願い叶ってというべきか、二六年以降になるとベンヤミンは週刊新聞の『文学世界』や『フランクフルト新聞』の文芸欄の常連となり、多数のエッセイや書評を発表、三三年まで評論家として活躍する。二六年にはパリに滞在し、プルースト（Valentin Louis Georges Eugène Marcel Proust, 一八七一〜一九二二）の『失われた時を求めて』の翻訳を手掛ける傍ら、エッセイ『一方通行路』を執筆、翌年には『ドイツ悲劇の根源』と『一方通行路』を刊行する。すでに二三年にパレスチナへ渡っていたショーレムから、エルサレム大学への招聘を約束に二八年以降補助金を受けるが、次第にパリ論研究の必要性を感じ始め、三〇年にはこの約束を反故にしてしまう。

悲劇的な終わり

この間、すでにドーラとの結婚は破綻をきたしていたが、教授資格論文執筆時に知り合ったアーシャ・ラティスとの仲が進んだため、二九年から離婚訴訟が始まり、翌年離婚が成立した際、ベンヤミンはほぼすべての財産を失ってしまう。アーシャはこの年モスクワに旅立ち別離するが、アーシャを介して得たマルクス主義の劇作家ブレヒト（Bertolt Brecht, 一八九八〜一九五六）との交友のおかげで、文学と政治とを結び付ける観点を見出してゆく。三二年にはニースで自殺を考えるも思いとどまり、翌年には国家社会主義の圧力を逃れて、ベルリンからパリへ亡命する。この前後のイビサ島での滞在期間に『ベルリン年代記』や『ベルリンの幼年時代』が執筆された。

三三年にはパリでギュンター・アンダース（Günther Anders, 一九〇二〜九二）を介してハンナ・アレントからも知遇を得ている。三四年以降はフランクフルト社会研究所から財政援助を受け、「パサージュ」研究をパリの国立図書館で開始する。その手助けをしたのは、司書のバタイユ（Georges Albert Maurice Victor Bataille, 一八九七〜一九六二）であった。財政援助を受けたとはいえ困窮を極めていたベンヤミンは、三四年から三八年にかけてイタリアのサンレモにいたドーラや、デンマーク領フィーン島のスヴェンボルに亡命していたブレヒトのもとに滞在している。

三九年にドイツのポーランド侵攻によって第二次世界大戦が勃発、フランス当局の指示でベンヤミンは強制収容所に送られ、友人たちの尽力により脱出するもなおパリにとどまった。翌年にはパリも陥落したため、ベンヤミンはスペインとの国境ルルド、マルセイユ、そしてバルセロナに近いポル＝ボウへと逃避行を続けるが、フランスの出国ビザを持たなかったため足止めされアメリカへの亡命を断念、同年九月二六日深夜にモルヒネを飲んで自死を遂げた。遺稿となった「歴史の概念について」をマルセイユで受け取りアドルノに渡したのは、かのアレントであった。

3　ブルーメンベルクの生涯

反ユダヤ主義の高まりのなかで

ベンヤミンの博士論文『ドイツロマン主義における芸術批評の概念』が刊行された一九二〇年、ハンス・ヨーゼフ・コンラート・ブルーメンベルクは、ハンブルク近郊のリューベックで生まれた。リューベックは法哲学者のグスタフ・ラートブルフ（Gustav Radbruch, 一八七八～一九四九）、作家トーマス・マン（Paul Thomas Mann, 一八七五～一九五五）を輩出したことでも知られる北ドイツの商業都市である。父カールは美術商で成功を収めた実業家であり、幼年時代のブルーメンベルクの環境も相当に裕福であったと言えよう。父の一族は代々ヒルデスハイムのカソリック司教を務める名門の家系であった。

ブルーメンベルクが学んだカタリーネウム高等学校は、トーマス・マンも学んだギムナジウムである。三九年にブルーメンベルクは唯一「優等」の成績を収めるも、卒業式には出席しなかった。ユダヤ人から公民権を剥奪するかの悪名高い「ニュルンベルク法」がすでに三五年に成立していたため、母がユダヤ系であったブルーメンベルクは「優等」の成績授与が認められないだろうと考えたからである。そのためブルーメンベルクのスピーチは、本人の希望により級友の一人によって代読された。

国家社会主義の圧力が次第に高まるなか、一般の教育課程に進むことを禁じられたブルーメンベルクは、カソリックという出自の由縁から、三九年の夏学期から三九・四〇年の冬学期まではパダボルン神学大学で、さらに三九・四〇年の冬学期から四〇年の夏学期まではフランクフルトの神学大学で学ぶ。しかし反ユダヤ主義の激しい高まりのため、それ以上の修学の機会は認められなかった。この間ベンヤミンが命を絶ったことを思い起こせば、当時の反ユダヤ主義がいかに苛烈なものであったかが窺えよう。

第二次世界大戦を潜り抜けて

こうした状況下でブルーメンベルクはリューベックに戻って父の美術商の仕事を手伝うが、やがて政府からの指示でリューベックのドルニエ航空機製造工場で強制労働に従事させられ、四三年四月からはリューベックの医療・セキュリティ機器製造会社ドレーガーヴェルクの仕入担当官に任命される。これはドレーガーヴェルクの取締役ハインリッヒ・ドレーガーの戦略的な配慮によるものであったが、その尽力も空しく、四五年二月にはサクソニー・アンハルトのツェルプストの労働収容所へ送られる。そこでは劣悪な栄養状態のなか、厳しい監視のもとで一週間四〇時間の労働を強いられ、冬場に屋外に立たされるといった理不尽な懲罰も受けたという。

だが再びドレーガーの尽力により、ドレーガーヴェルクの以前の従業員たちとともにブルーメンベルクもツェルプストから解放され、戦争が終結するまでの間、リューベックでのちの夫人ウルズラの家族に匿われる。ウルズラの父も隣人監視員を務めていたが、その意味ではドレーガー同様、まさに国家社会主義の構成員たちの手助けによってブルーメンベルクの命は救われたのであった。ドレーガーはさらに戦争終結直後に六〇〇〇ライヒスマルクをブルーメンベルクに援助してもいるが、当時フォルクスワーゲン・ビートルが一台一〇〇〇ライヒスマルクであったことを考えれば、破格の支援額と言えるだろう。

こうして戦後になってようやくブルーメンベルクのアカデミックな研究活動は本格化する。ドレーガーの資金援助に支えられ、この間の遅れを取り戻すかのように週に一度は徹夜で研究に勤しむ生活を送り、ハンブルク大学では哲学、独文学、古典文献学を学ぶ。四七年博士学位請求論文『中世スコラ派の存在論における根源性の問題への寄与』をキール大学に提出、学位を取得する。ちょうど同年よりキール大学正教授に着任したルートヴィヒ・ラントグレーベ（Ludwig Landgrebe, 一九〇二～九一）のもとで、五〇年には教授資格申請論文『存在論的距離　フッサール現象学の危機についての研究』を提出する。ちょうど同時期には、科学論や神話研究で有名なクルト・ヒュプナー（Kurt Karl Rudolf Hübner, 一九二一～二〇一三）もラントグレーベのもとで学んでいた。

そして五八年にはハンブルク大学哲学科員外教授、六〇年にギーセン大学哲学科正教授となる。この頃にはエーリヒ・ロータッカー（Erich Rothacker, 一八八八～一九六五）の推薦によりマインツのアカデミー会員となり、当時のドイツ学術協会会長ガーダマー（Hans-Georg Gadamer, 一九〇〇～二〇〇二）の勧めのもと、論文「メタファー学のためのパラダイム」を発表している。六三年には「詩学と解釈学」グループを発足、ヤウス（Hans Robert Jauss, 一九二一～九七）やイーザー（Wolfgang Iser, 一九二六～二〇〇七）らいわゆる「受容美学」で有名な「コンスタンツ学派」や、独文学者のハーゼルハウス（Clemens Heselhaus, 一九一二～二〇〇〇）らとともに学際型の研究を展開した。六五年にはさらにボッフム大学へと移動、六六年には近代主義と反近代主義を再検討する『近代の正統性』を刊行、批判を含めて大きな反響を呼んだ。

孤高の知の巨人

七〇年にミュンスター大学に移動するが、そこではレーヴィット（Karl Löwith, 一八九七～一九七三）、ガーダマー、シュミット（Carl Schmitt, 一八八八～一九八五）らの『近代の正統性』に対する批判に答えて、新たに書き下ろされた第一部を含む改訂増補版を七三年から七六年にかけて三分冊で刊行する。その間、七四年にはクーノ・フィッシャー賞を受賞、七五年にはコペルニクス的革命によって生じた世界観の変遷を考察する『コペルニクス的宇宙の生成』を刊行している。さらに七九年には、形而上学、宗教、芸術、科学の背後に流れる神話の機能を究明した大著『神話の変奏』、メタファー学によって書物としての世界の読解可能性を古代から現代まで読み解く『世界の読解可能性』、そして小著ながら、難破船と航海のイメージを通してこれまた古代から現代までの思想史の変遷を解読する『難破船』が刊行されている。八〇年にはドイツ言語文芸アカデミーのジグムント・フロイト賞受賞、翌八一年には、五六年以来の技術・芸術・修辞学に関連する小論、およびクーノ・フィッシャー賞受賞記念講演を収めた『われわれが生きている現実』を刊行している。

八五年にミュンスター大学を退官以後は、学会をはじめとする公的な場から完全に退くものの、旺盛な執筆活動は衰えを知らず、八六年に『生活時間と世界時間』、八七年には『憂慮は河を渡る』、八八年には『マタイ受難曲』、八九年には『洞窟の出口』と矢継早に重厚な論考を発表していった。九六年にミュンスター郊外のアルテンベルゲにて死去するが、なお陸続と遺稿は刊行されており、書簡を含めると、死後の刊行点数だけで二〇一五年現在までで一九冊に上っている。

4　ベンヤミンのアレゴリー的思考

トラクタート・モザイク・星座

反ユダヤ主義の吹き荒れるなか、ドイツ人へ同化することへの希求と反発のうちで揺れ動きつつ、ブルジョアの身分からも没落し、公私ともども波乱と挫折に満ちた生涯を送ったベンヤミン。そうした生涯を反映するかのように、ベンヤミンの思考は、当時のドイツにおいて散逸し消え去りゆくもの、喪われゆくものを救い出そうとする姿勢によって貫かれている。そうしたベンヤミンの思考を最も的確に表現する言葉が「アレゴリー」である。『ドイツ悲劇の根源』は、古代以来の、わけてもバロック時代の悲劇を中心にアレゴリーをめぐる考察が展開されているが、しかしこの書物それ自体もまたアレゴリー的性格を強く帯びている。

この書物のそうしたアレゴリー的性格を端的に示しているのが、冒頭の「認識批判的序論」で提示される「トラクタート」と「モザイク」という方法概念である。トラクタートは一般に、体系的な教養のように権威をもって自説を主張し、説得力を持つ教えを意味する。*しかしベンヤミンによれば、むしろ「志向が途絶することなく流れることを断念」し、「絶えず息を継い」では「思考が根気よく絶えず新たに開始し、回りくどく事柄そのものへ立ち返ってゆく」ような「迂回」の方法を意味する。つまりトラクタートは完結した教義とは異なり、むしろ育て導く準備段階を一歩一歩進んでゆくための入門書の役割を果たすのである。ベンヤミンはそれを「モザイク画」とも呼ぶ。「気ままな断片に細分されていてもモザイク画には荘厳さが保たれるように、哲学的考察も間欠的なリズムで勢いが殺がれる心配をしない。モザイク画も哲学的考察も、個々ばらばらに離散したものが寄り集まってできている」。『ドイツ悲劇の根源』はまさに、このように分断され断片化された部分を迂回しつつも、全体としてひとつの哲学思考を浮かび上がらせるスタイルを実践した書物なのである。審査にあたった新カント派の美学講座教授コルネリウス（Johannes Wilhelm Cornelius, 一八六三～一九四七）はホルクハイマー（Max Horkheimer, 一八九五～一九七三）にも助言を求めたものの、両者共に内容を理解できないという点で一致したためこの博士学位論文は最終的に却下されたのだが、その原因の一端は、ベンヤミン自身があえてこうした反学問的スタイルを選択したことにも求められよう。

ベンヤミンによれば、「哲学的探求の対象は理念」であり、またこうしたモザイクとしてのトラクタートという哲学的方法によって「理念の描出」は行われるのだとする。認識は個々の現象に向かい、そうした現象は分割されて悟性の働きから生じる概念の下に置かれる。それに対して、理念は現象界のなかには与えられておらず、悟性ではなく考察にとって一切に先立つ存在として与えられている。ベンヤミンは、こうした現象と理念との関係を「星座（Konfiguration）」と「星」との関係に喩える。各現象はそれぞれの存在、共通点、差異によって、現象全体を包括する概念を規定するが、他方で理念は現象の要素間の関連性を規定する。理念が星座であるとすれば、現象はその星座のなかの要素としての星なのである。星座が個々の星とはまったく異なる意味を持つように、現象から極限まで分割され切り離された各要素間の連関によってこそ、理念は救出される。こうした極限的な弁証法的連関をべ

＊トラクタート　トラクタートという言葉は、スピノザの「神学政治論（Tractatus Theologico-Politicus）」（一六七〇）に倣ったとされるヴィトゲンシュタインの『論理哲学論考（Tractatus Logico-philosophicus）』（一九二一）の題名で有名だが、クルツィウスによれば、もともとは中世神学の術語で「哲学的に論じること（tractare）」に由来し、『神学大全』や神学的教訓詩など、そうした営みの完結した所産としての文学的な「論述」の形式を意味するとされる。

ンヤミンは「現象の救出」とも呼んでいる。「モナド」といった表現にも見出されるとおり、哲学や思想の歴史を遡り、一見相容れない悲劇の星座全体のうちで弁証法的にドイツ・バロックの悲劇の形式を浮かび上がらせること、それが『ドイツ悲劇の根源』のアレゴリー的思考の目論みなのである。

アレゴリーとシンボル

それではベンヤミンにとってアレゴリーとは何を意味するのか。第一部にあたる「悲劇と古代悲劇」での歴史的分析を受け、第二部にあたる「アレゴリーと悲劇」ではもっぱら芸術哲学的分析によりシンボルとの相違を明確化することによって、アレゴリーの独自性が際立たせられている。そこでここでは、第二部でのアレゴリーの議論を中心に見てゆくことにしよう。

ベンヤミンによれば、古代ギリシア・ローマに範をとる古典主義、ならびにロマン主義ではシンボルの概念が通俗化され幅を利かせたため、その対立物として成立したアレゴリーの概念は空疎化したとされる。もともとシンボルの概念は神学の領域に権限を有し、感性的対象と超感覚的対象とを一体化する役割を果たしてきたが、それが現象と本質の関係へと歪曲を被りつつ美学の領域へと導入された挙句、シンボルの「明るい」世界に対してアレゴリーはその「漆黒の」背景へ追いやられたのである。こうした偏見のもと、ゲーテ（Johann Wolfgang von Goethe, 一七四九～一八三二）やショーペンハウアー（Arthur Schopenhauer, 一七八八～一八六〇）、イエィツ（William Butler Yeats, 一八六五～一九三九）らはアレゴリーを低く評価してきた。しかしベンヤミンによれば、アレゴリーは「遊び半分の技術」などではなく、「言語」や「文字」と同じく「表現」として独自の意義を有しているという。

ベンヤミンが考察の対象とするのはバロックの時代におけるアレゴリーであるが、この時代は「対立のない内面性」しか持たない「古典主義」やその影響下にある「ロマン主義」とは異なり、「極限的なものの逆転」という「弁証法的」な「アポテオーズ」[*1]を備えているとされる。ベンヤミンの挙げる例によれば、もちろん古典主義も「アポテオーズ」を備えているが、それが「倫理的な面だけに限らず、完成された個人」へと向けられているのに対して、バロックの場合は「個人や個人の倫理とはまったく無関係」に「個人が属する教会の共同体」に関わっているとされる。先の「モザイク」や「星座」ないし「モナド」といった表現からも窺えるとおり、バロックの時代において、個々の人間やその倫理とも完全に切り離された「全体」を映し出す特異な弁証法的「表現」が「アレゴリー」なのである。

ベンヤミンが「アレゴリー」で具体的に念頭に置いているのは、ルネサンスの時代に成立した「ヒエログリフィカ」[*2]、「イコノロギア」[*3]、「紋章学」[*4]、またバロックの時代にも流行した「エンブレム」[*5]の形式である。古代エジプト文字のヒエログリフィカに関する知識は長らく忘れ去られたままになっていたが、一四一九年、様々なヒエログリフ的形象とその意味との対応を説いた成立年不明のいわゆる「ホラポロン手稿」が発見され、これにフィチーノ（Marsilio Ficino, 一四三三〜九九）やピコ・デラ・ミランドラ（Giovanni Pico della Mirandola, 一四六三〜九四）らが高い関心を寄せ、またデューラー（Albrecht Dürer, 一四七一〜一五二八）を先鞭としてその視覚化の試みも盛んに行われるようになった。とはいうものの、この手稿自体は実のところヘルメス・トリスメギストスによる神聖文書であるという誤解を孕んだものであり、一九世紀にシャンポリオン（Jean-François Champollion, 一七九〇〜一八三二）によって正確な解読が行われるまで、その誤った寓意解釈は甚大な影響力を及ぼした。ベンヤミンが考察の対象としているピエリオ・ヴァレリアーノ（Pierio Valeriano, 一四七七〜一五五八）の『ヒエログリフィカ』（一五五六・図7-1）、

＊1アポテオーズ　ギリシア語の「離れた（ἀπο）」と「神（θεός）」の合成語で、礼賛・崇拝・神格化、転じて演劇の最後を飾る「大詰め」や「大団円」の意味を持つ。

＊2ヒエログリフィカ　ギリシア語の「聖なる（ἱερός）」と「彫る（γλύφω）」の合成語で、一般には古代エジプトの聖刻文字を指す。

＊3イコノロギア　後註の「エンブレム」とほぼ同義であるが、内容的には「エンブレム」を読み解くための参照本を指す。

＊4紋章学　中世ヨーロッパ以来貴族社会において用いられた氏族・団体・地方の紋章を整理・分類し、その意義や由来を体系的に研究する学問を指す。

＊5エンブレム　いわゆる「紋章」のことではなく、「図像入りの説明文集」を意味する。エンブレムは、表題（モットー）、図像（挿絵）、説明文（詩文）で構成されている。

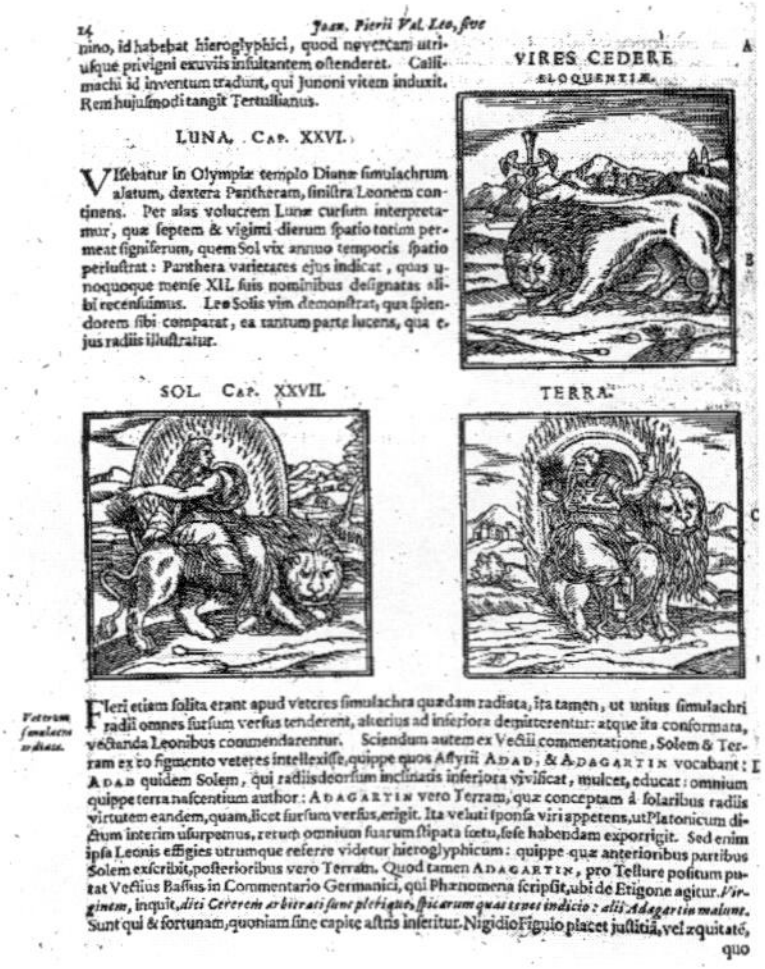

図7-1　『ヒエログリフィカ』

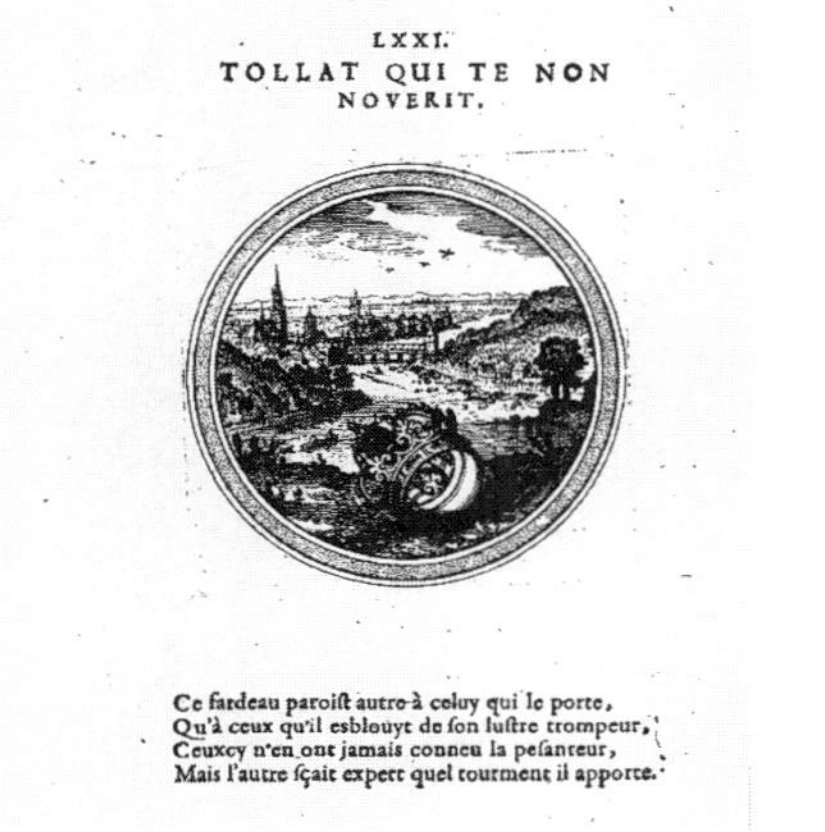

図7-2　『倫理政治エンブレム集百選』

チェーザレ・リーパ（Cesare Ripa, 一五六〇頃～一六二二頃）の『イコノロギア』（一五九三）、ゲオルク・ベックラー（Georg Andreas Böckler, 一六一七～八七）の『紋章学』（一六八八）などはいずれも、そうした時代の産物である。

かたやエンブレムは、イタリアの法学者アルチャート（Andrea Alciato, 一四九二～一五五〇）が集成した『エンブレマタ』（一五三一）に端を発し、フランスをはじめとしてヨーロッパで流行し、バロック時代のドイツで盛んにもてはやされた。ベンヤミンも言及しているドイツの詩人ツィンクグレーフの『倫理政治エンブレム集百選』（一六一九）に典型的に見られるとおり、その形式は、表題（「汝を知らぬ者のみ汝を戴く」）、その下に図像（「風景の前景に巨大な王冠」）、そしてその下にアレゴリー解釈を施した説明文（「君主は殉教者である」の意）が置かれる（図7-2）。

ベンヤミンの功績は、とりわけこの近代のエンブレムを、ヒエログリフィカ等々とならぶ中世以降のアレゴリーの変数の典型として見出した点にあると言ってよい。

ベンヤミンによれば、シンボルとアレゴリーを分かつ第一の違いは、記号をめぐる時間的契機にある。「シンボルの経験の時間尺度は神秘的瞬間であり、そこでシンボルは意味をみずからの隠れた内部に、こう言ってよければ森深き内部に受け入れる」。シンボルでは、充実した本質としての人間のうちに一瞬、自然の理念の全体が具体化する。「他方アレゴリーもこれに対応する弁証法に付き纏われており、観想的な落ち着きをもって具体像の存在とそれによる意味の指示とのあいだの深淵へと沈潜するが、この観想的な落ち着きは一見類縁的に思える記号の志向にみられるような無関心な尊大さとは無縁である」。アレゴリーにあっては、図像とその意味の連関が静態的に考察されるが、それは記号との距離を置いた観察的態度ではなく、その背後の「自然史」や「意味の指示や志向の根源史」といった「世俗的で歴史的な広がり」を弁証法的に横断してゆくことである。「シンボルにおいては没落が美化されることで、自然の変容した顔貌が救済の光のなかで束の間現れてくるが、他方アレゴリーにおいては、歴史の死相が硬直した原風景として観察者のまえに広がる」。アレゴリーは、古典的な意味での人間らしさではなく、人間存在やその自然本性、歴史、さらには自然そのものにすら初めから否応なくつきまとっている死の影を表現する。こうした意味で、バロック的アレゴリーにとって「歴史」は「世界の受苦の歴史」となる。言い換えれば、「歴史」は「永遠の生命の過程」ではなく「とどまらざる崩壊の過程」たる「廃墟」と見なされることになるのである。

アレゴリーにおける二律背反、細断化、そして救済

こうしてアレゴリーは、二律背反を孕むことになる。というのもアレゴリーでは、どのような人物でも事物でも関係でも任意の別なものを、しかもまったく相反する別なものを指し示すことができるからである。たとえば、世俗的世界はその細部などとるに足らない世界であるが、アレゴリー的解釈の立場からすれば、様々な細部が世俗とは比較を絶する力を備えたものとして神聖化されうる。「したがって世俗の世界はアレゴリー的考察においては、位階が高められるとともに引き下げられる」。このアレゴリー的二律背反は言語においても見られる。アレゴリーは即座に意味を理解させるための慣習的技法であるが、他方では聖典同様、神によって書かれたものと見なされる以上は権威の表現でもある。そのためアレゴリー的言語は、世俗的かつ聖なる書物という複合体となる。大胆に活字を組み、過剰なまでの形象的隠喩を施した不定形断片の集合体である「ヒエログリフィカ」などはその好例である。

とはいうものの、ベンヤミンによればこうした二律背反は、コーヘン（Hermann Cohen, 一八四二～一九一八）の

ような新カント派の美学が「両義性」と表現したものとは異なるとされる。古典主義は有機的な総体性を持った「芸術的シンボル」を目指しているが、それに対してロマン主義やアレゴリーはそもそも「芸術」それ自体の修正を目指しており、しかもアレゴリーの方がはるかにその具体性において優れているという点で、古典主義とアレゴリーは絶対的に対立する。ところがコーヘンはこの対立を先鋭的な弁証法的関係において捉えることなく、「意義の純粋さや統一」の前段階たる「両義性」や「矛盾」と見なしてしまう。「アレゴリーの書きものにおいては、矛盾しあう見解のあいだで結ばれる講和、というよりむしろ神の休戦という意味で、神学的志向と芸術的志向の戦いから総合が生じるが、新カント派の非弁証法的な思考法ではこの総合を捉えることができない」。アレゴリーにおいて重要なのは、世俗はもとより、古典主義的な芸術やシンボルとも絶対的に対立する二律背反をその神学的神聖さのうちで捉えることなのである。

アレゴリーのこうした二律背反が目指すものは、統一性に対して細断化、一義性に対して多義性である。たとえばアレゴリーは、「アナグラムや擬音的用法*」などの表現技法を用いて、言語における意義の統一を徹底的に破砕し、断片化してしまう。「バロックの言語はつねに、その諸要素の反乱によって揺さぶられる」。とはいえそこでは、たんなる断片化ではなく、予想だにしない新たなアレゴリー的連関の再編が促される。「このように言語が破壊されるのは、断片となることで表現を変化させ、高めるよう力を貸すためなのである」。ただし、そこで再編されたアレゴリー的連関は決して一義性へと収束することなく、さらなる多義性へと拡散してゆく。こうしたアレゴリーにおける細断化と多義化の拡散は、当然ながら人間への眼差しをも変容させずにはおかない。「アレゴリーは、人間的なものというより事物的なものが、総体的なものより断片が優位にあるという点でシンボルの対極をなしている」。アレゴリーにおいて人間に対置される物質は、最も人間的ではない物質、つまり死体である。悲劇における登場人物に死が求められるのも、そのためである。アレゴリーの眼差しに映るのは、もはやまとまったひとつの意味を発することなく、ただそこに横たわる死せる物である。「精神が死によって霊というあり方で自由になるのだとすれば、身体もそのときはじめて最高の権利を手にすることになる」。アレゴリーの転落を追いかけた果てに目の前に広がるのは、夥しい死体で埋め尽くされ、一切の希望が完全に打ち砕かれた世界、絶望の世界でしかないのである。

しかしこの絶望の極致で、急転が起こる。神の世界の到来による救済である。それは「細断しつくされたもの、死滅し果てたもの、散り散りになったものの暗号が解ける。もちろんそれによって、アレゴリカーにとって、アレゴリーに最も固有なものとして備わっていた一切が消失する。すなわち、秘密の特権化された知、死せる事物の領域の専断支配、無限と思われた希望なき状態が、消え去るのである。これらのすべては、あの一度の急転とともに雲散霧消し、そこでアレゴリー的沈思は客観的なものという最後の幻像を片づけざるをえなくなり、完全に自立して、もはや大地の事物界で戯れることなく、真剣に天のもとで自分を再び見出すのである」。このように見てくるなら、ベンヤミンがバロック的アレゴリカーの手法に範をとった哲学的思考の内実が明らかとなる。化石の断片から太古の生物を甦らせる考古学者と同じく、悪の形象に満ちたアレゴリーを操る悲劇作家も、怪しげながらくたを蒐集する錬金術師も、それらの形象やがらくたが織りなす星座のなかに、喪われた生の本来の姿を回復させようと試みているのである。こうした意味でベンヤミンのアレゴリーとは、この世界の生の一切が次々と分散し喪われてゆく歴史の過程を際立たせるものであると同時に、そうした生の分散的喪失と破壊を徹底化することにより、歴史の始まり以前の本来の生の世界へと立ち戻ろうとする、優れて歴史批判的な哲学的思考と言えよう。

＊アナグラムと擬音的用法　「アナグラム」は、単語または文の中の文字をいくつか入れ替えて別の意味を作り出す言葉遊びのこと。「擬音的用法」は、「オノマトペ」と同義で、犬なら「ワンワン」、雨なら「ザーザー」など、物が発する音を字句で模倣して用いること。

5　ブルーメンベルクのメタファー的思考

メタファー学

第三節ですでに見たように、ブルーメンベルクのメタファー学は「メタファー学のパラダイム」によって開始された。このメタファー学の構想は、もともとは二〇世紀初頭にマックス・シェーラー（Max Scheler, 一八七四〜一九二八）によって開始された「哲学的人間学」の流れに属する。シェーラーは一九二八年に行った講演「宇宙における人間の位置」のなかで、現代において人間が自己自身に抱く自意識の増大を考察することを「哲学的人間学」の課題として掲げた。大きな反響を呼んだこの講演を嚆矢として、ヘルムート・プレスナー（Helmuth Plessner, 一八九二〜一九八五）、アーノルド・ゲーレン（Arnold Gehlen, 一九〇四〜七六）らがいち早く「哲学的人間学」の考察の必要性を主張し、カッシーラーやアレントもその影響を受けた。この思潮はミヒャエル・ラントマン（Michael Landmann, 一九一三〜八四）、ロータッカー、ヴァルター・シュルツ（Walter Schulz, 一九一二〜二〇〇〇）らによって引き継がれたが、わけても概念史研究に精通し、文化科学の百科全書を構想していたロータッカーからブルーメンベルクは影響を受けている。そうしたブルーメンベルクのメタファー学の骨格は、「メタファー学のパラダイム」に先立つ小論「真理のメタファーとしての光」（一九五七）で簡潔に示されている。そこでここでは、この小論に沿って彼のメタファー学の概略を見ていこう。

その副題「概念形成の前域」に示されている通り、ブルーメンベルクにとってメタファーは、哲学の概念史研究を補完しつつ、様々な哲学的概念を吟味・再検討するための重要な領域と見なされている。哲学の「術語」は他の諸学科に比べ「包括的な意味」を備えているが、他方で未知の「非概念的・前概念的なもの」の解明にも取り組む以上、それらの「把握の分節化」をも担わねばならない。哲学にとって、定義と直観によって保障された「厳密な意味での概念」以外にも「神話的変容の広範な領域や多種多様な比喩のうちに堆積している形而上学的憶測の領域」が存在しており、この「前域」の「凝集状態」は、硬直化した伝統的な体系的様式には支配されない「柔軟さ」をも備えている。そこでこの「前域」を探求することで、従来の哲学の概念史や哲学的概念を新たな角度から再編する「哲学的メタファー学」の内容と方法に豊かな成果を挙げられるというわけである。

そこでブルーメンベルクは「光のメタファー」を取り上げるのだが、その狙いは、このメタファーそのものを詳細にわたって記述することではない。ブルーメンベルクが意図しているのは、「形而上学の歴史」における光のメタファーの変容のうちに、いかなる「世界理解および自己理解の変化」が反映されているのかを示すことにある。光のメタファーは、古代以来その使い勝手の良さから、把握困難な対象を記述するために様々なかたちで用いられてきたのだが、問題はその歴史的変化の位相である。というのも、ブルーメンベルクによれば、「歴史」は「現実把握の根底的な変化」が現れる場である一方、「その変化が自己自身にとって分節化されうるような証明方法の基本的な惰性といつも衝突している」からである。ある時代の内部に存在する者にとって、歴史は現実把握のあり方を全面的に支えてはいるが、まさしくそれゆえにそのあり方はそれ自体としては自覚されえない。現実把握の変化とその把握に備わる自明化、この両者の偏差を示すのが、まさしくメタファーの役割であり、「光」はその格好の題材なのである。

こうした見通しのもと、「真理のメタファーとしての光」では、現代の科学技術をも見据えながら、古代から近世までの形而上学の歴史のなかで、このメタファーの辿った変遷が明らかにされてゆく。ピュタゴラス（Pythagoras, 紀元前五七〇頃〜四九五頃）やパルメニデス（Parmenidēs, 紀元前五一五頃〜四五〇頃）といったソクラテス以前の哲学者たちにおける「真理」としての「光」というメタファーは、プラトンにおいて「光」と「闇」の二元性として明確化されたが、そこには「存在における存在者の自己呈示」、「人間の自己露呈」としての「教育」、世界と自然を包括する「超越」、「懐疑」、「救い」と「不死性」といった一連の豊かな形而上学的内容が含み込まれていた。しかし流出論にみられるように、次代のグノーシス主義[*1]において光が世界に対する超越と人間の内面へと二つの方向へ分岐して以来、「世界」と「歴史」にも次第に両義性が生じ始めることになる。「神的な光の降下」によって事物的「世界」と「宇宙」は可視的なものとして存在することになる一方、この世界の創造は「純粋な光の形

図7-3　『マタイの召命』

而上学的不幸」、「絶対者の不純化、歪曲化」でもある。それはまた、闇から光へといたる「人間の教育の歴史」と、闇に消え自己へと立ち戻る「光の歴史」との表裏一体を示すものでもある。

　中世神学においてこれら光のメタファーはそれぞれに浮沈を繰り返し、プラトンにおいて獲得された形而上学的内容を徐々に喪失してゆく。デカルト（René Descartes, 一五九六～一六五〇）やベーコン（Francis Bacon, 一五六一～一六二六）、そして啓蒙主義といった近世思想においては、光は完全に人間のうちへ内面化され、最終的に現代の光学にも通じるような、局部へと調整可能な「技術化」を被ることになる。バロック絵画の端緒とされるカラヴァッジョ（Michelangelo Merisi da Caravaggio, 一五七一～一六一〇）の『マタイの召命』（一五九九～一六〇〇年・図7-3）は、まさしくその変貌を雄弁に物語る作品と言えるだろう。

世俗化の修辞学

　このようにブルーメンベルクのメタファー学は、メタファーの変遷のなかに、世界と歴史の把握の変化と、その把握に必然的に備わる自明化への傾向との緊張関係を読み解こうとするものであるが、とくに後者の問題を掘り下げる試みが『近代の正統性Ｉ』である。「世俗化と自己主張」と題されたこの書物のなかでもとくに第一部「世俗化――歴史的不正のカテゴリーに対する批判」では、文字通り、近代独自の理性主義的な「自己主張」という時代的性格が、「世俗化」[*2]という伝統的概念によって平板化されているという事態が批判されている。神話や宗教から自立した理性の自己主張は、神的権威を人間へと内面化させることによって理性の純粋性を確保しようとしたわけだが、他方でその神的権威に基づく多種多様な世界理解が、理性のなかに組み込まれているにもかかわらず、「世俗化」という単純なカテゴリーのもとで覆い隠されてしまう。歴史の転換期を挟んだ知の継承関係は、決して一枚岩のものではなく、歪曲や隠蔽など、多様な偏差を含み込んだものなのである。

そこでブルーメンベルクは、このように前時代において働いていた世界理解のための知的枠組みの機能が、次の時代への歴史的な転換における承認と否認を通して連続的に継承され、当の時代の知の枠組みを暗黙のうちに変容させる機能として再び導入されてゆくありさまを「世俗化」の概念のうちで批判的に検討する。「世俗化の概念は、従属関係ばかりでなく、同一性を同時に保持しながらの世界の交代や帰属の根本的な非連続性を含意することによって、歴史的な過程や構造の理解においてこれまで果たされたことを超えているのではないか。この概念によって、「世俗化」の近代的な根本性格を、まさにこの特質のために接近することが必然的に不可能である条件のもとでしか把握しえないというパラドクスをわれわれの歴史理解に持ち込んでいないか」。このパラドクスの批判的検討にあたって、ブルーメンベルクはメタファー学の着想を新たな形で導入する。「世俗化のカテゴリーは、それゆえ隠喩から生成したものではなく、まさに概念的な厳密化をめざして隠喩的な定位を選択したという可能性がある」。この点で本書は、メタファー学を踏まえた新たな拡張的考察であると言えよう。

その際ブルーメンベルクが問題視するのは、「世俗化」の概念の「立証責任」を行うにあたって、従来の論者が最終的に「実体主義的な歴史」を前提としてきたという点である。その一例として挙げられているのが、ハイデガー（Martin Heidegger, 一八八九～一九七六）からレーヴィット、そしてガーダマーへと受け継がれ、現代哲学の主潮

＊1グノーシス主義　グノーシス（gnosis）はギリシア語で知識を意味し、一世紀に誕生し、三世紀から四世紀にかけて地中海周辺やヘレニズム地方で興隆した古代の思想的・宗教的立場を指す。様々な立場があるが、主として物質と霊、偽の神と真の神、悪と善といった二元論、ならびに自己解放をとおしてその二元論を統一するという点に特徴を持つ。

＊2世俗化　神話や宗教的世界観が共有された社会において、神聖な権威のもとに統括されていた法や政治や学問や芸術などの領域が、次第にその拘束を脱することを意味する。なかでも中世神学の影響下を脱し、理性の名のもとに人間の解放を進めた近代は、「世俗化」が飛躍的に拡大した時代と言える。万人に備わる人間理性の行使を唱える啓蒙主義にもその特徴は明瞭に見てとれるが、絶対精神を頂点に置くヘーゲルの国家哲学はまさしく「世俗化」の典型と言えるものであり、そのため一九世紀は「世俗化の世紀」とも呼ばれる。

流の一角をなすいわゆる「哲学的解釈学」における歴史観である。ハイデガーの解釈学では、世間の常識に依拠する人間のありさまが「世人」の「頽落」として批判されるが、ブルーメンベルクによればそこでは「世俗化されたものの純粋な存立状態は、世俗化によって世俗的になったものの含意である」というパラドクスが背後に控えている。またレーヴィットも「近代の歴史意識」がキリスト教的「終末論」から生まれたと主張しているが、そこでは「宇宙からの歴史の離反」という「非正統的」な「世俗化」をすでに「世俗化」したものと見なすという矛盾が生じている。さらにガーダマーも「自己理解に隠された意味の次元」を備えた「世俗化」の概念は解釈学によって明らかされうると主張しているが、しかしそうすると解釈学を遂行するはずのそもそもの「自己理解」が皮相な「世俗化」であるという齟齬を抱え込んでしまうことになる。

こうしてブルーメンベルクは、これらの見解のパラドクスのうちに潜む、一本調子の実体的な「世俗化」の歴史という前提を批判することで、神学の「世俗化」による理性の成立という物語を解体しつつ、決してそこに収まり切らないわれわれ人間の日常的生の可能性へと目を向けさせるのである。その意味でこのブルーメンベルクの世俗化の修辞学は、いわば生のメタファー学と表裏一体をなしていると言えよう。

神話のメタファー学

そうしたブルーメンベルクの生のメタファー学が全面的に展開された圧巻の一冊が、『神話の変奏』である。というのも、ここでブルーメンベルクは「神話」の機能を「人間」と「現実」の間に開く「隔たり」として捉え、この「隔たり」を通してこそ「人間」という「生」が成立するものと見なしているからである。現実世界においては、人間は常に生存を脅かされる過酷な状況に置かれている。自然の猛威の前に、人間は為すすべなく命を奪われる。神なき世界にあっては、そうした現実世界の出来事はいかに理不尽なものであれ、責任はどこまでも「個人」に帰される。いつか到来する「死」は、ほかの誰でもないこの「私」にしか担えないからである。しかし、こうしたきわめて過酷な世界の「現実」が与える「恐怖」に対して、その「終焉」と「克服」、さらには「離脱」をも可能とするのが、「神話」なのである。

とはいうものの、ブルーメンベルクの神話論はたんなる《恐怖の克服》として「神話」を位置づけるにとどまるわけではない。重要なのは、かつて太古の昔に成立したこの「神話」が、それが成立した時代のみならず、以後様々な人間の営みのなかで形を変え、「人間」の「生」を成り立たせてきたという点にある。「〈神話の変奏〉が、〈現実による絶対支配〉という恐怖を乗り越えた後に可能になるあらゆる事柄の前提なのである」。この鋭い指摘は、我々のなかで原始状態に対する欲望と忘却の二重化を思い起こすことで判然となる。というのも、我々は時に過酷な「原始状態」へ回帰しようとする強い願望を抱くが、それはすでに「神話の変奏」によって「忘却」という「隔たり」が生じていることを示しているからである。生存を脅かす過酷な「現実」とそれに向かい合う「生」は、様々な欲望と忘却の間を揺れ動きながら、「隔たり」のうちに存在しているのである。ブルーメンベルクは、この「隔たり」に流れる「神話の変奏」を、宗教、神学、形而上学、芸術、さらには科学といった諸分野を横断しながら明らかにしてゆく。古代から啓蒙思想までの形而上学、ゲーテ、ロマン主義から現代に至る間のプロメテウス神話*の崩壊といった様々なテーマに即しながら、太古の「神話」の威力とその「変奏」を一大パノラマの如く描いてゆくその筆致は、近代的な「理性主義」を主軸に据える哲学的思考がいかに狭窄的な視野しか持たないかを痛感させてくれる。そこに垣間見えるのは、おそらく新たな「神の思考」であると同時に、「あまりに人間的な思考」でもあると言えるだろう。

6　《修辞の思考》の目指すもの

このように見てくるなら、ベンヤミンのアレゴリー的思考も、ブルーメンベルクのメタファー的思考も、優れて

***プロメテウス神話**　ギリシア神話に登場するプロメテウスのエピソード。プロメテウスは「先に（*προ-*）」「考える者（*μηθεύς*）」というその名の通り、ゼウスの命令に反して人間が幸福になると信じ火を与えた。神々の火は天地創造の力を備えているため、未熟な人間に渡すことが禁じられていたのだが、プロメテウスのおかげで人間は火に基づいて文明や技術などを発達させた。しかしゼウスの予言のとおり、人間は火を使って武器を作り戦いを始めてしまうことにもなった。

歴史批判的であることが分かる。両者はともに、現実を直線的に思考するのではなく、現実に向かい合うなかで、多様に拡散する事象へと目を向け、その事象の周囲を迂回する楕円軌道を描きながら、新たな現実の諸相を我々の目の前に提示しようと試みたのである。

ベンヤミンにとって、「トラクタート」や「モザイク」、あるいは「ヒエログリフィカ」や「エンブレム」といったバロック的悲劇を構成するアレゴリー的諸要素が、そのためのプリズムであった。他方、ブルーメンベルクにとっては、メタファーはもとより、哲学的概念やカテゴリー、さらには宗教、神学、形而上学、芸術、科学の概念やそれらの思考そのものが、考察のプリズムの役割を果たしていた。その際両者が分けても「世俗」に着目し、そこに潜む神聖性の次元を照らし出そうとしたことは興味深い。とはいえ「歴史の死相」を徹底的に見つめようとするベンヤミンなら、あまりに巨視的に歴史の転換を捉えるブルーメンベルクの思考にはなお不徹底さを感じるかもしれない。他方またベンヤミンがアレゴリーの極致で見た神の救済に、ブルーメンベルクは必ずしも全面的に賛同しないだろう。というのも、その救済のうちにも、おそらくは「神話の変奏」が挟み込まれているだろうからである。

とはいえそうした相違にもかかわらず、ベンヤミンとブルーメンベルクは共に、それぞれの《修辞の思考》をとおして「神」の姿を見つめようと試みている。現代という「神なき時代」にあって、両者のこのような思考は一見アナクロニズムに思えるかもしれない。だが、そうした判断は早計である。なぜなら両者がそうした「神」の姿のうちに見ていたのは、実のところ、他ならぬわれわれ自身の「生」だったからである。ベンヤミンはアレゴリーをプリズムとして、歴史を生の破壊の過程として際立たせると同時に、「神」の救済を通して歴史の始まり以前の本来の「生」へと立ち戻ろうとした。ブルーメンベルクもまたメタファーをプリズムとして、現実の死の恐怖を乗り越える役割を「神話」に見出すとともに、その変奏を文化の歴史のなかに描き出した。そうした歴史批判という迂回路の楕円的思考を通して両者が見出した新たな現実とは、われわれがいまだ知らぬ、しかしだからこそ途方もない可能性に満ちた、未聞の「生」の姿のことだったのである。

著作と翻訳

ベンヤミン

1 『暴力批判論』(Zur Kritik der Gewalt (1921), in: *Walter Benjamin Gesammelte Schriften II-1*, Suhrkamp, 1991. 野村修編訳『暴力批判論 他十篇　ベンヤミンの仕事1』岩波文庫、一九九四年)

＊ジョルジュ・ソレルの『暴力論』(一九〇八)を踏まえ、法と暴力の関係を考察した名著。アドルノ、アレント、デリダ、アガンベンらにも大きな影響を与えた。「神的暴力」と「神話的暴力」の区別と前者の後者に対する優位についての議論は有名。

2 『複製技術時代の芸術作品』(Das Kunstwerk im Zeitalter seiner technischen Reproduzierbarkeit (1936), in: *Walter Benjamin Gesammelte Schriften I-2*, Suhrkamp, 1991. 浅井健二郎編訳・久保哲司訳『ベンヤミン・コレクションI』筑摩書房、一九九五年)

＊写真や映画などの複製技術によって、伝統的な芸術作品から損なわれるオリジナリティを「アウラ」という概念によって定式化。工業化社会のあり方を芸術の発展のうちに読み解くその独自の手法は、メディア論をはじめ多方面に影響を及ぼしている。

3 『歴史の概念について』(Über den Begriff der Geschichte, in: *Walter Benjamin Gesammelte Schriften, I-2*, Suhrkamp, 1991. 浅井健二郎編訳・久保哲司訳『ベンヤミン・コレクションI』筑摩書房、一九九五年)

＊一八のテーゼおよび二つの補遺からなるベンヤミンの遺作となった未完断片。歴史的時間と救済、史的唯物論やマルクス主義の復興のための構想など、最終段階からベンヤミンの思想の全体像を見通すことのできる重要文献。

ブルーメンベルク

1 『難破船』(*Schiffbruch mit Zuschauer. Paradigma einer Daseinsmetapher*, Suhrkamp, 1979. 池田信夫・岡部仁・土合文夫訳、哲学書房、一九八九年)

＊ヘシオドスの叙事詩からノイラートまで、様々な哲学的著作や書簡、文学作品を横断しながら、航海と難破のメタファーによって西洋思想史の変遷を辿る小著ながらきわめて刺激に満ちた一冊。

2 『世界の読解可能性』(*Die Lesbarkeit der Welt*, Suhrkamp, 1979. 山本尤・伊藤秀一訳、法政大学出版局、二〇〇五年)

＊世界を書物に喩えて、古代から現代のＤＮＡ技術に至るまで、その読解可能性の歴史をメタファー学によって考察する一

冊。本書でメタファー学の基本に触れることもできる。

3　『われわれが生きている現実』（*Wirklichkeiten in denen Wir leben*, 1981. 村井則夫訳、法政大学出版局、二〇一四年）

＊現象学、芸術論、修辞学、言語論、パラダイム論に関する小論を収めた一冊。異なる時期に発表された論文を集めているが、それだけにブルーメンベルクの思想の発展をも辿れることができる構成になっている。入門書としては最適。

読書案内

1　三島憲一『ベンヤミン　破壊・収集・記憶』（講談社学術文庫、二〇一〇年）

＊コンパクトながら、ベンヤミンの生涯とその思想全体を当時の思想史的状況のもとで見わたすことのできるきわめて有用な一冊。

2　ヴィンフリート・メニングハウス『敷居学――ベンヤミンの神話のパサージュ』（伊藤秀一訳、現代思潮新社、二〇〇〇年）

＊時間と空間の連続体に中間休止を入れるベンヤミンの「敷居」という着想に着目し、その思想と思想史的影響関係を明らかにする一冊。

3　Angus Nicholls, *Myth and the Human Sciences: Hans Blumenberg's Theory of Myth*, Routledge, 2015.

＊ブルーメンベルクの生涯についての簡潔な記述に加えて、彼の神話をめぐる思想を一九世紀から二〇世紀にわたる人文科学の潮流のうちに位置づけ、さらに『神話の変奏』初稿をも参照しつつ、その政治的含意に踏み込んで考察した注目の一冊。

第8章　批判理論

——アドルノ、ホネット、そしてフランクフルト学派の新世代たち——

入谷秀一

二〇世紀初頭から今に至るまでのフランクフルト学派の活動を網羅的に紹介することは、難しい。伝統的な講壇哲学に収まらない学際性こそが彼らの特徴なだけに、それは当然のことであろう。そこで本章では、「苦悩（Leiden）」というタームを基軸として、この学派の代表者たちが世代を超えて受け継いできた問題意識を辿っていきたい。彼らは常に、その時々の文化や社会の危機にいち早く反応し、人間の生存を脅かす諸問題を記録する、いわば地震計的な役割を担ってきたといってよい。前半は主にテオドール・アドルノ（Theodor W. Adorno, 一九〇三〜六九）、後半はアクセル・ホネット（Axel Honneth, 一九四九〜）に焦点を当てながら話を進める。アドルノはフランクフルトで生まれ、同時代の芸術運動に多大な影響を受けながら成長した。哲学者にして文学者、音楽批評家であり、戦後はドイツにおける社会学の発展に貢献した。ホネットはエッセン出身の社会哲学者。一九九六年にフランクフルト大学社会哲学講座の教授に就任し、二〇〇一年からは社会研究所の所長も兼務している。これまで一貫して「承認」をキー・ワードに、哲学的人間学の理論構築に従事している。

1　理性の苦悩——フランクフルト学派第一世代の主要テーマ

『啓蒙の弁証法』

一九二四年にフランクフルト大学の併設機関として社会研究所が設立され、その二代目の所長に、当時三十代半ばの少壮教授だったマックス・ホルクハイマー（Max Horkheimer, 一八九五〜一九七三）が就任したのが、フランクフルト学派の事実上の始まりといえるだろう。この最初の世代に属するのは、テオドール・アドルノ、ヘルベルト・マルクーゼ、エーリッヒ・フロム、レオ・レーヴェンタール、フランツ・ノイマン、ヴァルター・ベンヤミンなどで、その多くがユダヤ系知識人であり、また彼らは皆、程度の差こそあれ、同時代に出現した革新的な思想であるマルクス主義と精神分析の影響を受けていた（当時、広く認められていたとは言い難いフロイトの偉業を高く評価し、彼がフランクフルト市のゲーテ賞を受賞できるよう尽力した一人はホルクハイマーである）。そもそも市民階級の資本家たちの資金援助を背景に一九一四年に設立されたフランクフルト大学自体、ユダヤ系の教官が多数教壇に立つなど、それまでのドイツの伝統にない、リベラルな雰囲気を持つ大学だった。だがこうした出自がゆえに、一九三〇年代のナチズムの時代、第一世代の多くは活動の拠点を海外に移さざるをえなくなった。

一九四〇年代の初め、アメリカに亡命していたホルクハイマーらのもとに、ホロコーストの衝撃的な知らせがもたらされた。一つの民族の徹底した殲滅という蛮行が国家によって、しかも緻密な計画のもとに展開されるという事実を前に、彼らは、近代ヨーロッパが獲得してきたはずの知的遺産について深く反省する必要に迫られることとなった。理性は暴力と対立するのではなく、理性のうちに当の暴力の萌芽があるのではないか――これが彼らの危機意識だった。ホルクハイマーとアドルノがこの時期執筆した『啓蒙の弁証法』は、人間の自然性を抑圧し、他者だけでなく自己自身さえも道具として扱うような野蛮さを理性が内包していると捉え、この抑圧の起源を、古代ギリシアのオデュッセウスの神話にまで遡って論じている。

ホメロスの叙事詩『オデュッセイア』では、トロイア戦争に参加したオデュッセウスが長い漂泊生活を経て故郷イタケに帰る行程が記されている。その道中、一行は、その歌を聴く者を皆狂わせてしまうという女神セイレーンの住む島を通過する。セイレーンの歌はオデュッセウスにとっては、自然の神々しい魅惑の極致であり、同時に、自己の生存を脅かす脅威そのものであった。そこで彼は一計を案じ、船の漕ぎ手たちの耳を蝋でふさぎ、自らをマストに縛り付け、一人セイレーンの歌声を聴く。この行動こそ、アドルノ・ホルクハイマーにとっては、神話世界の克服という近代化のプロセスを象徴的に物語るものであった。

二人が解釈するところでは，歌声を聴くことができず，ひたすら船を漕ぐことに奉仕させられる漕ぎ手たちは，人間の活動が労働力としてのみ評価されるという近代の運命を先取りしている。オデュッセウスでさえ，セイレーンの歌を聴いている最中は身動きひとつとれない。彼がセイレーンに差し出した犠牲とは，心おきなく歌に身を委ねるという幸福の断念だったのである。かくして，様々な外的自然の誘惑を根気よく退ける一行の努力は，抑圧と自己管理によって自己の欲求（＝内的自然）をコントロールし，それにより個人としての自律性を獲得するという，ヨーロッパ的な啓蒙プロセスの原型のように思われた。

神話世界に対するオデュッセウスの従順と裏切り，それは，自然的存在としての自らに対して誠実さと不誠実さを見せる，人間の悩ましい姿そのものであった。しかしこの微妙な関係が維持できなくなる時，悲劇が起こる。故郷イタケに到着したオデュッセウスは，自らの居城で放蕩の限りを尽くしていた娼婦たちを一人残らず虐殺する。女性たちに加えられた蛮行は，様々な意味で象徴的である。アドルノ・ホルクハイマーにとってそれは，抑圧していたはずの自然の力が回帰するだけでなく，合理性によってその暴力性が洗練され，より大規模な形で展開されるという，自然の大いなるしっぺ返しと映った。そして悪夢は再び回帰することになった——血と大地という「二〇世紀の神話」を巧妙な仕方で国民の間に浸透させてみせたナチズムの蛮行によって——，というわけである。

漂泊する知性——『ミニマ・モラリア』

知は力なりという啓蒙主義は，自然支配と自己保存を旨とする道具的理性へと堕した。では，『啓蒙の弁証法』を貫くこうしたペシミズムは，いかなる希望の光も認めないのだろうか。アドルノ・ホルクハイマーがごく控えめに示唆するのは，無反省な実用主義にさらされている生の苦悩を捉える芸術の存在である。自然支配を徹底しようとする人間の根底には，自らの生存に対する不安がある。文明の所産に満足する一方で人が時折見せるこうした不安に，芸術家のまなざしは敏感に反応し，その表情をかすめ取るように記録する。「表情とは，巨大な力，つまり，歎きの声とともに増幅される暴力の，悲痛な反響である。表情はどんなに率直なものでも誇張されている。なぜならどの芸術作品においてもそうであるように，どの歎きの声のうちにも、全世界が横たわっているように見えるからである。誇張を含まないのは、ただ実践だけである」(『啓蒙の弁証法』徳永恂訳、岩波文庫、二〇〇七年、三七八頁)。

とくに新ウィーン楽派などの現代芸術に造詣の深かったアドルノがこだわり続けたのは、この誇張の美的ポテンシャルだといえる。論理的な整合性や議論のスムーズな運びを犠牲にしてでも、挑発的なテーゼや極論を矢継ぎ早に積み上げようとする『啓蒙の弁証法』の文体には、アドルノのこうした意識が反映している。予定調和を拒否するシェーンベルクの音楽のように、彼の筆致は、現代人の生活の様々な局面に不協和音を聴きつける。その最も洗練された成果こそ、アドルノの主著ともいわれるエッセイ『ミニマ・モラリア』である。

一九五一年に刊行された後、わずか半年の間に三十余りの書評がなされ、累計で一二万部以上も売れたというこの本のどこに魅力があるのだろうか。「痛々しいほどに自らを巻き込んだ知的抒情詩」とトーマス・マンが呼んだこの本の題材の一つは、まさにアドルノ自身の生活であり、そこには遠くアメリカの地で疎外と孤独、文化的な息苦しさを抱えながら奮闘した亡命知識人たちの経験が反映している。しかしそこで彼は、単に個人的な不遇を嘆くのではない。「文筆家は自分のテクストの中に世帯を構える。……家郷を失った者にとっては書くという行為までが住居の代用となる」(『ミニマ・モラリア』三光長治訳、法政大学出版局、二〇〇九年、一一九頁)と書いた後、すぐさまこのテーゼをひっくり返すように「結局文筆家は執筆に安住することすら許されていない」(同書、一二〇頁)と続けるアドルノは、むしろ根無し草のような生活を肯定し、そこに思惟の限りない自由を見出そうとする。

「精神分析においてはその誇張された面だけが真実である。」(同書、五八頁)——多くの思想家にインスピレーションと論争の種を与えたこのアフォリズムは、アドルノの姿勢を如実に物語っている。彼のまなざしは物事を誇張して捉える。それこそ、神経症を患うほど神経質に。なるほど、そっけないドアの締め方一つに現代人の文明生活の破局を見るアドルノは、古き良きヨーロッパ的ブルジョアの代弁者に過ぎないのかもしれない。しかし彼はいつまでも悲嘆に暮れてなどいない。実際『ミニマ・モラリア』の一つひとつの断片は短く、そこには独特の疾走感がある。アドルノは、まるで発言の時間を定められた回答者が、その制限を逆手にとって自分の主張を切りつめ、遠慮なく言い放つように、紋切型の警句や独断的テーゼを駆使して現代社会の行き詰まりを表現する。それはまるで、事柄の単純化・平板化という時代の趨勢に対抗するには、それ以上の単純化を演じてみせる必要がある、といった具合である。

不安の力――戦後ドイツにおけるアドルノの光と影

戦後ドイツのアカデミズムは、表面上はアドルノたち亡命知識人を温かく迎え入れた。彼は五七年にはフランクフルト大学の正教授となり、翌年には再建された社会研究所の所長、六三年にはドイツ社会学会長に選出される。こうした出世をユダヤ人に対する――アドルノ自身はハルプユーデ（二分の一ユダヤ人）に過ぎなかったが――罪悪感をバックにしたアファーマティブ・アクション（逆差別）だと揶揄する声も、ないわけではなかった。そもそもアカデミズムの世界には、世界的に有名だった哲学者マルティン・ハイデガーをはじめとして、かつてナチ党員であったにもかかわらず、戦争加担者としての反省を公的に表明することなく再び教壇に立つ者も少なからずいたのである。とくに、いわゆる復古時代と呼ばれ、急速な経済復興が進んだ五〇年代から六〇年代にかけては、連合国によるドイツ占領政策に端を発する複雑な政治状況（東西ドイツの対立）などないかのごとくに、自然に囲まれた素朴で単純な生活に立ち戻ろうとする人文学的な志向が広がっていった。そのような生活スタイルを「哲学と詩人の国」であるドイツ本来のものとして賛美する態度には、かつてナチズムがプロパガンダとして利用した、強く健康なドイツ国民という神話に通じるものがあった。この神話はたとえば、ドイツにおける肺ガン研究を進展させる――ヒトラーは有名な嫌煙家だった――という副産物を産み出す一方で、民族差別・弱者差別に繋がる優生学運動を促進させ、モダニズム芸術に「退廃的」という烙印を押す原因ともなったのであるが。

六〇年代よ、君たちはあの三〇年代、君たちにとって希望と災厄だったあの三〇年代の再現、しかも君たち自身にも責任のある災厄という事実を無視した上での、身勝手な再現ではないのか――これが一九六四年にアドルノが出版したハイデガー批判書『本来性という隠語』の根本的なテーマであろう。

そもそも隠語とは何か。それは特定の仲間うちだけで通用するよう仕立てられた言葉を指し、しかも言葉が意味する内容よりも、それによって仲間同士が合意できている、という確認のほうが重要になるような記号である。アドルノによれば、ハイデガーの用いる「本来性」「本質」「根源性」「呼びかけ」「応答」といった言葉は、何がしか権威的なものとの連帯を確認させ、現実を忘れさせるような宗教の代用品として、時代遅れの人文主義者たちに共有されることになった。戦争という現実、部外者――ユダヤ人たち――の運命に目をつぶったという現実は忘却され、犠牲者の声なき声は否認される。だからアドルノの文は、安逸と同意を切り裂くメスのような鋭さを帯びざるをえない。彼が残した最も有名なテーゼ「アウシュヴィッツのあとに詩を書くのは野蛮である。」は、その典型であろう。真の野蛮さは、野蛮さから目をそらす心の動きに存している、というわけである。

哲学者は仲間内との安易な語らいに満足してはならず、社会という公共的なまなざしに身をさらすリスクを回避してはならない、という個人主義に、アドルノはあくまで固執した。しかしこの態度自体が、社会的な変革に身を投じず、傍観者の態度を貫くインテリの典型のように映ったとすれば、それは歴史の皮肉というものであろう。学生数が急速に増加し、大学の大衆化が進んだ六〇年代末、ドイツの左翼的な若者たちは、フロイト理論を政治革命の原理へと改編し、性の解放を高らかに宣言したマルクーゼを自分たちのモーゼ（先導者）へと押し上げる。子作りなど放棄して真面目にセックスを楽しもうというマルクーゼのキャンペーンが大々的に賛同を得た背景には、様々な要因が考えられるが、一つにはユダヤ人虐殺といった事実を無視して勝手に自分たちをこしらえた親世代への間接的な復讐、という意味合いがあった。そして彼／女らは、哲学への懐疑を標榜しながらも、あくまで慎重に理性の限界を見極めようとするアドルノの不安には、知識人のご都合主義しか見出せなかった。学生たちから「古典主義者テディ」と揶揄された彼は、六九年に休暇先のスイスで急死した。

2 承認をめぐる苦悩――アドルノからハーバーマス，そしてホネットへ

第一世代への決別――ハーバーマスのアドルノ批判

アドルノはまるで毒をもって毒を制すがごとく，理性の仮借なき自己批判を推し進めた。知とは自然支配を志向しつつも，それ自身が自然の野蛮さによって刺し貫かれた権力である，という両義性の自覚を手放さないようにしよう――彼のこうした姿勢は，政治的実践を重視する活動家たちには受けが悪かったが，ドイツ内外へと確実に浸透していった。

アドルノというボトル入りメッセージ（Flaschenpost）を受け取った一人は，オリエンタリズムの流行に代表されるエドワード・サイード（Edward W. Said, 一九三五～二〇〇三）である。彼がラディカルに展開した主張によれば，「東洋」とは，まさに西洋による西洋ならざるもの（＝西洋に足らざるもの）としての東洋という「発明」を物語っていた。つまりそれは，学問レベルにおける東洋の植民地化である。権力と結び付いた知のあり方に敏感だったこのエルサレム出身の文学者が人生の後年においてアドルノに接近することになった所以はここにある（彼がアドルノを知ったのは，おそらく一九八〇年代で，アメリカのマルクス主義者フレドリック・ジェイムスンらを通じてであろう）。また彼には，常に亡命者・部外者の意識を忘れなかったアドルノに自らの姿を重ねてみる，という側面もあった。言うまでもなくそれは，アメリカに住みながらもパレスチナ解放のために政治的な発言をし続けたサイード自身が，アドルノ同様，一種の「強いられたアウトサイダー」だったからにほかならない。

しかし，いわば病者に病気を自覚させるような手法がデカダンスの危険を内包していることも確かである。かつてアドルノの助手を務めていたユルゲン・ハーバーマス（Jürgen Habermas, 一九二九～）は八〇年代に入ると，理性への不信に貫かれていた師の立場との相違を敢然と表明し始める。彼はまず，合理化プロセスと自然支配を同一視し，さらに社会の様々な学問・文化領域をこの同一視に従って一律に解釈するような，アドルノが半ば意図的に行った「パースペクティヴの単純化」を批判した。というのは，ハーバーマスによれば，合理化プロセスはあらゆ

る領域に同一の効果をもたらすような全体的なものではなく、それぞれの領域において独立した妥当性を主張できるような多様さを有しているからである。この妥当性――彼は、妥当性要求は権力の執行と同一ではない、と繰り返し主張するが、それはやがて、コミュニケーション的理性は道具的理性と同一ではない、という彼のよく知られたモットーへと結集する――は、神学や形而上学が代表するような伝統的な知のヒエラルキーから制度的にも独立した諸学問が、それぞれにふさわしい学の基礎づけに関して、ディスクルス[*1]を通じて正当化する、という手続きによって獲得される。正当化が討議への参加者による、たえず更新される合意形成によって担保される限り、これを一部の利害関係者による強制と見なすわけにはいかない。そしてハーバーマスにとっては、カントの真・善・美に代表されるような知の領域の伝統的な区分に立ち戻り、これを現代的な仕方で再編することが、様々な専門家から構成されていたフランクフルト学派の学際性を取り戻す何よりの道筋だと思われたのである。

たしかにアドルノもまた、合理化圧力によって人は「もの」として自己を認識するだけに終始することはない、と考え、そうした圧力にさらされている苦悩をそれとして映し出し、表現するような潜勢力――アドルノの用語でいえば、同一化に対抗する「非同一的」な衝動――の存在を認めていた。この潜勢力をアドルノは模倣（ミメーシス）と名づける。しかしハーバーマスによれば、一部の芸術家が暗号解読のような仕方で営むミメーシスの行為に、合理化プロセスの弊害を訂正するための枠組み形成を期待することは現実的ではない。自己や他者の苦しみを問題化する過程は、内的な衝動とのあやふやで主観的な対話ではなく、相互了解へと開かれた言語というメディアを通じて構築されねばならない。「非同一的なものもしくは非反省的意識といった逆説へ行きつく諸現象は、…言語的意味の分析を、当初から、世界内の或るものについて行なわれるコミュニケイション参加者間の相互了解に関係づけるときに、はじめてとらえられるのである」（『コミュニケイション的行為の理論（中）』藤沢賢一郎ほか訳、未來社、一九八六年、一六八頁）。

精神分析から言語分析へ

「精神分析においてはその誇張された面だけが真実である。」というテーゼが示唆するように、アドルノは、いわば無意識の代理表象[*2]である言語行為の微細なニュアンスを拡大することで、そこに内包された歪みを対象化し，それにより行為者を無意識のうちに抑圧・拘束するものから行為者自身を解放するという方法論を採用していた。これは，語られた夢の解釈を心の治療に用いたフロイトに触発されたものである。興味深いことに，コミュニケーションの歪みを解釈による自己反省によって浮かび上がらせる，という目的で精神分析を援用するというアイデアは，初期のハーバーマスにもあった。しかしこれは，彼が解釈学の大家ハンス＝ゲオルク・ガーダマーとの論争を経ることで，次第に消滅してゆく。自己反省の内容はその時々に解釈者が置かれた状況に依存する，というガーダマーの歴史主義に対抗する形で，ハーバーマスは，解釈者を常に自由と解放に向かわせるような，解釈行為のより普遍的で脱時間的な地平を模索するようになる。解釈とは，単に「伝統」という大いなる他者を発見し，この他者から学ぶという一方向的な営みではない。というのは「われわれは仮想的な対話の参加者たちの遂行的態度をとるとき，まず，著者の発言がそれ自体で理性的性格をもつものと推測することから出発するならば…われわれは，著者がわれわれから学びうる可能性をも期待しているのである」（『コミュニケイション的行為の理論（上）』河上倫逸ほか訳，未來社，一九八五年，一九六頁）。

解釈の中心軸を担うのは，自己でも他者でもない（したがって，治療者がイニシアチブをとって進める病者との対話，という精神分析型のモデルでもない）。両者はともに，強制なき合意へと人を向かわしめる言語行為に繰り返し立ち返

＊1ディスクルス　ハーバーマス以来の社会哲学の分野では「討議」と訳されることが多い。彼はこれを，言語によるコミュニケーション行為を通じて主体相互が合意形成を目指すプロセスと捉えている。それは単なる話し合いではなく，開かれた討議の場で各人がそれぞれの意見の妥当性を検討し，合意内容の練り上げを行う道徳的実践を意味する。

＊2代理表象　フロイトは一九一五年の論文「無意識について」でこの概念を考察している。彼によれば，抑圧された無意識下の衝動は，意識上に表れるにせよ，本来その衝動にふさわしい表象や感情を伴うことはない。そこで展開されるのはむしろ，連想上関連した別の表象による置き換えである。意識がこの代理表象について語れば語るほど――この言語行為そのものが置き換えの役割，つまり，抑圧を隠蔽する働きを担うのであるが――本来浮上すべき情動が意識から遠ざけられる，という事態が生ずる。

り、これに依拠せねばならない。かくしてハーバーマスにとっては、フロイトではなく、ピアジェの発達心理学やJ・H・ミードの社会心理学が模範として登場することになる。なぜなら両者がテーマとしているのは、社会的自己はいかにして形成されるかということであり、そこでは、広く社会に認められた合意内容を象徴する言語を習得することで、子供がいかにして個人の欲求を社会的なものとして——つまりコミュニケーション可能なものとして——表明しうるようになるか、という学習プロセスが詳細に分析されているからである。ハーバーマスはアドルノのいう「模倣」から、一般化されざる身体の声といった美的モチーフを抜き取り、これを文字通り、人はいかにして継続的に社会をまねび、コミュニケーション行為を内面化しつつ大人になるか、という社会哲学的なテーマへと改編した、といえるだろう。

コミュニケーション行為論への牽制
——ホネットの『権力の批判』

フランクフルト学派の歴史は、批判と継承の歴史でもある。第二世代を代表するハーバーマスが大著『コミュニケーション的行為の理論』を世に送り出して四年後、第三世代の若き旗手として早くも頭角を現しつつあったアクセル・ホネットは『権力の批判』を公刊し、批判理論を普遍的語用論の枠組みを用いて刷新しようとするハーバーマスの利点と問題点を整理してみせる。そこでホネットが第一世代を批判する切り口は、ハーバーマスのそれをほぼそのまま踏襲している。つまり『啓蒙の弁証法』の欠陥は、言語行為を通じて合意を目指す人間の社会行為を、抑圧される自然という狭隘なコンテクストへと還元している点にある、というわけである。この点でホネットは『啓蒙の弁証法』とフーコーの権力理論との近似性を指摘するが、これはハーバーマスが『啓蒙の弁証法』をニーチェの『道徳の系譜』の現代版と見なしたことと重なる。アドルノの硬直したペシミズムを一刀両断するようにホネットは言う。「戦後ドイツの政治的に変化した現実は、社会的合意形成の制度的条件を考察するという課題の緊急性を、確信させる可能性を示していたにもかかわらず、彼［アドルノ］は自らの理論的視線を、上から画一性を押しつけるための大衆操作技術と心理内部の諸前提にしか向けなかった」（『権力の批判』河上倫逸監訳、法政大学出版局、一九九二年、一二四〜一二五頁）。

しかしホネットは、返す刀で、師の言語偏重主義を牽制することも忘れない。彼によれば、ハーバーマスは真・

善・美という伝統的な知の三区分、すなわち科学・倫理・美学のよって立つ準拠枠を、言明の真理性・正当性・誠実性をめぐるコミュニケーション行為に還元する。この結果たとえば芸術活動は、自己が表現したいものについて表現者自身がどれほど誠実であるか、という度合によって価値づけられることになる。芸術を主観的体験に押しこめるこうした整理の仕方については、ホネットは懐疑的である。社会的な力関係や相互行為の歪みを第一に感知するのは、言語的に整理しきれない各人の身体感覚であり、しかもそれは表現者個人の問題に収まるものではない。美学（エステティック）を、その歴史的に継承されてきたニュアンス（ギリシア語のアイステーシス、すなわち知覚や感性に関わる学、という語義）から捉えるならば、身体的表現こそ、他の何にもまして社会の権力マップを映し出すメディアにほかならないからである。ゆえにホネットはハーバーマスの戦略をこう批判する。「相互主観性＝相互主体性の基礎構造の研究は、言語規則の分析へと一面化され、その結果、社会的行為の身体的‐肉体的次元はこれ以降もはや視野に入ってこなくなる。アドルノとフーコーは、人間の身体の歴史的運命を、理論的にはもちろん不十分な手段によってであるが、それぞれの研究の中心点に置いていたのだが…。」（同書、三五五頁）

ホネットの見立てでは、社会診断を行うハーバーマスのまなざしは、一方に道具的理性による生活世界の技術的な物象化圧力（こうした圧力には科学技術だけでなく、社会を合理化された再生産機構として運用しようとする行政組織のテクノクラート《テクノクラート》を、他方にそうした圧力を免れた理想的なコミュニケーション共同体を想定する。こうした二元論が捉えそこなっているもの、それは、社会の歪みは単に前者が後者に侵入し、生活世界を技術知によって植民地化してしまう点に尽きるのではない、ということである。たとえば再生産の営みとしての労働は、なるほど合理化圧力にさらされている代表例だといえるが、その労働にしても単に物資の生産という目的に奉仕するものではなく、労働の存在価値を共有する集団があり、しかもその価値は、生産効率や生産量の度合という単純な目安によって測れるものではない。労働者は経済的な報酬以上に、労働の社会的意義が広く承認され、言語行為のレベルにおいて繰り返し表現され、評価されることを求めるのではないだろうか。

ホネットは、半ば超越論的に構成されたコミュニケーション共同体を想定するのではなく、「階級闘争の力学」

というマルクス的モデルの見直しを図る。すなわち、相互理解の達成されるレベルといっても一律なものではなく、各人が所属する階級や集団に応じて、またそれらを存立させている価値基準に応じて異なってくる、と考えるのである。社会がこうした集団の重層的な重なりによって、あるいは非対称的な力関係のもとで構成されている以上、そこで表出してくるコミュニケーション上の歪みもまた、テクノロジー的圧力から免れている度合によってのみ測定されるわけにはいかない、というのがホネットの洞察である。

3　ホネット承認論の展開

回帰するアドルノ?——ホネットによるアドルノ解釈の変遷

細かい話だが、ホネットには、忘れたころにアドルノを想起する、という傾向がある。デビュー作ともいうべき『権力の批判』では彼は、フーコーとアドルノを同一視する姿勢を見せていたが、実はそのすぐ後に発表した論文「フーコーとアドルノ」ではこれを微妙に訂正している。さらに彼は二〇〇〇年と二〇〇六年の論文（「世界の意味地平を切り開く批判の可能性」「遂行的正義」）において、それぞれ『啓蒙の弁証法』、およびアドルノ後期の著作『否定弁証法』の再評価を行っている。ここにはホネット個人の思想的好みというより、アドルノが示した美学・身体論を社会哲学がどう取り込むか、というテーマがうかがえる。それは、表立ったディスクルスの水準にまで浮上してこないものの、それぞれの社会的成員が身体レベルで捉えている苦悩や不安、不正義の状態に対する訴えなどを、公共的議論を重視する社会哲学は十分に捉えきれていないのではないか、という危機意識の表れでもあろう。

「フーコーとアドルノ」のポイントはこうである。つまりフーコーは近代的身体を、社会の様々な——強制的ともいうべき——期待がそのまま反映される制度的装置と見なす。犯罪者はより犯罪者らしくふるまい、病人はより病人らしく、周囲の期待するままに自己をイメージする、といった具合である。いわゆる「規律（discipline）」の内面化はここでは、その暴力的要素が暴力として目立たないほど徹底している、と見なされる。が、他方でホネットの理解するアドルノの論述では、様相が少し変わってくる。アドルノが様々な局面で用いる「苦悩」という術語が示そうとしているのは、規律化の圧力とそれに抵抗する衝動とのせめぎ合いにほかならない。このせめぎ合いは身体的な「表情」として浮上する様々な歪みを通じて捉えられる。強制なき自己表現という美的コンセプトはロマン主義的で時代錯誤であるが、少なくとも予見不可能な歪みは、規律化しつくされることのない内的衝動の残余を告げているのではないだろうか。そしてそれは単に「異常なもの」としてカテゴライズされる症例ではなく、むしろその問題含みの過剰な表情によって、かえってその時代時代に「正常なもの」と見なされている支配的な概念図式を批判的に分析する着手点を提供するのではないだろうか――。ここでホネットは、フーコーのペシミスティックな社会診断に対して、『啓蒙の弁証法』あるいは『否定弁証法』に散見される美的論述が有する脱規律化のポテンシャルを指摘するにとどまっているが、後年の「世界の意味地平を切り開く批判の可能性」では、さらに精緻な考察を展開することになる。

この論考でホネットが注目するのは、何より、アドルノとホルクハイマーが『啓蒙の弁証法』で試みた技巧的な叙述、要するに美的レトリックであり、その社会批判的意義である。メタレベルの規範に訴えることなく、社会は自らが抱える病理についてどう自覚し、これをどう矯正しうるか、という問いに対し、『啓蒙の弁証法』は意味地平を切り開く（erschließend）とホネットが呼ぶような、特殊な批判の可能性を提示する。

ホネットは『啓蒙の弁証法』のレトリックの特徴を〈物語的な感覚的提示〉〈交差配列法〉〈誇張という技巧〉の三つに整理する。いずれの場合も――やや具体的にいうなら、⑴理性の暴力的側面について、物語的叙述を通じて浮かび上がらせること、⑵自然と歴史、文化と産業など、対立する単語を意図的に結び付け、その意外な親近性を知覚させること、⑶人間の社会的行動に表れる動物的側面を過度に際立たせること――われわれが当然のものとして用いる行動規範を、当然のものとして受け入れることができなくなるまでに濃密化、拡大解釈して描き出す、という手法がとられている。ホネットは触れていないが、身近なものをあえて異質なもの、不気味な存在として記述するこの手法を、アドルノ自身は、ブレヒトの用語を借用しながら「異化（Entfremdung）」と呼んでいた。

この手法の要諦は、自己反省を促す起点が外部から持ち込まれるのではなく、さりとて自然的所与と想定される伝統的な規範が理想化されるのでもなく、まさに濃密化された叙述を追体験することを通じて、われわれのうちに眠る道徳的感性が揺さぶられ、ある種の擬似的な限界状況のうちで自らの可能性や限界が試される、という点にある。要するに、正しさとは何であるか知るには、不正な状態についての叙述、あるいは過度に自己を正義と信じる者たちについての叙述をなぞるという、デフォルメされたパフォーマンスが効果的だ、ということである。こうした意識はホネットの論考のタイトル（「遂行的正義」）にも表れているが、ここには、アドルノの哲学を――ハーバーマスとは違った仕方で――まさに言語行為論として解釈する、という可能性が垣間見える。とはいえ、ホネット自身はこうした方面に深入りすることはない。彼はアドルノの美的レトリックが、論理的妥当性ないし言明の真理性と直接結び付くものではないことを自覚しており、社会の病理を病理として強調する以上のことはしていない、という従来の見方まで変えるつもりはない。

集団とは何か――相互承認が生じる場としての労働

ホネットによれば、とりわけ不安や恥辱などは、それがどんなに個人の身体レベルで知覚されようとも、社会的な感情である。つまりそれは、他者と自己との間のある種の不協和状態を表している。そして彼は、この不協和が継続的に湧出される局面として、とくに人間の労働行為に注目する。

前述したように、すでにホネットは『権力の批判』期から労働を目的合理的な営みとして捉えるハーバーマスの理解を批判する姿勢を示していた。この理解が行き着く先は、経済的価値ないし技術的水準によってのみ評価される労働イメージにすぎない。が、ホネットは労働の意味をより広く捉える。労働とは各人のアイデンティティの形成に深く関係するだけでなく、各人がある集団の一員として認められるような、そうした価値の共有が制度的な形をとるダイナミックかつ具体的な場面なのである。しかし「ハーバーマスは、自分の社会理論のカテゴリー配置の中に、行為する集団というものを許容していない」（『権力の批判』三五九頁）。

ホネットが引き受けた課題、それは、そもそもある社会的集団の力はいかにして生まれ、どのようなカテゴリーのもとで規範的に価値づけされるか、という問題であり、このテーマに彼は現在に至るまで、首尾一貫して取り組んでいる（最近であれば、未邦訳であるが、『我々の内の私』二〇一〇年、などが参考になる）。

ホネットがイメージする集団とは、理想化されたコミュニケーション的共同体ではない、とひとまずはいえるだろう。それはさし当り、特定の利害関心によって結び付き、その関心の社会的意義を認めてほしいと願っている集団的まとまりを指す。たとえば下層の労働者階級や文化的にマイノリティと見なされる集団が様々な形で展開する訴えは一般的に、政治的な議論の俎上に載ることが容易ではなく、また公共的なメディアとの相性も良くないが、それは彼／女らが訴えの能力に欠けている、ということを意味するのではない。いわゆる大メディアは、しばしば、その時々に支配的な価値評価のボキャブラリーを彼／女らに逆照射することで、訴えの内容を歪曲して表現する（下層の労働者が求めているのは経済的保障にすぎない、等々）。しかしホネットが見るところでは、ある集団が抱く病理は、財の再配分が正しく行われているかどうか、という観点だけでは捉えきれない。病理の原因はむしろ、自分たちが共有する価値評価を強制なく表明するための制度や言語的な練り上げのチャンスが十分与えられていない、という点に起因するのである。認められないという屈辱や憤激からしばしば暴力行為に訴えるグループがあるが、それは彼／女らが最初から非合理的な存在であることを物語るのではない。慎重な社会分析は何より、自己表明に必要な教育の機会が奪われている、もしくは、自己診断を可能にする様々な情報へのアクセスの機会が制限されている、といった可能性を考慮しなければならない。

ゆえにホネットは言語行為など無視してしまえ、と述べているのでは決してない。彼はただ、様々な立場や価値を有した各人が相互に行うコミュニケーション行為は重層的で非対称的にならざるをえず、公的な訴えになる前に抑圧され、否認されるようなコミュニケーションも存在するわけで、そうした構造的な歪みを分析するためには、（良くも悪くも）個人相互を結び付ける規範が形成される集団行為への注目が不可欠だ、と主張しているのである。そして労働はたしかに、労使交渉、ストライキ、不満の表れとしての無気力な勤務態度など、人々が抱く不平等な意識がまずもって感知され、表現される臨床的なトポスだといえるであろう。

オプティミズムの誘惑
――承認論の道徳化

ホネットは一九九二年に公刊した『承認を巡る闘争』で承認論の体系的構築をほぼ完成する。ここで彼は愛、法、連帯を承認の三つの形式として提示する。愛とは家族や友人との情緒的なつながりを指し、法は、個々人がその人格的な唯一性に関して相互に尊重されるための権利承認を含む。最後に連帯とは、個人がその社会的な業績について価値評価を下され、またその価値を共有するもの同士で結び付く、という事態を指す。すぐさま推測されるように、労働はこの三番目の承認形式の具体化した姿である、とホネットは考えている。

二〇〇一年に発表された『無規定であることの苦悩――ヘーゲル『法哲学』の再生』でも彼は、労働を通じて練り上げられる連帯のあり方について論じている。このテクストの主張を一言でいうなら、市民社会では個人の自己実現の機会は、他者とのなんらかの制度的結び付きを通じてもたらされる、ということである。ヘーゲルはこの他者の座に、文字通り大文字の他者（ラカン）というべき「国家」を据えたが、ホネットは市民同士の連帯に国家が介入するという前提を時代遅れだと切り捨てる。代わって登場するのは、ヘーゲルが職業団体（Korporation）と呼んだものを現代流に解釈する可能性である。

労働についてホネットは、やや理想主義的に語る場合も少なくない。人間の労働は、望ましくは、「善き生」として社会がイメージするものの再生産に奉仕すべきであり、そのために適切な体制が整えられ、それぞれの職業がその固有性に応じて尊重されるべきである、等々。彼はミードの社会心理学を理論的バックにこう主張する。つまり個人の自由の拡大は、それぞれに固有な能力が発揮できるチャンスの拡大と同義であり、さらにこの拡大は、固有の価値観を持った共同体がその仕事内容や文化的意味あいに応じて差異化しつつ現れるという、広い意味での分業的体制の樹立とパラレルに考えられる、と。しかしここで疑問に思われるのは、異なる価値観を有した団体同士の争いが起こった場合、そうした争いを調停するための規範的枠組みはどこに見出されるのか、ということである（ホネットがアドルノの「意味地平を切り開く」批判の可能性を評価したポイントはまさにここにあったように思えるのだが）。また、他者による制度的承認以外に個人の自己実現の可能性はないという主張がどこまで本当であるのか、という点も慎重に見極める必要があるだろう。

前者についてホネットは、「善き生」の実現に寄与する仕事はその有効性や正当性について公共的な討議の場に訴えるだけの道徳的根拠があるのだから、根本的に解決不能な争いや軋轢というものは想定しえない、と楽観的に捉えている。重要なのは「規範的で実践的‐政治的に根拠づけられたオプティミズム」(『正義の他者』加藤泰史ほか訳、法政大学出版局、二〇〇五年、二九四頁）に他ならない。たとえばホネットは論文「道徳的な罠としての普遍主義？」（一九九四）の中で、国家間の紛争は国家レベルの利害をそのつど調停するテクノクラートのマキアヴェリズムによってではなく、それぞれの国民の人権への侵害という道徳的不正義をコンテクストの中心にすえて解決すべきだ、と述べている。すなわち、集団といってもホネットがイメージするのは、その外部にいる人間には受け入れがたい特殊な価値観を共有する閉鎖的なグループではなく、あくまで個々人の人格や特質を互いに尊重するような、対称的な力関係により構成されたまとまりなのである。

主体が自己の欲望を実現しようとすればするほど、他者に自己の主張が認められるように配慮することになるだろうし、同時に、他者が持つかけがえのなさや傷つきやすさに対して敏感になるだろう。つまり社会的分業が進展すればするほど、他者との差異を配慮するように、個々人の道徳センサーは拡大し、社会へのまなざしは成熟していくだろう──結局のところ、ホネットはこうした啓蒙プロセスを、進化論的に色づけされた発達心理学的な語彙で論じており、またこれを主体相互だけでなく、集団相互の協同的存立という社会イメージへと投影する。結論から見えれば、「種」としての人間全体を包括するようなコミュニケーションの普遍的可能性を探るハーバーマスとあまり大差ないようにも見える。こうした姿勢については、近年では、ナンシー・フレイザーが手厳しい批判を行っている。彼女によればホネットは、政治社会学を道徳心理学に還元し、資本主義社会を承認秩序に還元し、正義を健全なアイデンティティの倫理なるものに還元しているのである（フレイザー／ホネット『再配分か承認か？』二〇〇二年、参照）。

4　不透明性との対決——批判理論の新たな世代

最後に、近年の批判理論の動向について、著者にとって興味深く思われるコンテクストをいくつか紹介したい。主に参考にした文献は、ホネットの『我々の内の私』、また彼とその弟子筋が編集した『社会哲学と批判』（二〇〇九）、『承認の構造転換』（二〇一三）、それに、哲学者であり精神分析家でもあるJ・ホワイトブックの『倒錯とユートピア』（桑子敏雄ほか訳、青土社、一九九七年）などである。

野蛮さの回帰？——現代承認論のアポリア

前節で述べたように、ホネットは社会的連帯の可能性を、共通の価値観を有した者同士が互いの特質を尊重しつつ、制度的に練り上げられたプロジェクトに参加する点に見出していた。こうしたプロジェクトは会社や学校といったマクロレベルの制度のみならず、日常生活のちょっとした習慣にも及ぶ。他者の行為を模倣し、それを繰り返し行われる再生産機構として受け入れるということは、なんらかの規範の内面化を伴うのである。だが、とくに現在の労働を考えた場合、そうした規範は安定したものでありうるのだろうか。

ホネットの高弟であるR・イエッギは論文「（よき）制度とは何か？」（『社会哲学と批判』収録）の中で、師の問題関心を受け継ぐ形で、人々が自己の生活史の一部として受け入れられるような、望ましい制度の条件について色々と提案している。だが、同じ本に収録された論文「静的位置から動的パフォーマンスへ——近代後期におけるスピード化と承認」でH・ローザは、そもそも安定した価値評価マップ（とそれを持続的に保証する制度）が存在しうるのか、と問いただす。価値の伝統的なヒエラルキーが不透明化するのみならず、雇用条件が流動化し、短期的な成果主義が尊重される昨今では、人は労働が長期的に人生設計にもたらす道徳的価値を考慮する余裕もなく、すぐさま数値的な評価を下されやすい成果を求めて功利主義的かつ個人主義的にふるまう傾向にある。ローザによればこうした傾向は、家族関係や友人関係にも及ぶ。ソーシャル・ネットワークを通じて繋がりを拡大するニュー・エイジたちが求めるのは、喪失したとしてもたいして自分にダメージを与えないような、場当たり的な連帯感なのではないだろうか、というわけである。

ローザは一九六五年生まれの社会学者で、現在はイェーナ大学の教授。これまでに『アイデンティティと文化的実践——Ch・テイラー以後の政治哲学』、『スピード化——現代における時間構造の変化』、『スピード化時代の世界関係』など、いずれも四〇〇頁を優に超える大著を世に送り出し、旺盛な活動を展開している。フランクフルト学派との直接の関連は薄いが、『アイデンティティと文化的実践』に序文を寄せているのはホネットである。

実はローザのいう価値評価マップの不透明化については、ホネット自身、少なくとも二〇〇〇年代初頭からさかんに言及している。二〇〇五年に公刊した『物象化』で彼は、個人の能力や特性が単なる情報としてコミュニケーション空間で取引される事態を「承認忘却」と規定し、これを本来あるべき相互承認の欠如態と位置づける試みを展開していた。さらに論文「社会的コンフリクトの野蛮化——二一世紀初頭の承認闘争」（『承認の構造転換』収録）では——時代診断としてはとくに目新しいというわけではないが——誰もが自己主張に特化した社会行動へと促されるような経済活動優先の時勢について、「野蛮化」というキー・ワードを軸に論じている。

承認されざる者へのまなざし——犠牲者というモチーフ

これは『承認の構造転換』の序論で編者たちが述べていることだが、その時々の社会的な力構造や支配的な価値観がゆえに、従来あまり耳目を集めることのなかったグループや階級が承認されることは、法的・金銭的な保証が与えられるだけでなく、語られなかった（あるいは、語ることの許されなかった）彼／女らの苦悩の歴史（Leidensgeschichte）に光が当たることをも意味している。相互承認というネットワークは、法的地位や価値観を等しくする者同時が原則的に「いつでも」参加できるような言説空間のヨコ軸の広がりだけでなく、そうした空間から締め出された者たちが限りある生をどう生きたか、という歴史のタテ軸へのまなざしを含み入れねばならない。六〇年代のアメリカにおける公民権運動、七〇年代の女性運動、これに引き続くセクシャル・マイノリティたちの解放運動はその典型であろう。

とはいえ、ないがしろにされている自己の存在を世に問う者たちには、自分たちが特殊な存在であり、異質な者として扱われたという自覚が厳然とある。では、突如として尊厳を奪われ、非日常の暗がりへと押しやられた者たちについては、社会は、あるいは歴史はどう扱えばよいのだろうか。『承認の構造転換』でK・ギュンター（法学・現フランクフルト大学教授）やO・リンデマン（メディア学・現フランクフルト大学研究員）はこれを「犠牲者」の問題として論じている。

ギュンターやリンデマンの議論が興味深いのは、ホネットの理論が促すような、業績や仕事に応じた価値評価によって社会的承認を得るような主体的な集団ではなく、むしろそうした積極的参与とは対照的な状況に置かれた者たちについて考察を展開している点である。むろん、ドイツには、自国民にとってトラウマというべき犠牲者の歴史がある——言うまでもなくユダヤ人の歴史であり、ホロコーストの記憶である。しかし、それが物語のすべてというわけではない。近年ドイツでは、敗戦国の国民として艱難辛苦を味わうことになった女性たち（ベルリンを中心に、大戦後のドイツでは一〇〇万人以上がソ連兵にレイプされたといわれている）に関する書籍が数多く出版されている。とはいえ、ギュンターやリンデマンが注目するのは、もっと身近な犠牲者たちである。リンデマンは、八年間も男性に監禁されていた少女ナターシャ・カンプッシュの例を挙げている。彼女は警察に保護された後、後遺症に悩みながらも大学を卒業し、自らの体験を自伝に綴り、また多くのメディアにも登場している。

ナターシャの例はまだ特異なケースであるかもしれないが、ギュンターは犠牲者像の歴史的変化を指摘している。つまり彼によれば、国家や神といった大義のために進んで命を危険にさらした英雄的な犠牲者（sacrifice）とは違い、現代では、各人の生活史における意図せざる＝意のままにならざる挫折に悩む犠牲者（victim）のイメージが支配的なのである。

二人の議論が示すのは、自分が社会から落ちこぼれた犠牲者になるという不安の広がりは、まさに、誰もが各自の人生をマネージメントし、そのセールスポイントを社会に向けてアピールしなければならない、という個人至上主義の裏面を物語る、ということである。しかもこの不安は、個人的な悩みであるようでいて、その個人を代弁すると主張するメディアによって映像化されることで、誰もが経験しうる日常の一コマへと一般化されもする。テレビ向けのストーリーとなることで、経験の唯一性が剝落する、とでもいえようか。

弱い立場の犠牲者にとっては、誰かに代弁してもらうことで承認の機会を得ることが大きな救いとなるに違いない。しかしこの代弁者は、どこまで犠牲者たちの「真意」をくみ取り、表現できるだろうか。またその表現は、どこまで正しいものであるのか。メディアによる承認ネットワークの拡大、多様化、そして商業化には、社会が抱えきれないほどの苦悩を「生産」する、という側面がある。傷つきやすさの過飽和状態ともいうべき状況を見据えて、リンデマンとギュンターは、いわば承認論の〈限界線〉を改めて問いただそうと試みているのであろう。

未解決の議論——批判理論と精神分析

フロイトやミードの例が示すように、フランクフルト学派の代表者たちは同時代の心理学・精神分析の所産を積極的に受け入れてきたし、この受容の歴史は、そのまま批判理論の歴史といってもいい。社会分析を行う上でいかなる規範的枠組みを用いるか、という問題は、人間の心的生活に関する、どのような知見を採用するかということと直結しているのである。

一九三〇年代の危機の時代、アドルノ・ホルクハイマーら第一世代はフロイトに全面的に依拠した。彼は自我を、盲目的衝動（es）とそれを抑圧する道徳的な規範装置（超自我）がせめぎあう場所と規定したが、この心的イメージは、ブルジョア社会が崩壊したのちになぜナチスという権威主義国家が登場したか、という問題への回答を含んでいた。家族内で父の権威が失われても、人は国家にそれを求める。そして暴力的な衝動の満足もまた、戦争装置としての国家によって保証される。主体性と責任を自己の外部に委ねた主体をアドルノ・ホルクハイマーは「弱い自我」と呼んだが、その背景には集団心理に関するフロイトの文化的・精神分析学洞察が控えている。『啓蒙の弁証法』、そして二人が戦時中アメリカで取り組んだ権威主義的パーソナリティーに関するアンケート調査などは、フロイトの理論的バックボーンなしには成立しえなかったに違いない。

アドルノは一九五〇年代に入ると、かつて社会研究所で同僚だったE・フロムらがアメリカで発展させた「修正フロイト主義」を激しく非難することになる*（この動きにすぐさま賛同したのはマルクーゼである）。修正フロイト主義はフロイトに残る生物学的傾向を取り除く。リビドーの抑圧・満足、さらに快感原則と現実原則との葛藤といった問題設定も脇に置く。変わって注目されるのは、人はいかにして社会に適合するパーソナリティーを形成してゆくか、というコミュニケーション能力の発展過程である。文明はリビドーの満足を保証しない、というフロイトのペシミズムは、患者たちの社会復帰を目指す実践的治療を考えるうえでは、あまりに非生産的で思弁的だと退けられる。

興味深いのは、アドルノやマルクーゼにとってコンフォーミズム（大勢順応主義）に映ったこの「心理学の社会学化」の方向を、彼ら以降の批判理論の世代が積極的に評価する点であろう。社会心理学者のミードは、子供は、様々なパートナーとの共同作業を通じて社会的な規範を学ぶだけでなく、その時々のパートナーによって期待される「私」のイメージを自分の内側に作り上げてゆく、と捉えた。ハーバーマスやホネットによればこの「私」は、人が自己の願望を他者に承認させたい、と考える際にとる行動様式の準拠点となる。まとめて言うならここでは、個人の社会化の問題が、社会の個人化の問題（様々な社会的期待に応えるよう、状況に応じた行動規範を内面化しつつ積み上げていくこと）と同置されている、といってよい。またホネットは母子関係を重視せずもっぱらリビドーとの「内的対話」に終始するフロイトの自我イメージの後進性を指摘し、D・ウィニコットの対象関係論を承認論に取り入れる姿勢を押し出している。

こうした動きを「ハーバーマス主義」と批判するのはホワイトブックである。彼は『倒錯とユートピア』の中で、フロイトが言語表象と事物表象を区別したことに依拠しながら、人間の心的生活全般は言語行為へと還元しつくされるものではない、と論じている。フロイトが記述する無意識のファンタジーは、絵画的ともいうべき前‐社会的な世界と自己との密接な結び付きを示唆しているのではないだろうか、と彼は述べる。

ホネットは二〇〇一年に発表した論文「否定性の働き――精神分析の承認論的な修正」（『我々の中の私』に収録）の中で、このホワイトブックの立場に反論する。ホワイトブックは社会化に抵抗する自然的残余を想定するフロイト主義をいまだに引きずっているが、そうした残余はむしろ、かつてフロムが提示したように、各自がそれぞれの流儀でコミュニケーション行為の範囲を拡大するためのエネルギー・ストックと考えるのが妥当だ、というのがホネットの立場である。同時に彼は、「死の衝動」に代表されるようなフロイト理論の破壊的側面もばっさり切り捨てる。しかし他方で、注目すべきことに、彼はホワイトブックの論集『縛られたオデュッセウス——批判理論と精神分析の研究』（二〇〇九年）に寄せた序文の中で、自然衝動を個人と社会とのせめぎあいの場と捉えるホワイトブックの議論に一定の理解を示してもいるのである——。

哲学はいかなる苦悩を社会的課題として取り上げるべきか、という問いは、社会的に望ましい、とされる個々の人間像を判断する基準線はどこに引かれるか、という問いとパラレルな関係にある。社会の構造が変化すれば、個人のイメージもまた変化する。その意味でホネットとホワイトブックの論争は、人が正しく、また健康でありうる限界について、繰り返しラディカルに考えることの必要性を突きつけるものであろう。こうした問題が「主体はもう存在しない」といったポストモダン的な決まり文句によって容易に決着がつくものではないことは、今さら言うまでもない。

著作と翻訳

1　アドルノ『ミニマ・モラリア』（*Minima Moralia — Reflexionen aus dem beschädigten Leben*, Suhrkamp, Frankfurt a. M., 1962. 三光長治訳、法政大学出版局、二〇〇九年）

＊ハーバーマスがアドルノの主著と呼んだエッセイ。軽妙洒脱な邦訳も味わい深い。

2　ホネット『権力の批判』（*Kritik der Macht. Reflexionsstufen einer Kritischen Gesellschaftstheorie*, Suhrkamp, Frankfurt a. M., 1985. 河上倫逸監訳、法政大学出版局、一九九二年）

＊ホルクハイマーからハーバーマスまでのフランクフルト学派小史として読めるだけでなく、今に至るまでのホネットの問題関心も垣間見ることができる。

＊リビドー　元来は欲望を意味するラテン語で、フロイトが精神分析の分野に導入した。彼はリビドーを性的欲動のエネルギーと捉え、神経症の要因のみならず、人間の成長や対他関係の構造一般も、このリビドーの解放や備給のメカニズムから説明する。

読書案内

1　シュテファン・ミュラー゠ドーム『アドルノ伝』（徳永恂監訳、作品社、二〇〇七年）
＊二段組みで八〇〇頁を超えるアドルノの伝記。アドルノ生誕一〇〇周年の二〇〇三年には、他にもいくつものモノグラフィーがドイツで出版されたが、情報量では群を抜いている。他のフランクフルト学派のメンバーとの交流だけでなく、アドルノの女性関係に関する意外な（？）奔放ぶりも報告されており、評伝的な興味をかきたてられる。

2　エドワード・W・サイード『晩年のスタイル』（大橋陽一訳、岩波書店、二〇〇七年）
＊二〇〇三年に白血病で亡くなったサイードが最後まで執筆を続けていた遺稿集。若きアドルノがベートーヴェンを論じた際に用いた晩年性というタームを文芸批評の枠組みへと拡大しつつ、芸術家がある危機的状況を察知した時にとるスタイルとはいかなるものか、音楽から演劇、トーマス・マンの文学へと、縦横無尽に考察を展開している。アドルノの文体に関する論文も秀逸。

3　ジョエル・ホワイトブック『倒錯とユートピア』（桑子敏雄ほか訳、青土社、一九九七年）
＊原著には「精神分析と批判理論の歴史」という副題が付いている。副題が示すように、考察の主軸となっているのは、ホルクハイマー・アドルノからハーバーマスに至るまで、フランクフルト学派が同時代の精神分析の所産とどう対決し、どのように受け入れてきたかというコンテクストである。アルブレヒト・ヴェルマーといったハーバーマス以外のフランクフルト学派第二世代のみならず、カストリアディス、ラカン、リクールなどのフランス現代思想、さらにウィニコットの対象関係論にまで目配りを行き届かせ、きめの細かい議論を展開している。加えて、ホワイトブックはこの本で、フロイト・アドルノの再評価を通してポストモダン以降の主体哲学の可能性を模索している。

第Ⅲ部　現代のイギリス・アメリカ哲学

第9章　日常性への回帰と懐疑論の回帰
――スタンリー・カヴェル――

荒畑靖宏

アングロ・アメリカ固有の哲学とは何かと問われるなら、おそらく誰もが「プラグマティズム」と答えるであろう。一九世紀のパース、ジェイムズ、デューイといった始祖たちはもちろん、二〇世紀の世界の哲学界を席巻した著名なアメリカの哲学者達のほとんどが、自らをプラグマティストと名乗っている（名乗っていた）。いまや米国プラグマティズムは、英国経験論・ドイツ観念論と並ぶ第三の伝統を――つまりアメリカの哲学的アイデンティティを――完全に確立したかに見える。だが、こうした評価こそがアメリカ文化の自己抑圧に手を貸していると訴える哲学者が、アメリカにはいる。スタンリー・カヴェル（Stanley Cavell, 一九二六〜）である。彼は、「できれば私は西洋の哲学的精神の裂け目（私の考えでは、英米哲学の手法と独仏哲学のそれとの隔たりによって象徴されるような裂け目）のなかで思索したい」（『哲学の〈声〉』（一九九四）第一章、以下『声』と略記）と言う。その彼の求める「第三の声」（同所）、まさにアメリカの声は、専門哲学者がふつう哲学者には数えないエマソンやソローの声である。たしかに、彼の思索と執筆のスタイルは独特である。というのもカヴェルは、日常言語哲学、キェルケゴール、後期ハイデガー、アメリカの超越主義者、シェイクスピア、ベケットの戯曲、音楽、オペラ、映画（それもハリウッド映画）、社会契約論といった多種多様な対象を扱いながら、専門外のことに手を出しているという意識を持たないからである。彼は、たとえば日常言語哲学の手法をオペラの分析に「応用」しているのではない。彼にとっては、デカルトの『省察』もシェイクスピアの『リア王』も、はては映画芸術それ自体も、一つの同じ主題についての異なった「研究」なのである。

1　日常言語哲学の方法

カヴェルの主著が、一九七九年に出版された、「ウィトゲンシュタイン、懐疑論、道徳性、悲劇」という副題を持つ『理性の要求』（以下『理性』と略記）であることは疑うべくもない。だが他方で、カヴェル自身が「わたしが本気で書いた最初の哲学論文」（『声』第二章）と呼ぶ「言うことは意味することであらざるをえないか」（一九五八、以下「言うこと」と略記）が、彼の哲学全体への最良の手引きであることに異を唱える者もまたいないであろう。実際この論文からは、彼がその後、右で見たような多種多様な研究分野へと踏み込んでいった理由が見てとれるのである。

我々はいつどう言うのか　論文「言うこと」は、当時カヴェルの同僚であったベンソン・メイツによる批判から、オースティンの哲学的方法を擁護するために執筆されたものである。後期ウィトゲンシュタインやライルやオースティンらのいわゆる「日常言語哲学」は、伝統的哲学が取り組んできた哲学的問題や、それへの回答としての哲学理論を、日常言語の誤用に基づく疑似問題・疑似理論として批判するが、メイツの批判は、そもそも哲学的方法として日常的用法に訴えることの正当性に向けられる。日常言語哲学者は、哲学的問題を批判的に解体するために、「我々は……とは言うが、……とは言わない」と述べることで、我々が日常的に言っていることの実例を挙げたり、「……と言う時、我々は……と意味している（含意している）」と述べることで、そうした実例を解説したりする。後期ウィトゲンシュタインのモットーは、「言葉を、その形而上学的な用法から、日常的な用法へと連れもどす」（『哲学探究』第一一六節、以下『探究』と略記）ことであるとされるが、このモットーが我々に命じていることは結局、我々が普段どんな時にどう言うのかを確認していくことである。しかし、こうした確認になんらかの信頼性が認められるのは、それが経験的な語法調査の、しかも科学的に十分と判定されるだけのデータに基づく結果を記録したものである場合だけである。ところが、もしそうなら、それは哲学的な言明ではありえず、したがって、たとえば言語学者には物理学者の言葉遣いを言語学的観点から批判する資格がないのと同様、日常言語哲学者には伝統的哲学者の言語使用を誤用と断ずる資格はないことになる。反対に、もしその確認が哲学的言明であるなら、それは哲学者が肘掛け椅子に座ったまま弄ぶ言語的直観でしかない。だがそうだとすると、日常言語哲学は、その直観に訴えて伝統的哲学の言葉遣いを誤用と断ずるためには、その直観の正しさを哲学的に正当化できるのでなければならないであろう。

こうしたメイツの批判に対してカヴェルは次のように応酬する。メイツの批判は、統計的データの裏付けがないところでは、ライルにもオースティンにも、我々がいつどう言うかの実例を挙げる資格がないと前提している。しかしメイツは、英語ではどんな場合にどう言われるのかを例示するオースティン自身が英語を母語とする者（ネイティヴ・スピーカー）であることを忘れている。そして重要なのは、英語を母語とする者は、英語ではどんな場合にどう言われるのかについての証拠を必要とはしないということである。なぜなら、彼自身の言うことがまさにその証拠であり、彼自身がその証拠の源泉だからである。英語を母語とする者とは、他のどの言語よりも英語をうまく話せる者——英語で話すのがいちばん楽な者——のことではない。むしろ、彼の話しているものが英語なのである。つまり、「ある自然言語とは、その言語を母語とする者が話しているもののことである」（「言うこと」）——これをテーゼ①とする。これが含意するのは、日常言語哲学者は、自身が母語とする言語の日常的用法から、当の言語の話者が従わねばならない制約（これをウィトゲンシュタインは「文法」と呼ぶ）を見つけることができるということである。では、ある哲学者がたとえば「我々は外的対象の存在について確実に知ることはできない」という懐疑論的主張をすることによって、「知る」という語の文法に違反する時、彼の身には何が起こっていることになるのか。それによって彼は、たとえば日本語の助詞の文法規則に従わない者が日本語話者の共同体から追放されるのと同じように、当の言語共同体から追放され——当の共同体に代わって（for）、当の共同体に対して（to）語る能力を剝奪され——何も意味していない者として扱われるのである。

使用としての意味と行為としての言うこと

だが、この返答ではメイツは満足しないであろう。懐疑論者は、「我々は外的対象の存在について確実に知ることはできない」ということを、我々と世界についての新たな発見として――したがって日常言語の文法には反映されていない哲学的真相として――主張しているからである。たとえば、「故意の」「故意に」という語や、あるいは「あることが故意になされた」と記述できる事態などを分析することによって、行為とは何か、意図や意志とは何かを「発見」しようとする哲学者に対して、日常言語哲学者は、「ある行為が故意であったかどうかと問う場合、我々はその行為には怪しいところがあるということを含意している」（これを「S」と呼ぼう）などと言うかもしれない（これには、「行為の故意性が問題になるとき、当該行為者を非難ないし賞賛すべきか否かが問題になっているのであって、なんらかの事実確定をしようとしているのではない」といった批判が続く）。伝統的哲学者は、これがどうして自分への反論になりうるのか理解できないであろう。Sが言っているのは、ある文（「行為Aは故意であった」）の発話とある含意（「行為Aには怪しいところがある」）との規約的な関係であり、それはその文の意味や論理の（それの意味論の）一部ではなく、その文の発話の語用論の一部である。したがってSは――ゆえに日常言語哲学者が「文法」と呼ぶものも――我々が何かを言うことで意味していることの説明にはなっていないのである。だが伝統的哲学者が目指しているのは、「故意の」という語や「行為Aは故意であった」という文の意味を分析することを通じて、意志や意図の本質を発見することである。こうしてメイツは、日常言語の文法が哲学的探究に制約を課すことはできないと主張する。

カヴェルにとっては、この地点こそが、「語の意味とはその使用である」というウィトゲンシュタインのテーゼと、「言うことは一つの行為である」というオースティンの言語行為論の根本原理の真価が発揮される場所である。たしかに、「故意だ」は「怪しい」を意味するわけではない。その限りでは、「行為Aは故意であった」から「行為Aには怪しいところがある」を必然的に演繹できるわけではないのは確かだ。だが私は、たとえば「あなたは故意にそういう服装をしていらっしゃるのですか」と誰かに対して言いながら、その人の服装が妙だと含意せずにいることはできない。つまり、意味論と語用論を分離して、含意を後者の領域に追放しても、我々が言うことに対する

「語用論的」制約の必然性を拒絶することはできないのである。私が誰かの服装についてそれは故意だったと言うのなら、私はそれが妙だということを意味せざるをえない（*must* mean）。したがってこの含意は、独立に確定可能な言明の意味に規約として付加されるようなものではなく、むしろ当の言明の意味と論理の一部をなしているのである。カヴェルは、右のウィトゲンシュタインのテーゼをこの意味で理解し、それが通常の意味論と語用論の区別を拒否するものであると見ている。「こうした含意が何であるかを学ぶことは、その言語を学ぶことの一部である。（……）それらの含意は、我々が語るときに伝達するものの不可欠の一部なのである」（同）。

もちろんここには、言うとは行為であるというオースティンの原則が反映している。我々は、自らの行為の結果に対しては、それが意図されたものであろうとなかろうと、責任を負わねばならない。したがって、我々が何かを言うならば、我々は論理的に一定の期待と義務を背負うことになる。後にカヴェルがオースティン哲学の根幹をなす直観として代弁したように、「人間の行為とは、ほとんど果てしもなく責めを受けるものであり、世界の独立性を受け入れ、人間の先入見に支配されるものである」（『声』第二章）。これはもはや倫理的な問題のように聞こえる。とすれば、日常言語哲学者にとって、日常言語の論理を拒む伝統的哲学者の問題点は、単に哲学的な誤謬を犯しているというだけのことなのだろうか。

とはいえ、以上の反論だけでは、やはりまだ伝統的哲学者を説得することはできないであろう。

規準と文法

日常言語哲学の手法に対して伝統的哲学者が抱かざるをえない根本的な疑問が、まだ払拭されていないからである。それは、どうして、ある対象や行為や出来事について我々がどんな時にどう言うかの確認が、それらが何であるのかについての最終的審級でありうるのか、という疑問である。我々哲学者は、世界が本当のところどうなっているのかを知りたいのであって、我々の言語についての事実を知りたいのではないと。

カヴェルの答えはこうだ。メイツのように、あるものが何であるかを探求するには世界そのものを探求せねばならないと考える者は、誰かの住所がどこであるか調べるとか、ある瓶の中身が何であるか確かめるとか、蛙は蝶を食べるのかどうか調査するといった、限られた事例しか念頭に置いていない。これらが「限られている」のには二つの理由がある。第一に、たとえば私が書斎の辞書から「たほいや」が猪を追うための小屋を意味するということを知ったとしたら、それによって私は、たほいやとは何であるかを、したがって、立派に世界について何かを知ったことになるからである（さらに言えば、このように辞書を調べるという行為も、名詞とは何であるか、ものに名前をつけるとはどういうことか、猪とは何か、小屋とは何か……といったことについての知識を前提する）。第二に、哲学者が典型例とするような探求活動は、こうした「意味」の知識なくしてはほとんど不可能である。そしてこの種の知識は、我々が実地の探求活動の成果として得る知識よりも、遙かに膨大である。つまり、我々は言語と世界を一緒に学ぶのだということである。

ここで重要な役割を果たすのが、ウィトゲンシュタインが『探究』で強調した「規準」の概念である。彼の規準概念は「徴候」という概念と対置される。たとえば私に三九度以上の熱があることは、私がインフルエンザに罹っていることの徴候であるのに対して、私の血液中にしかじかのウィルスが存在することは、私がインフルエンザに罹っていることの規準である。前者の場合、熱とインフルエンザの結び付きはあくまで経験的なものであり、熱の存在がインフルエンザの罹患を疑いの余地なく確証するわけではない。それに対して後者の規準の場合、ウィルスの存在とインフルエンザの罹患は論理的に――文法的に――結び付いており、したがって、私の血液中に当該ウィルスが存在しておりながら、私がインフルエンザに罹っていないことはありえない。言い換えるなら、もしも私が、当該ウィルスが自分の血中に存在することを認めておきながら、それでも自分がインフルエンザに罹っていることを認めないのなら、私は「インフルエンザ」という語の意味をそもそも理解していないか、さもなければ、「インフルエンザ」からそれの適用のための規準を剝奪しておきながら――つまりその語の文法にわざと違反しておきながら――「言語ゲームの外部で」（『探究』第四七節）話そうとしているかのいずれかである。そして哲学的懐疑論者は、後者の場合の私と同じことを、「知る」や「対象」や「世界」といった語について行っているのである――これをテーゼ②とする。

カヴェルは、「本質は文法において表現される」（『探究』第三七一節）というウィトゲンシュタインのテーゼをこのように理解する。とすると、後の論文でカヴェルが明言しているように（「ウィトゲンシュタイン後期哲学の有用性」、以下「有用性」と略記）、規準についての文法的知識はカント的な意味で超越論的な知識であることになる。そして、ここでのカヴェルとカントの接点は、カヴェルとオースティンの離別の地点でもある。オースティンは、後にカヴェルが評したように、「形而上学的な声を哲学的な仕方で真面目に説明することが不可能であり不必要であると信じている」（『声』第二章）。これに対してカヴェルは、形而上学の問いは理性に課せられた運命だと考えるカントのように、懐疑論を、ある意味ではきわめて人間的な、しかし過度な真面目さの――誤った――表現であると考えるのである。そして、カヴェル自身の哲学的使命もまずはここに投錨される。それは、彼が日常言語哲学と呼ぶものの中で、オースティンの声（英国哲学の音色）とカントの声（ドイツ哲学の音色）を調和させることである。

2　日常性への回帰と共同体への要求

共同体への要求

カヴェルのテーゼ①は、「有用性」論文を皮切りに、日常言語哲学そのものの原理として展開されていくことになる。もしテーゼ①が正しく、したがってある言語を話せるということは、文法規則や語彙集からなる命題体系を知っているという命題知（know-that）ではなく、一種の技能知（know-how）であるとすれば、日常言語哲学者が規準を確認するために問う「もし……だとしたら我々は何と言うべきか」とか「我々はどんな状況下ならそれを……と呼ぶだろうか」という問いは、問われた当人に対して、自分自身について何かを言え、自分ならどうするかを記述せよ、と要求していることになる。すると、命題知と違って技能知は、技能を有する個人とは切り離せないということが正しいなら、そうした問いの答えを引き出すための方法は、したがって日常言語哲学の方法そのものが、自己知を得るための方法であることになる（その意味でカヴェルは、この方法が駆使されているウィトゲンシュタインの『探究』を自伝的な著作として読む）――これをテーゼ③としよう。だが、日常言語哲学の方法が自己知を得るための自伝的方法であることと、それが伝統的哲学（とりわけ懐疑論）を批判する力を持っていることは、どう関係しているのか。

鍵は、この問いが一人称の複数形を主語としていることにある。日常言語哲学者が「我々」を名乗るのは、なにも規準や文法についての普遍的一致を前提しているからではない。テーゼ①は、私が話すのが日本語であるなら、あなたが（彼が、彼女が、……）話すのも日本語でありうるということを含意する。よって、ある語の規準について私とあなたが完全に一致するはずだという保証はどこにもない。しかしながら、テーゼ①は同時に、私とあなたと彼と彼女が話すのが日本語であるなら、私にはあなたと彼と彼女に代わって語る権利があり、我々として語る権利があるということも含意している。したがって、日常言語哲学者は、伝統的哲学者に対抗して、言語共同体における所与の普遍的一致に訴えているのではなく、むしろ、一致を追い求め、それによって共同体を要求し、一致が綻びる地点を探索し、共同体の限界を確定しようとしているのである――これをテーゼ④とする。これが、日常言語哲学の方法を後にカヴェルが「共同体／共同性への要求（claim to community）」（『理性』第一部）と呼ぶようになった理由である。

テーゼ③と④をめぐるこの論点は、一九六五年の論文「近代哲学の美学的問題」（以下「美学」と略記）で素描される美学理論、『センス・オブ・ウォールデン』（一九七二、以下『センス』と略記）で詳述されるソロー論、さらには、『美しく醜い条件』（一九九〇、以下『条件』と略記）その他に見られるエマソンの道徳的完成主義論の中へと流れ込んでいきながら、厚みを増していくことになる。以下では、その流れを簡潔に見ていくことにしよう。

美的判断力と共同体への要求

論文「美学」でカヴェルは、日常言語哲学の方法が抱える問題――その方法に対する批判と誤解――は、美的判断と呼ばれるものが、したがって美学的議論というものが抱える問題と同じだと主張する。彼によれば、美学的議論には決定的論証というものが見られないという事実は、不合理性の証しではなく、美学的議論がどんな種類の合理性を要求しているのかを示している。つまり、美的判断はそれ独自の「論理」を持つということである。カヴェルによれば、このことを見抜いていたのが『判断力批判』（一七九〇）におけるカントである。カントによれば、たしかに美的判断（趣味判断）は、理論的でも客観的でも論理的でもなく、

「単に主観に対する対象の表象の関係を含むにすぎない」（同書第六節）という意味で、その規定根拠が主観的でしかありえないような判断である。だが他方で、「快適なもの」についての趣味判断（「感覚趣味」）とは違って、「美しいもの」についての趣味判断（「反省的趣味」）には、アプリオリに「主観的普遍性に対する要求が結びついていなければならない」（同所）。なぜなら、前者の場合、私が下した「このワインは快適だ」という判断に対して誰かが異を唱えるなら、私は「このワインは私にとっては快適だ」と言い改めることが可能だが、後者の場合それは当の判断の撤回を意味するからである。反省的趣味の美的判断は、通常の論理的推論のように万人の同意を要請することはできないが、万人の同意をあえて要求する「共通妥当的（公共的）判断」（同書第八節）でなければならない。

こうしてカヴェルは、カントの美的判断力の内に強制なき合意形成の力を持つ政治的判断力と同形の論理構造を見出したハンナ・アレント同様に、美的判断とそれをめぐる美学的議論の内に、日常言語哲学の方法の特徴である「共同体への要求」を見る。美的判断を下す者は、カントの言葉を借りてカヴェルが言うには、「普遍的な声で」話す者である。彼は、たとえそれが完全には達成されないことが分かっていても、「一つの理念として」人々から「普遍的賛成」を要求するのでなければならない（『判断力批判』第八節）。そして美的判断者は、その要求に見合った能力を持たねばならない。すなわち、「我々の趣味を（……）擁護したり乗り越えたりできるような言葉遣い（terms）を定める」（『美学』）という洗練された能力である。これが、一般に「批評家」と呼ばれる者達に期待される能力であり、美学的論証に特有の「論理的」能力である。美学的論証とは、個性の分節化と発達を通じた共同体の構築ないし発見の手段なのである——これをテーゼ⑤とする。たしかにこの共同体には限界がある。しかしそれは、個性と主観性を犠牲とせずに共同体を築こうとすることの当然の代償なのである。

美的な判断ならびに論証と日常言語哲学との類比は、次の二つのことを示している。第一に、批評家も日常言語哲学者も、可能な限り「普遍的な声で」他者を代弁するよう努めることによって、自らを強制力なき模範として示すということである——これをテーゼ⑥とする。第二に、美的判断は、論理学的論証のような決定性も、科学的論証のような合理性も、目標とはしない。さもなければ、それは美や芸術についての言説ではなくなってしまうだろう。日常言語哲学の場合も同様である。この哲学の批判者たちは、それの「非科学性」を非難するが、もしそれが彼らの望むとおり「科学的」になったならば、それは日常言語に訴える哲学的言説ではなくなってしまうであろう。

『ウォールデン』における言語の文学的・哲学的救済

ソローがマサチューセッツ州コンコードのウォールデン池畔で過ごした二年余りの自給自足生活を題材とする『ウォールデン』(一八五四)は、今日のエコロジー運動やティーパーティ運動の先駆けとして論じられることが多い。だがカヴェルは、『ウォールデン』がその程度のものとしてしか読まれないということは、「アメリカ文化が永遠に自らの達成物を過大評価したり過小評価したりしている」(『センス』「ことば」の章)ことの証であると嘆く。カヴェルにとってこの書は第一に、「英雄的書物」、アメリカという新しい国の聖典たることを目指している。これにはいくつもの意味が込められているが、本章の文脈で最も重要なのは、この書が「言語全体の文学的救済」(同書「ポーション」の章)を目指しているというカヴェルの解釈である。「書くこと——英雄的な執筆、一国家の聖典を書くこと——は、言語それ自体の条件を想定しなければならない。国家が再び真摯な話しことばの能力をもつようになるまで、ともかく言語というものが存在するという事実をいわば再体験せねばならず、それに対する責任を負う——それを承認する方法を見いだす——ということをせねばならない」(同書「ことば」の章、強調筆者)。

国家に新しい叙事詩を新しい聖典として与えようという野望において、『ウォールデン』は、ミルトンの『失楽園』を継承する。だが、この書が、小屋の建設や畑仕事や収穫といった日々の慎ましい出来事の詳細な記録で埋め尽くされているという事実は、アメリカ文化の自己救済が、もはやヨーロッパの単なる模倣によっては達成されないというソローの信念を物語っている。カヴェルはここに自らの哲学的使命を重ね合わせ、同時に、ソローの「書くことによる言語の救済」という企図に、日常言語哲学の「言葉を故郷へと連れもどす」という目標を重ね合わせる。「『ウォールデン』のことばが行なうたゆみなき算定／見積もりは、言語を救い出し、われわれのもとに回帰させ、われわれと言語を相互に解放させ、それぞれの自律性を発見しようとするこの本の試みの一環である。ことばが回帰するために必要なものは、(……)ことばのもつ複雑さと、自由にさせてやるならそれがある機会にはもちうる単純さを、われわれの方で悟ることである。このことはとりもなおさず、われわれが自分のことばを選択することはできてもその意味を選択することはできないと承認することを意味している。ことばの意味は、ことばが所属する言語のうちにある。そして、われわれが言語を所有するということは、言語のうちである生活様式をとることであり、われわれが言語に対して求めるものである」（同書「センテンス」の章）。

したがって、ソローによる言語の文学的救済は、同時に、言語の哲学的救済でもある。言葉の回帰は、我々がその対象を回復することを必要とする。カヴェルによればこれは、物自体*の不可知性を認めるカント哲学が生き残らせた懐疑論に応答するために是非とも必要なことである。その意味で『ウォールデン』はこの懐疑論への応答の書でもある。この書は、カントの超越論的観念論がやり残した仕事（それをカヴェルは「物自体という範疇の演繹」と呼ぶ）を、ウィトゲンシュタインとハイデガーに先んじて引き受けた偉大な哲学書なのである。

エマソンの道徳的完成主義

強制力なき模範として自らを提供する日常言語哲学者と批評家に纏わるテーゼ⑥は、カヴェルの描くソローの姿、すなわち、州と合衆国から距離をとって書くことによって生活を見直し、新たな聖典を国民に授けようとする姿にも具現されてはいる。だが、このテーゼが示唆する人間像は、カヴェルがエマソンの「道徳的完成主義」と呼ぶ立場においてこそ完全に描写されるであろう。エマソンの完成主義は、カヴェルが「知られざる女性のメロドラマ」と呼ぶ一九三〇～四〇年代のハリウッド・メロドラマの分析（『涙への抵抗』（*Contesting Tears*, 一九九六））における理論的支柱である一方で、彼の政治思想の理論的基盤ともなっている。エマソンの完成主義は、人格の発展を、最高善の達成という終点を持たない——その意味で「無目標の（goalless）」——不断の自己超越の過程として描く一方で、「自己のそれぞれの状態が、いわば最終的なものであり、それぞれの状態が一つの世界（エマソン言うところの、一つの円）を構成しており、それは各人が望んだものでもある」（『条

＊物自体（Ding an sich）　カント哲学の基本用語であり、「現象」の対義語。認識不可能な本体として、認識主観に現れる現象の背後に要請される超越論的客観のこと。

件』序論）とも考える。だが、こうした完成主義の立場に対しては、ジョン・ロールズがニーチェの超人思想に向けたのと同じ批判が浴びせられる可能性がある。いわく、自己実現を過剰に称揚する完成主義は民主主義社会におけるエリート主義や不平等肯定論をもたらしうると。

　これに対してカヴェルは、彼がロールズの『正義論』の最大の長所と見なすものはエマソンの完成主義によってこそ補完されうると主張する。『正義論』の美点は、「制度的民主主義を内部から批判するための体系的枠組を確立するのにそれが成功したこと」（同所）にあるが、しかし民主主義的な制度の存在が民主主義的な個人の存在を保証してくれるわけではない。むしろ、民主主義的に思考し行動する個人こそが民主主義的制度の存続を保証するのである。その意味では、現行のシステムの不備を批判し修正する制度上の可能性を現実化できるのは、アプリオリに固定された目的を持たないという意味で「無目標の」完成主義者だけであると言える。たしかに完成主義者は――カヴェルの描くメロドラマのヒロイン達のように――そのつどの「世界」に満足しないことによって、慣習に対して反抗的になることもあろう。だがそれは、民主主義こそが多様な生き方を許容する唯一の制度であることを同胞達に気づかせ、よりよい公正さを実現するための対話の可能性を開く、一つの模範ないし範例になりうる。

　これを支えるのが、エマソンの完成主義の核をなす「自己信頼」の思想である――「このうえなく私的で、このうえなく隠密なおのれの予感のなかへ深くもぐればもぐるほど、驚いたことに、学者がそこに見いだすのは、万人にもっとも受け入れられるもの、もっとも公共的なもの、だれにとっても真実であるものだ」（エマソン「アメリカの学者」）。そしてこれは、あえて我々を代弁する日常言語の哲学者と「普遍的な声で」語ろうとする批評家の根本的な態度でもある。

3　懐疑論の回帰・悲劇・映画

カヴェルは、後期ウィトゲンシュタインとオースティンを共に「日常言語哲学」を代表する哲学者と見なすが、哲学的懐疑論者に対する態度に関しては、両者の間に根本的な違いがあるとも考える。哲学的問題に対峙してウィトゲンシュタインがとる方法は、「我々はそれをどんな場合に、どんなものについて言うのか」と問うことで、我々の言語の文法を我々に思い起こさせるというものである。だがそれは彼の場合、実質的には、それぞれの概念の適用の「規準」を想起させることを意味する。ところがウィトゲンシュタインの言う「規準」は、日常的なそれとはいくつかの重要な点で異なる。

規準と懐疑論

第一に、日常的規準の場合、設定された規準は自明視され、判断の候補となる対象がその規準をどれだけ満たしているかが、「標準（standard）」に照らして値踏みされる。たとえばドッグショーでは、よいペキニーズ犬であるための諸規準が設定されたうえで、候補となるペキニーズ犬がそれらをどれだけ満たしているかが標準によって判定され、その結果としてランキングがなされる。これに対してウィトゲンシュタイン的規準の場合——たとえば、「彼女が来るのを期待している」という概念を誰かに適用する場合——標準を参照するという独立の段階が存在しない。よって、ある概念を適用するための規準を持っているということは、すでに、個々の事例においてその規準が適用されるかどうかを知っているということを意味する。すると、もしその適用に疑いが生じたならば、その候補者は即座に非標準的であることになる。そしてこれは、概念の適用の決定的な規準は存在しないということを意味する。

第二に、日常的規準の場合、判断の候補となるのがどんな種類の対象であるかは既知のこととして、それの身分やランクを決定するのに規準が適用される。たとえば、顕微鏡で観察されているものがウィルスであることは当然とされたうえで、それがインフルエンザウィルスなのか、エボラウィルスなのか……を判断するために規準が適用される。これに対してウィトゲンシュタインの規準の場合は逆に、そもそもどんな種類の対象であるかを知るために、規準が用いられる。彼が問題にしているのは、何かが椅子（歯痛、読んでいること、ある規則に従っていること……）であるための、したがってそれが椅子……であると我々が判断できるための規準だからである。だが、カヴェルに言わせれば、もしこれらごく普通の概念が使用のための規準を必要とするのなら、そもそも我々が何かについて語る時に用いるどんな概念も、ウィトゲンシュタイン的規準を必要とすることになる。そしてこれは、どんなつまらない事実言明も、価値判断が従っているのと同じ論理に従っているということを意味する。言ってみれば、「価値について判断できる生き物だけが、事実を述べることができる」（『理性』第一部）ということである。すると、前節で美学の問題に関して浮上したテーゼ⑤が――ゆえにテーゼ④も――ウィトゲンシュタイン的規準についても言えることになる。そしてこれが、それと日常的規準との第三の違いを構成する。

　第三に、日常的規準の場合、規準を設定し適用する集団（権威）は、対象の種類に応じて変化するのに対して、ウィトゲンシュタイン的規準の場合、権威はいつも「我々」であり、規準はいつも「我々の」規準である。すると、ウィトゲンシュタイン的規準に訴えるということは、テーゼ④と⑤から明らかな通り、あくまで「共同体への要求」であって、ドッグショーの審査員たちが、ある候補に関して対立した意見を調停するべく、よいペキニーズ犬の規準を改めて参照するというのとは根本的に異なる。なぜなら、よいペキニーズ犬の規準とは違って、我々には、何かが椅子であることの、何かが期待であることの……等の、無数の規準を取り決めた覚えなどないからである。したがって、ウィトゲンシュタイン的規準に訴えるということは、むしろ、「我々が驚くべき範囲で現に判断において一致しているという驚くべき事実を意識に呼び起こすためのものなのだ」（同所）。ウィトゲンシュタインはこの一致を「生活形式の一致（Übereinstimmung der Lebensform）」（『探究』第二四一節）と呼んだ。カヴェルは、この「Übereinstimmung」というドイツ語を、通例のように「agreement」という英単語に訳すことに反対する。件の用語が示唆しているのは、所与の事例において人々が殊更に一致するということではなく、むしろ音階や音程、時計や体重計などについて言われるように、ずっと合っている、調和しているということだからである。それゆえ彼はこのドイツ語を「attunement（同調）」と訳す。だが、カヴェルのこの提案は、懐疑論者への応答としては逆効果のように見える。なぜなら、我々が規準に訴えるのは、哲学者の懐疑的な問いが我々の間の同調を攪乱する時であるのに、その訴えは、我々の言語使用における一致が我々の生活形式における同調にほかならないという事実を、また別の仕方で記述したにすぎないからである。ウィトゲンシュタインが言うように、哲学の問題が「私はもうどうしてよいか分からない」（『探究』第一二三節）という形式を持つのだとしたら、懐疑論者の目から見れば、単なる同調の事実にしがみつくことでしかない日常言語哲学者の「共同体への要求」は、真実から目を背ける不誠実なやり方と映らざるをえないのではなかろうか。

だが、前節で見たように、規準に訴えることとは、徴候に訴えることとは違い、何かを文法的に——論理的に——確実にするのではなかったのか。少なくとも伝統的な解釈は、規準への訴えが超越論的な論証に似た役割を果たすと考えてきた。つまり、何かがXの規準であるということは、経験の問題ではなく定義の問題であって、Xの規準が充足されているならば、それはXの存在を疑う余地なく確証する、ということである。だがカヴェルは、懐疑論者に向き合うウィトゲンシュタインの哲学は、規準にはそんな役割は果たせないということを認めることから始まるのだと主張する。痛みの規準と見なされるもの（顰め面、額の脂汗、呻き声……）の存在が、他者の痛みの存在についての我々の知識を超越論的に保証することなどできない。なぜなら我々は、呻き声が痛みの規準であるからこそ、それを使って痛みがあるふりをすることができるからである。痛みの規準が文法的に保証するのは、痛みという概念を、他者のふるまいに適用すること——それが痛みのふるまいであると正当に判断すること——だけである。

したがって、規準へのウィトゲンシュタインの訴えは懐疑論を論駁するためのものではない。彼はむしろ、我々は外界や他者の心の存在を確実に知ってはいないという懐疑論者の結論を否定することができないことを認めたうえで、この結論を次のように読み替えるのである。すなわち、全体としての世界に対する、あるいは他者一般に対する我々の関係は、知るという関係ではないのだと。これをカヴェルは「懐疑論の真実」と呼ぶ。重要なのは、我々が同調することで規準を共有することが、我々が言語で思考し意思疎通できるための条件であるのなら、懐疑論がその条件の自然な可能性であることを認めることである。この「真実」を認めてやることで初めて我々は、懐疑論者に本当の意味で応答できるようになる。なぜなら、いまやそれは、我々は世界や他者一般を知り損なっている――知ることができない――わけではない、ということを意味するからだ。すると、懐疑論者の真の問題点は、オースティンの信じるように、彼の切望する知識を規準が与えてくれるということを理解しないことにあるのではなく、知識が問題とはならないような次元――人間同士が、そして人間と世界が、規準を介して結ばれているような次元――で知識の問題を提起していることにある。すると懐疑論者は結局、規準が彼らの要求に応じないのは規準の欠陥であり無能さであると見なすことをもって、我々の規準を、したがって我々の「共同体／共同性への要求」を拒絶していることになる。カヴェルに言わせれば、懐疑論者は、他者と「共に（con-）・語る（dic-）」のを拒むことによって、人間の条件（con-di-tion）を拒んでいるのである。これはもはや悲劇の領域に属さないだろうか。

カヴェルによれば、こうした懐疑論における真実を、そして共同体への要求を拒む懐疑論者の真の姿を暴くことができる哲学は、日常言語哲学だけである。だが、人間の条件を拒まざるをえない懐疑論がまさにその人間の条件の自然な可能性でもあるのなら、懐疑論が展開される舞台が哲学に限られるはずはない。こうしてカヴェルは、懐疑論を追って、懐疑論が現れ、研究され、克服される舞台として、文学、オペラ、そして映画の領域へと踏み込んでいくことになる。

シェイクスピアにおける懐疑論

懐疑論の研究という文脈でシェイクスピアの悲劇作品を指摘されるなら、誰しも『オセロ』（一六〇二）を思い浮かべるであろう。カヴェルもやはりこの作品を取り上げるのだが（『知識と縁を切る』（*Disowning Knowledge*, 一九八七）、以下『知識』と略記）、しかし彼は、主人公のオセロを、他者の心の存在に関する懐疑論者に準えるのではない。むしろ彼は、オセロとヒロインのデズデモーナの関係を、外界の存在に関する懐疑論者と世界との関係に準えることで、外界の懐疑論者の哲学的心理学とでも呼べるものを展開するのである。そこで明らかになるのは、懐疑論者が外界の存在に関して抱く執拗な疑念の起源は「嫉妬」という概念で記述できるということ、そして、世界に対する懐疑論者の態度を「致死的（death-dealing）」なものとして理解できるということである。

カヴェルは、懐疑論者にとって世界はまるで生きた話者のようだと言う。第一に、デカルト以降の認識論者達は、感覚の「証言」や「発言」の疑わしさをよく話題にするが、ここからも、本来は人間の発話に適用される概念を彼らが人間と世界の関係という文脈へとごく自然に投射していることが分かる。第二に、懐疑論者は、「だがあなたは外界が存在するとただ信じているだけなのだ」などと主張することによって、やはり人間と世界の関係という文脈に「信念」や「疑念」という概念を投射する。しかもその際——第三に——懐疑論者はそれらの概念を捩ったかたちで投射するのである。信念や疑念というのは、本来は文や命題そのものにではなく、他者の言明に向けられるものであり、ある人がある命題を信じているという言い方は、あくまで、その命題を発話する人を信じるという言い方に寄生しているのであって、その逆ではない（これはカヴェルにとって、オースティンの言語理論の前提をなす考え方である）。ところが認識論者は、右の投射を行う際に、その関係を逆転させるのである。こうして哲学者達は世界を、我々に対して何か信じられたり信じられなかったりするようなことを言う一人の話者へと変える。これに応じて懐疑論者の問いは、「我々は、世界が我々に対して行う、ここに木が存在するという主張を、どうやって確証すればよいのか」というものへと変形する。このとき懐疑論者は、「それは夢かもしれない」とか「それは幻覚かもしれない」といった他の反対証言をすべて却下して、「ここに木が存在する」という世界の証言だけを信じたいと切望しながら、それを信じることができない者として現れる。この姿はまさに、デズデモーナの不貞についてのイアーゴーの讒言や、不貞の事実を語っているように思われる証拠などをすべて排除して彼女の言葉を信じたいと切望しながら、信じることのできないオセロの姿そのものである。

こうして、感覚の証言に対する懐疑論者の疑念が、実は嫉妬に起源を持つことが明らかとなる。彼が切望するのは、典型的な他者である世界と完全に排他的で——他のいかなる主張もそれを反証しえない——親密な関係を築くことである。しかし、この欲求はその本質からして満たされえないものである。なぜなら、そうした関係は、世界を彼にとって世界たらしめている世界の「外在性」——世界が認知主体としての彼の外部にあって独立していること――を抹消することを意味するからである。懐疑論者の嫉妬の炎は、いよいよ燃え上がらざるをえない。

嫉妬に狂う懐疑論者と世界の関係は、『オセロ』の悲劇と同じ結末を辿ることになる。この悲劇では、オセロは最後にデズデモーナを殺害する。それと同じように、世界はついには懐疑論者の手の中で死ぬ――世界の存在についての懐疑論が「致死的」と言われるのはこのためである。これをカヴェルは次のように解説する。世界が懐疑論者の期待を裏切り続けることによって、世界は彼にとって次第にどうでもよいものになっていく。もちろんその根本には、テーゼ②で見たように、我々が世界と結び付くための条件である規準における同調を懐疑論者が拒絶しているという事実がある。だが規準とは、何があるものの一例に数えられるか（what *counts* as an instance of something）を我々に教えるものである。ここでカヴェルは、この「count」という語の二義性を利用してこう主張する。規準は、世界内の存在者の個別化の原理である（椅子の規準は何が椅子に数えられる（count）かの規準である）と同時に、何が人間にとって重要である（count）のかを示してもいると。したがって、規準によって制御される我々の概念の構造は、人間の関心の構造を表現しており、我々が規準において同調しているということは、世界に対する我々の関心が同調しているということの表現である。すると懐疑論者は、規準における同調を拒絶することで、世界に対する人間的な関心を共有するのを拒んだことになる。つまり彼は、語から規準を剝奪することで、世界を構成する諸対象の多様性を消失させ、同時に、彼の関心を惹く力を世界から奪ってしまったことになる。そしてこれは彼にとっての世界の死を意味する。それはさらに――物語の結末でデズデモーナの亡骸に口づけしつつ自ら命を絶ったオセロのように――懐疑論者自身の人間としての死をも意味するだろう。

懐疑論者の真実の姿をこのように描くなら、懐疑論から癒やされるために必要なのは、世界を生き返らせることであることが分かる。哲学においてそれが意味するのは、世界と私の根源的な関係が知る（know）という関係ではないことを受け入れ、世界を私の必然的な他者として承認する（acknowledge）こと、世界が私にとって魅力的であるのは、世界が私自身の存在の外部にあるからこそであるのを認めることである。それはまた――懐疑論者が人間と世界の関係に信念と疑念という概念を投射したのに対抗して、通常は人間のあいだに成り立つ「愛する」という関係を人間と世界の関係へと投射するなら——「世界と恋に落ちること」（『理性』第二部）でもある。カヴェルによれば、これこそが日常言語哲学の目標である。日常言語への訴えは、我々の規準を「列挙する（recount）」ことによって「見直す（recount）」こと、またそれによって世界に再び命を吹き込み、同時に私自身の存在を回復することである。それはまた——規準が常に我々の規準であり、規準の列挙が共同体／共同性への要求であるのなら——他者の存在を承認することでもある。

映画は懐疑論の動く映像である

一九七一年の映画論『眼に映る世界』（以下『世界』と略記）で、驚くことにカヴェルは、映画をも懐疑論という脈絡の中で扱おうとする。映画作品の大半が懐疑論的主題を扱っているというのではない。映画という芸術形態それ自身が、懐疑論の産物であると同時に懐疑論を克服する試みであると言うのだ。この謎めいた主張を理解する鍵は、その書名にある。「*The World Viewed*」というタイトルは、ハイデガーの講演「世界像の時代」（一九三八）——原題は *Die Zeit des Weltbildes* だが、英訳は *The Age of the World View* ——からとられたものである。この講演でハイデガーは、近代とは、世界に対する人間の関係が科学によって専有されることによって、人間が主観（Subjekt）となり、世界それ自体が像（Bild）になった時代であると診断する。この主張は、カヴェルが近代以降の西洋文化に特有の現象と見なす懐疑論と、西洋文明が生み出した最新の芸術形態の一つである映画とを関連づける根拠となる。

カヴェルは、「映画というメディアの物理的基盤（平面的で枠どられた支持体が絵画のメディアの物理的基盤であるように）は（……）連続した自動的な世界の投射である」（『世界』第一一節）と言う。この「自動性」は、撮影カメラの自動性と映写機の自動性を、つまり世界が連続的に投射される際の人間の手の不在を意味している。この物理的基盤のおかげで、映画は、見られることのないまま世界を見ることを我々に可能にし、それによって、我々の「世界の魔術的再生への願望」（同書第一四節）を満たす。この願望こそ、カヴェルによれば、懐疑的衝動に駆られた近代哲学の宿願である。このようにして我々が見たいと望んでいるのは、懐疑論者が世界そのものだと考えるもの、つまり、我々が世界を見ることそのものを可能にする超越論的な条件である。映画の自動性は、映画において世界が出現するための条件である。言ってみれば、「映画は世界に対するわれわれの距離と無力さそのものを、世界の自然な出現の条件と見なす。映画は世界それ自体の展示を約束する」（同書第一六節）のである――「映画は懐疑論の動く映像である」（「続・眼に映る世界」（『世界』所収））。

カヴェルは、映画は絵画や写真と同様に現実の幻影でしかないという意見や、映画は我々の世界の見方を変えたといった主張に反対する。事実はその逆で、映画は「現実をめぐるわれわれの幻影と戦い、あるいはそれを宙づりにするために現実に注意を向けるという芸術の願望」（同所）を他の芸術形式と共有している。むしろ、映画がこれほど容易に世界中に波及したことは、ハイデガーが分析したように、世界全体としての像の外部に主観が位置するというのが我々の現実であるということを示している。「映画が世界を変位させるということは、世界からのわれわれのまえもっての疎外の確認であり、その説明になってさえいる。映画において獲得された「現実感」は、その現実、それに対してわれわれがすでに距離を感じているような現実の感触なのである」（同所）。

著作と翻訳

1　*Must We Mean What We Say?: A Book of Essays*, Cambridge U.P., 1969, updated edition 2002.

＊オースティン、ウィトゲンシュタイン、キェルケゴール、音楽、ベケット、シェイクスピアを主題とするカヴェルの初期論文集。彼の哲学的モチーフのほぼ全てが凝縮されている。

2　『眼に映る世界――映画の存在論についての考察』（*The World Viewed: Reflections on the Ontology of Film*, Harvard U.P., 1971, enlarged edition 1979. 石原陽一郎訳、法政大学出版局、二〇一二年）

＊豊富な映画的教養を披露しつつ、映画の存在論を懐疑論とも絡めて展開する、カヴェルの名人芸的な一冊。

3　『センス・オブ・ウォールデン』（*The Senses of Walden*, Viking Press, 1972, expanded edition (North Point Press) 1981. 齋藤直子訳、法政大学出版局、二〇〇五年）

＊カヴェル自身が『ウォールデン』をもっと難解にするのが目的だと公言する、難解なソロー論。この書から日常言語哲学との関連性を読み解けるかどうかが、カヴェル哲学を理解するひとつの鍵である。

4 *The Claim of Reason: Wittgenstein, Skepticism, Morality, and Tragedy*, Oxford U.P., 1979, new edition 1999.
＊名実ともにカヴェルの主著。彼の二つのメイントピックである日常言語哲学と懐疑論が丹念に論じられている。

5 *Pursuits of Happiness: The Hollywood Comedy of Remarriage*, Harvard U.P., 1981.
＊一九三〇年代と四〇年代のハリウッド黄金期の七作の「再婚コメディ」を懐疑論の克服という観点から論じる。

6 *Disowning Knowledge: In Six Plays of Shakespeare*, Cambridge U.P., 1987, *In Seven Plays of Shakespeare*, updated edition 2003.
＊1と4で論じられた「懐疑論の真実」とシェイクスピア作品との関連がより詳細に論じられている。

7 「没落に抵抗すること　文化の哲学者としてのウィトゲンシュタイン」("Declining Decline" in *This New Yet Unapproachable America: Lectures after Emerson after Wittgenstein*, Living Batch Press, 1989. 齋藤直子訳、『現代思想』第二六巻第一号、青土社、一九九八年一月)
＊ウィトゲンシュタインを文化批判の哲学者として読み、彼の後期哲学を独特な「自然主義」として解釈する挑発的な論考。

8 *Conditions Handsome and Unhandsome: The Constitution of Emersonian Perfectionism*, The University of Chicago Press, 1990.
＊エマソンの道徳的完成主義論、クリプキのウィトゲンシュタイン解釈批判、ロールズ論の三部構成。とくにクリプキ批判は、ウィトゲンシュタインを懐疑論者として読む点ではクリプキを評価する、カヴェルらしい議論である。

9 『哲学の〈声〉――デリダのオースティン批判論駁』(*A Pitch of Philosophy: Autobiographical Exercises*, Harvard U.P., 1994. 中川雄一訳、春秋社、二〇〇八年)
＊カヴェルの自伝的試論、デリダに対するオースティン擁護論、オペラ論の三部構成。

10 *Contesting Tears: The Hollywood Melodrama of the Unknown Woman*, The University of Chicago Press, 1996.
＊カヴェルが「知られざる女性のメロドラマ」と呼ぶ四〇年代のハリウッド・メロドラマを、懐疑論やエマソンの完成主義というモチーフから読解する。

第10章 「芸術」以後
——音楽の零度より ジョン・ケージ——

三松幸雄

ジョン・ケージ（John Cage, 一九一二〜九二）、現代の音楽家／芸術家。その活動の基盤には作曲の仕事が位置しているが、演奏などを通じた作品の上演に加えて、文学や美術の形態をとる作品の制作にも積極的に携わっていた。音楽と芸術に関する文章や対談も数多く発表しており、現在までに複数の著書が公刊されている。その仕事の全体は、芸術をはじめとする様々な分野に広く影響を及ぼし続けているが、本章ではそれらの哲学的な次元に焦点をあわせて考察を行う。はじめに、私たちの日常に溢れている一つの場面から説き起こし、音楽の基本構造と歴史的な諸条件について、作品と作曲者自身の言葉を手引きとしながら論じていく。考察はやがて「芸術」以後の存在論的な問いの布置を「生」と「自然」の内在的な圏域に沿って明らかにしていくことになる。

1 問題圏への導入

事例

いま、この書物の文字をたどる作業からしばらくのあいだ関心を逸らして、自分の周囲に生じている様々の音にあらためて耳を澄ませていただきたい。

たとえば、三〇秒のあいだ。

……どのような音が聴こえてくるだろうか。

窓の外からは、かすかな風の気配。近くにいる人々の小さな動作から生じる断片的な音の切れ端。本をめくる音。

椅子のきしみ。通り過ぎていく足音。空調の低い持続音。夜の都市に反響する自動車の遠いエンジン音。耳のあたりからは、か細い高音の耳鳴り——いま図書館でこの文章を書いている私に聴こえてくるのは、たとえばこうした音だ。

ケージの《四分三三秒》(*4′33″*, 1952) は、日本でもすでにそれなりに名の知られた作品であるので、現代哲学の本を手にとる人々であれば、右のような記述がこの楽曲を実際に上演した際に生じるのとよく似た状況を描き出したものでありうることを、漠然と予想しえたのかもしれない。

作曲法

同作品は任意の一楽器または複数楽器の組み合わせのために書かれた器楽曲であり、全体は三つの楽章からなる。先に記した三〇秒という設定は、初演の際にプログラムで第一楽章に指定されていた演奏時間にあたる(ただし、後年に出版された楽譜の註記によると、実際の演奏時間は三三秒であった)。曲の制作には、最初に着想を得てから実際に書き上げるまでの間、おおよそ四年ほどの期間が費やされたという。同じ頃、ケージは古代中国の書物『易経』による占筮から得られる託宣に従って作曲する実験にも着手している。それは、制作の過程から人間的な作為の余地をあたうかぎり消去すべく、(筮竹よりも入手の容易な)硬貨の投擲を介して告げられる偶然的かつ運命的な指針に、音楽上の選択や決定を委ねて楽曲を生成させる試みであった。

占卜による作曲法は、のちに〈偶運の作動《チャンス・オペレーションズ》〉と形容されるようになる。この手法で書かれた最初期の作品として、十二台のラジオのための《想像の風景 第四番》(*Imaginary Landscape No. 4*, 1951)、ピアノのための《変化の音楽》(または《易の音楽》*Music of Changes*, 1951) などがある。これらに続いて完成された《四分三三秒》では、作曲に際してタロットカードを模した手作りの仕掛けが使われているが、制作を占いに委ねるという原則自体は共有されている。『易経』はその後も継続的に活用され、晩年には硬貨の投擲に要する膨大な手続きを高速で処理するためのコンピュータ・プログラムが協働者の助力を得て作成されている。

易占に従って作曲するためには、そもそも音楽を構成しているどの要素を易に委ねるのかを決めておかねばならない。いわゆる芸術音楽の分野では、「音」という主要な媒体の属性が、音高(周波数)、強度(振幅)、音色(倍音構造）、持続（時間）などの基本的なパラメータに区別されることがある。この種の分類は、各種の量的スケールに基づいて対象の精密な記述を行う自然科学の方法を暗に模範としているが、ケージもまた音という媒体そのものを考慮するに際しておおむねこの自然主義的な観点を取ることから始めている。具体的には、《変化の音楽》の場合、使用される音は右の四つの属性それぞれに関して、音事象の重なり具合などとともに易のふるいにかけられており、《想像の風景　第四番》では、音高と強度をそれぞれ短波放送の周波数とラジオ受信機の音量に代えたうえで、諸属性の配分が占いによって指定されている。

　これに対し、《四分三三秒》では素材として「持続」だけが用いられており、それ以外の音の属性はすべて零度に還元されている。したがって、この曲の全体を通じて、演奏者は音の「時間」だけを演奏することになる。だが、それは何も演奏しないという状況を帰結するだろう。作曲者の母語による表現を逐語訳によって言い換えると、演奏者は無を演奏する（player plays *nothing*）ということでもある。もっとも、その演奏が純粋な無なるものを現実にもたらすわけではない。ケージの語法によれば、それは実際には「沈黙」（silence）を出現させる。「沈黙」という言葉の日常的な用法には無音の状態が漠然と含意されている。しかし、時間だけを演奏するこの作品の上演は、冒頭で記述した状況と同じように、意図せざる様々な音の偶然的な継起によって常に満たされることになる。《四分三三秒》を作曲していた時期にケージが得た重要な洞察のひとつは、音と沈黙は「持続」という属性のみを、したがって「時間」だけを共有しているということ、そして音がほとんど零度へと還元された「沈黙」において露わとなるであろうこの音の時間性こそ、音楽にとって最も基礎的な条件であるということだった［cf. S 13=34］。

　同曲がニューヨーク郊外の森の中にある小さな木造りの音楽堂で初演された際には、第一楽章で戸外にそよぐ風が、第二楽章では屋根に落ち始めた雨音が、第三楽章では人々の話し声や堂内から歩み去っていく足音などが聴こえたという［CC 65］。

2 音・楽音・沈黙

「音楽」の有限性

「芸術」という概念は今日から二五〇年ほど前に誕生した観念である。同様に、「音楽」という営みが芸術のジャンルとして自立した経緯も、ある時代の社会的な諸条件と無縁ではない。こうした背景を踏まえるなら、「音楽」ということでその地理‐歴史的な出自に限定された特定の「芸術」文化だけを考慮するのは、この観念のあまりにも狭く限定された用法であると考えることができる。

ケージは比較的早い時期からこの「音楽」の有限性に注意を払っており、「十八、十九世紀」に根ざしたその観念に代えて「音の組織化」という一般化された用語を提案したこともある［S 3=18］。この見方は音楽を地球規模の実践へと潜在的に解き放つものとなる。それは音楽民族学の研究にも従事していた師の作曲家カウエル（Henry Cowell, 一八九七～一九六五）の発想に近いところにあるが、他方でカウエルに続いて師事したシェーンベルク（Arnold Schönberg, 一八七四～一九五一）のようにあくまでも「西洋」音楽の内部にとどまった芸術家の立場からは遠い。音楽において音は不可欠の要素であるように思われる。しかし、この世界の中で——さしあたり、私たち「人間」にとって——音が存在する仕方にも種々の様態がありうる。

音の文化システム

一般に、「近代」以降の音楽に用いられる「音」（音響 sound）とは、「楽音」（musical tone）と呼ばれる特殊な存在者のことである。

それらは、標準化された声や楽器を通して、美的とされる精錬された響きをそなえ、完全四度や完全五度などの基本的な協和音程から導かれた音律と音階を形づくる。個々の楽音が「作品」内部に配される場合は、旋法や和声などの規則に従い、それなりに類型化された旋律線や和音の連結を作り出し、始まりから終わりへと目的論的に進行する曲の展開の中に織りこまれていく。ロマン主義時代のあたりになると、楽音のシステムは音楽家「個人」の意志や感情と結び付いた内面性や独創性といった価値をともない始める。その効果を物質的に支えているのは、調性内部での特殊な半音階表現の発明や、次第に複雑さを増していくリズム構造上の創意である。他方で、国民国家の中で再編成された「伝統」音楽の特徴を取り込みながら、楽音のシステムは教育などを通じて住民たちの心身や感受性を標準化する制度の一角をも担うようになる。

ケージの所論によると、「西洋」音楽において、こうした楽音の諸特徴をそなえているのか否かが、音という事象の全体を二分する判別基準として措かれている。音楽の素材は原則として楽音に限定され、作品中に配される楽音はただ他の楽音との様々な関係においてのみ、然るべき特定の有意味な位置を占めることができる。演奏が途切れた沈黙の時にふと聴こえてくる音がノイズや噪音として知覚されるのは、それらの音が楽音のネットワークと無関係の、それゆえに無意味な存在者であることによる。とはいえ、同時に、この無関係性は、音楽的な規範への最小限の関係が出現してくる閾を縁どるものであり、それゆえにそこで単なる音それ自身を鳴り響くままにするものとなるだろう。

音響の普遍集合《ユニヴァース》の内部で、楽音の無限集合は沈黙という無の補集合によって縁どられている。そこにはあらかじめ理解可能な意味地平の内部で音を体験させる文化のシステムが作動しており、楽音の体験領野から排除されるノイズは「「音楽的な」音」（"musical" tones）として知覚されることがない［cf. S 84=150］。それは外部の音を遮断する「音楽堂《コンサートホール》」という建築類型《ビルディング・タイプ》の発明や、そこを拠点として職業音楽家たちが楽曲を上演する「演奏会《コンサート》」という制度の普及などとも歴史的に連動したシステムでもある。

3　芸術の存在論

認識論・存在者論・（非－）存在論

楽音によって組織された「音楽」とは対照的に、《四分三三秒》を通して経験されるのは「沈黙」の状況であり、美的な洗練や表現性をそなえた「作品」の鑑賞体験ではない。

ケージの文章や発言には、「音楽」から取り除かれてきた様々なノイズが遍在する状況としてこの「沈黙」を語る場面が散見される。しばしば引用されるのが、あらゆる外部の音を締め出す無響室に入ったことで、普段は聴こえない血液循環と神経系の音が私たちの内部でつねに鳴り続けていることに気づかせられたという逸話である。それは沈黙が純粋な無音に最も近づいた状況であったが、にもかかわらず、人は生きている限り音のまったき不在を経験することができないという事実を告げている。音はそのように私たちの内外の至る所で不断に生じている。ゆえに、「私が死ぬまで音はあるだろう。そしてそれらは私の死後もあり続けるだろう」[S 8=25-26]。

ケージに帰せられる音楽作品の演奏や批評、聴取などの様々な実践には、この種の場面を典拠としながら、音楽的な無（沈黙）と無意味な音響（ノイズ）の遍在とを端的に同一視する傾向が散見される。けれども、それらの実践は、一方で音楽上の権利をノイズとその聴取に対して新たに拡張しつつも、他方で静寂を満たすノイズを物質的かつ実体的な存在者としての「客体《オブジェクト》」（＝対象）の次元で捉える図式をなおも維持している場合が少なくない。さらに、この存在者論（ontic）の構制とあいまって、そこでは音響という客体とそれを聴取する「主体《サブジェクト》」とを両極にとる古典的な認識論の構図が暗黙に前提されることになる。

そうした実践と解釈の地平は、たしかにケージの証言と部分的に呼応するところがある。「沈黙というようなものはない。音をたてる何かがつねに起きている」[S 191=307]。この種の観点だけをとるなら、「沈黙」は「ほとんど無」（リュック・フェラーリ）と留保つきで形容されるのが正当であることになる。

しかし、この存在者論の図式による限り、「無」という事象の文字通りの（無-）意味における形而上学的な概念は逸せられてしまう。そして、実のところ《四分三三秒》のような芸術作品が、無そのものをめぐる存在論あるいは非存在論（meontology）の構制のもとでひとを絶対的な「沈黙」の経験へと誘っているというのもまた確かなことなのである。

たとえば、「すべての何かは無の谺である」とケージは語っている[S 131=232]。こうした比喩を通して思弁的に言及されている「無」とは、ノイズという存在者に浸された「「相対的な」無」ではなく、あらゆる音が消滅した純粋な「無」としての沈黙であり、認知的・言語的な諸「関係」の手前に位置づけられるべき「「絶対的な」無」

をめぐる形而上学的な経験にほかならない［FB 92-93=76-77］。

形而上学とは一般に実在の基礎構造を記述する分野であり、これに下属する存在論とは、存在するもののカテゴリーを解明する部門である。芸術における形而上学および存在論ということで、ここでは、制作の領域で同じ事柄を問う営みである、とひとまず解しておこう。この問いの場からすれば、「ある関係を打ち立て、二つの項を結びつけるたびに、私たちは零の地点に立ち戻らないといけないのですが、私たちはそのことを忘れます。同じことが〈存在〉と〈無〉についても起こるのです！〔…〕私たちがこれらの観念について――音楽の音についてそうするように――語ろうとし、考えようとするとき、そこで本当に起こっていることが忘れられるのです」［FB 92=76］。

古典的認識論と存在者論の図式を前提しつつ営まれる音楽の実践は、偶然に推移していく無意味な音の連なりのもとに、たとえば一種の美的な興趣を呼びおこす響きの戯れを見出すことがあるかもしれない。ちょうどある種の視覚芸術の作品が、日常のありふれた事物や風景のもとに興味深い形態や色彩間の関係を見てとり、広義の「見出された対象」（found-object）として観者の前に提示してみせるように。けれども、そのような体験や技巧は依然としてケージが自らの仕事を介して変容を引き起こそうとした「芸術」の地平の内部を動いている。この点は、「関係」とそれを構築する〈主体／客体〉という対概念への積極的な参照をケージがほとんど方法的に回避していることからも明らかである。

所有から存在へ

主客の相関システムは「所有」（property）の節理《エコノミー》と不可分である。そこで経験される出来事は、自我に固有の体験領野に包摂され、主体の感覚や記憶、習慣などに即して意味づけられる。だが、このシステムは「私を「私の」作品に繋ぎ続ける」芸術の遺制に属している［FB 25］。それは音事象を「私」の理解や趣味判断の客体として表象させ、時に客観的に測定可能な事物として現前させる。「すべての音楽的客体〔…〕それらは音を作曲家が欲するものへとねじ曲げる」［FB 150=147］。音楽の〈作り手／聴き手〉という区別の如何にかかわらず、「私の」聴取や演奏によって美学化された私的な客体としての音響は、「私の死」以後も存在し続けるであろう生《き》のままの音それ自身と同じものではない。

ケージが自らの制作実践を通じてもたらそうとした「芸術」以後の芸術にとってより重要な、そして根本的な課題のひとつとなるのは、むしろ人間的主体によって所有される以前にあるはずのこの剝き出しの音それ自身、「私の」生と死から無縁に生きられているであろう野生の響きそのものを、ただそのままにしておくこと、これである。この課題はケージがしばしば用いていた次のような型の措辞によって簡潔に定式化されている。すなわち、「音をそれら自身で存在させること」。あるいは、音を「単なる音」（just sound(s)）——「ただの音」——であらしめること [cf. S 10, 81=28, 145 etc.]。

これらのテーゼや形象には、次のように要約されうる三つのトポスが顕在的かつ潜在的に含まれている。

(1)音そのものを「存在させる（let [...] *be*）」こと。これは当の事象それ自身への存在論的な関心のもとに遂行される。問題となるのは、権利上「すべての音楽的客体」の手前ですでに生きられている音の実在である。それらは認識の外部や現象の背後に想定される実体ではなく、私たちが日常的に棲み込んでいるこの生の至る所で生起しているものとして感受されるはずである。「それらはたしかにある。私は作曲者の意志にではなく、それらがそこに存在するという事実に関心があるのです」[FB 150=147]。

(2)音への存在論的な関心は、それらを「存在させる（*let* [...] be）」ことと不可分である。だが、それは客体を使役する構えをとる主体の主体性に先立つ振るまいである。それは存在するものに能動的に働きかける行為ではない。主客の固い相関が解きほぐされているこの身振りの様態を、ケージは禅または道家思想に即して「無為」（非‐行為 non-acting）、「無心」などと形容することがあった。ヒト動物の言語活動が行為の担い手を文法的に不可避に連想させるのだとすれば、この出来事を主宰しているのは「無名性の主体」なのだと言い換えてもよい [S 227=359]。

(3)音を存在させる無為の振るまいは、当の事象への問いと不可分である。「私の作品は問うている（*questioning*）ものにとどまる」とケージは述べている [FB 239=255]。そこで存在させようと試みている当のものについて、それが何であるのかをあらかじめ知ることはできない。それでも、人はその謎めいた事象をめぐる問いへと促されていく。無名性の主体は、あの「無の谺」としての沈黙が経験的な聴覚にとって未聞の音楽の兆しにとどまるのと同じように、「まだ生起したことがない何かについての非‐知（non-knowledge）」の次元に関わっている［S 39=77］。

関連する作品事例を挙げておこう。《木の子（即興Ⅰ）》（*Child of Tree* (*Improvisation I*), 1975）という曲では、複数の植物が増幅器つきの楽器として用いられる。奏者はある場面でサボテンの棘を針状のもので触れて音を出すが、そこからどのような音が起こるのかは誰にも分からない。同様の事態は、四つの法螺貝と火の音のための《入り江（即興Ⅱ）》（*Inlets* (*Improvisation II*), 1977）でも起こる。法螺貝の中の水の音や松かさについた火の音は、どのような制御も困難である。ここで求められているのは、何が生起するのかを参加者の誰もあらかじめ知ることができない音楽の非‐主体的な創造である。「その即興は趣味や記憶にもとづいていません、ひとはこうした楽器を知らないからです」［CC 88］。

このような音楽は、対象を意志的に選び取ることのできない無為への状況を開き、音楽的な非‐知の次元を保持することで音への問いを匿っている。そこには、ケージの協働者でもあったクリスチャン・ウォルフ（Christian Wolff, 一九三四〜）も述べるように「ほとんど無名性のもの」があり、「音がそれ自身にやって来る」とでも形容すべき事態が起きている［S 68=122］。そのうえで、ケージはこうした音への関わりを、私たちに課せられる一種の要請ないし当為の形式によって特徴づけてもいた。「ひとは単に何らかの〔音楽の〕実験をするのではなく、なされねばならない（*must*）ことを行う」［S 68=122］。ケージの芸術と近いところでも活動してきた音楽家ラ・モンテ・ヤング（La Monte Young, 一九三五〜）は、音存在への課題とその要請とを重ね合わせるかたちで、「私たちは音を音として存在させねばならない（*must let*）」と語っている。つまり、実験音楽における音への存在論的な関心は、音楽への個人的な欲求や偶然の趣味とは異質のある規範的な次元に根差しているということである。

ならば、この地点からさらに次のように問い進めることができるだろう。すなわち、この課題はなぜ、「私」の任意に委ねられているのではなく、むしろそれに応えるべき要請として経験されるというのか。そのような命法の根拠は何か。あるいはむしろ、その法はどこからやってくるのか。

根底としての生

これらの問いは互いに分離しがたい仕方で絡まりあっている。

(a) 一方の「なぜ」という問いは目的や理由を訊ねている。この種の問いが提起される場合、ケージは時に「意図的な無目的性」、「無目的性という目的」などの概念を用いて応じることがあった。「音楽を書く目的とは何か。〔…〕答えは逆説の形式をとらねばならない。すなわち、目的的な無目的性、あるいは無目的的な働き」[S 12, 14=32, 35]。

これらの応答はカント美学のある基本概念を反転させたような形象によっている。「目的なき合目的性」というのがそれである。「合目的性」とはこの場合、客体の美や崇高を経験する主体の心的能力を調和へと導く原理を指しているが、他方の「目的なき」という限定は、当の合目的性を支えるより上位の目的論的な原理が欠けていることを意味している。

これに対し、ケージの言う「無目的性」の働きとは――たとえば「沈黙」の経過の中で生滅していく様々な音響のように――作為から解かれた事象群の根拠なき共存在の様態であり、他方の「目的」とは、それらの遊動する事象を感受することが、人間的主体をひとつの「生」（life）をめぐる気づきへと導き、ひいては生それ自身への脱人間的な変容をも引き起こす、そのような創造と変化の原理を肯定する概念である。

さらに、この〔無-〕目的的な「生」の概念は次のように語られる存在論的‐形而上学的な前提を伴っている。すなわち、「生気のない存在も、生きている存在と同様に、生をもっている。音は生きている」[FB 88=71]。このような生の圏域では、存在者たちの間の潜在的な未規定性が原理として機能し始める。つまり、有機物と無機物、人間的なものと非人間的なもの、人工物と生命体などの間の分節や対立が、そこでは互いに識別できないものと化し、一方から他方への絶えざる移行が不可避に生じるということである。

なぜ音そのものを存在させねばならないのか。この要請は、類や種への分化に先立つこの生の無目的的な連続域に根差している。それは、音響がそれら自身で自在に繰り広げている有機的または無機的な運動を、人間による表現への意志や独創的な洗練によって損ねてはならないという否定形の要求とともにある。これは、しかし、有限の人間的生が脱主体化された生の肯定に至る途上で通過しなければならない否定の道である。「この〔無目的性の〕働きは、しかし、生の肯定である――混沌から秩序をもたらすことではなく」――つまり、相対的な無から有をつくりだそうとする主意的な創造行為ではなく――「私たちが生きているこの生そのものに単純に目覚めること」[S 12=32]。

(b)このような生の肯定が、生それ自身と異なる何かを根拠として起こる判断や回心ではないということ。それは内在的な――一切の時空的な外部への超越を欠いた――ひとつの生の只中におけるまったき肯定の出来事であり、その論理的表現は、いわば〈生きているゆえに生きている〉というものであるだろう。音をそれ自身で存在させよという促しは、この〈ゆえに〉によって示される生の自己原因（causa sui）を母胎とする。

存在論的な課題の目的への問いに対し、一種の同語反復による表明を引き寄せるこの内在性の場は、ケージがたびたび引用する神秘思想家マイスター・エックハルトの言う「根底」（根拠 grunt）と同じく[S 35f=70f]――そしてケージが引用することのなかった「無底」（脱根拠 abgrunt）という形象が告げるのと同じように――尽きることなく「なぜなしに」（âne warumbe; ohne Warum）湧き出でる生の源泉でもある。「あなたはなぜ生きるのか」――「私は生きるゆえに生きる」――「生は、それが自らを生きるまさにそのところにおいて、「なぜなしに」生きている」（「説教五b」）。

音の存在への要請はどこから来るのか。この底なしの「根底」こそ、そのような場所であって、それは非人間的な音事象との世界内共存在を介して脱人間化されつつある「私」たちが現に棲み込んでいるところの、そして「私」たち自身がそれであるところの、この「生」そのものにほかならない。芸術における存在への呼びかけは、ここことは別の場所からやってくる何かではなく、この生から、自らへとやって来る〈外〉の声であり、同じものにおける別のものへの変化の兆候であって、私ならざる生それ自身の変容への導きである。

4　音楽の零度へ

過程への移行

後漢代に著わされた字源釈義の書『説文解字《せつもんかいじ》』によると、「易」という文字の古形は皮膚の色を変化させる蜥蜴《とかげ》を意味している。その線の運動は、蜥蜴の頭部（「日」）と胴体（「勹《ほう》」）、そして体表に映える光彩のきらめきを表わした三つの線（彡《さん》）が合わさった形状に由来し、そこから「変わる」「変える」といった意味合いが生じてくる。『易経』が『変化の書』とも意訳されるゆえんである。

生命体はすべて、有機と無機を問わず、たまたまそこに棲み込んでいる環境世界の只中で、自己のありようを然るべき仕方で変貌させる。音という無機物に「生」の息吹きを感受した音楽家は、近代生物学の分類体系に先立つ観念がそうであったように、地質学的な時間の尺度で変化し続ける大小の鉱物の表面や内部に地球と地続きの脈動を聴きとることができたに違いない。「最近の私の一番の関心は石です」——「植物が私を石に導いてくれました。そしてそれらの石は、私を警報機が出すような固定した音に導いてくれるのかもしれません」[CC 31, 236]。

変化する生の相貌は、自然世界の実在《リアリティ》を告げる出来事の暗号となりうる。ある種の存在論によれば、本当に存在するものは原子的な単位から構成された不変の実体ではなく、絶えず変化し流れ去っていくひとつの連続的な推移として生じている。「花が咲く」という出来事の分節は、人間の言語的認知に依存した把握である。だが、植物の生そのものは、種子の発芽から茎や葉の成長、開花、そして種子の散布から枯死を経て次世代の生長に至るまで、種と個体の間で一瞬たりとも止むことなく変貌し続けている。生きている存在者に特徴的なこの移行の連続相を、ケージはしばしば「過程」（process）という言葉で呼んでいた。芸術の出来事もまた、それを客体として所有する者が不在であるときには、恒存的な物体ではなく、時間の中で経過していく力動的な事象として生成するだろう。「作品はそれ自身になる（*make itself*）ためにそれ自身に還る。それは流動（current）に、流れ（flux）になる。〔…〕ものごとを引き受けるひとがいなくなるや否や、客体から過程への移行（passage）がある」[FB 177n1=192]。

ただし、ここに言われる「作品」という人工物のもとで、何らかの自然の摂理や自然種のような普遍的実体が目的論的に再生産されることは想定されていない。ある種の音楽文化では、音響の構造体に何らかの理《ことわり》ないしロゴスを模倣するという意味や思想が象徴的に担わされることがある。日本の雅楽における四種の旋法と四季を対応させる「時の調子」や、倍音比率のもとに宇宙の調和を聴きとるピュタゴラス派の「天球の音楽」のように。しかし、現代の芸術における「出来事性（本質的に無目的の過程）」[S 38=75] は、ケージにとって、秩序とカオスの縁に起こる予測不可能な逸脱や多方向への散乱といった破調の（反-）美学を根本特徴とするだろう。ここには、「根拠《アルケー》」（*ἀρχή*）の概念に否定の接頭辞α-が付された文字通りの意味における「アナーキー」（*ἀν-αρχία*; anarchy）の開けの内に捉えられた、芸術の理念と自然そして政治に関するある特異な思考と直観が控えている。

初期の論考から晩年の発言に至るまで、ケージは芸術の定義としてクーマラスワミ（Ananda K. Coomaraswammy, 一八七七～一九四七）の次のような言葉を繰りかえし参照していた。「芸術とは自然をその作動《オペレーション》において模倣することである」[S 100=174]――「最も高次の目的は、目的を一切もたないことである。これはひとをして自然が作動する仕方に協和させる」[S 155=271]。

この〈自然の作動の模倣〉という考え方を、世界内の様々な事物を何らかの媒体を用いて再現しようとする芸術の「表象的体制」の内部で解釈してしまうと、今日の芸術がすでにその内に置かれている「美学的（感性論的 esthétique）体制」のもとでは、主客の相関システムに基づく感受性や相互行為の因襲に適応した「作品」を再生産する規則へと容易に転化してしまうだろう。――私たちはここですでに、芸術に関するケージ-クーマラスワミの定義の只中に、いわば肯定的な脱構築の論理を働かせるべく、芸術を三つの「体制」に分割するランシエール（Jacques Rancière, 一九四〇～）の概念を参照している。

ランシエールの所論によると、技術や芸術の所産に割り当てられる意味は、その体制に固有の公理群によって規定される。

芸術の諸体制

第一の倫理的体制の場合、聖像や経典、祭礼などは、人間の生を共同体の内部で調和的に組織する「慣習」すなわち「エートス」の公理と密着しており、それらの生産物や行為は「芸術」として個体化されていない。対する第二の表象的体制において、「芸術」とその諸ジャンルの区別が可視化され、「作品」の価値判断や評価を支える諸規範のシステムが発展していく。この体制の中で枢要となる公理が「模倣」すなわち「ミメーシス」の原則である。そこでは、生産物を現実の追体験へと固有化するミメーシスの「詩学」によって芸術の領域が画定され、生産物の質的洗練を評価する基準が――その価値判断を担う「個人」の分化とともに――日常の有用性や共同のエートスから引き離される。それは生の圏域からの芸術の「自律」を強め、〈芸術のための芸術〉をもたらし、日常に対する芸術の優位という階層関係を社会に組み込んでいく。

これらと対照をなすのが第三の美学的体制である。そこでの芸術は、その生産物そのものに特有の感覚的なありようによって実践的かつ存在論的に同定される。その際に決定的となる契機のひとつがミメーシス原則の破綻であり、それゆえに生とそこからの自律を指向していた芸術とのあいだの境界も動揺し始める。美学的体制の状況下では、ある事物や出来事が芸術と生のいずれに属しているのかについて明確な区別を与えてくれる原理は存在しない。その結果、いわば「反美学的」な外見をした、しばしば日常にありふれている物体が、集団の生を新たに編成しうるものとして美学的体制へと参入するようになる。この状況はケージが——美術批評のフリード（Michael Fried，一九三九〜）が論難していたのとは異なる含意のもとで——「演劇」に準えていたものに通底するだろう。

かくして現代の芸術はそれ自身にとって異他的なものへと変貌し始める。今日の資本主義システムにおける「普遍的」媒体としての段ボールなどの破棄物を支持体に接合したラウシェンバーグ（Robert Rauschenberg，一九二五〜二〇〇八）の美術作品や、大量の中古品の積層、ガムテープによる被覆などによって仮設的な場所や建造物を作り出すヒルシュホルン（Thomas Hirschhorn，一九五七〜）のインスタレーションを経験する時、日常の平板さやそこから排除されたものと地続きの素材からなるそれらの人工物を、芸術界《アートワールド》の内部で単純に「美しい」ものとして享受するのは難しい。あるいは、特殊奏法によって異化された非‐楽音からなるチェルノヴィン（Chaya Czernowin，一九五七〜）の作品は、鼓膜に接触する剝き出しの響きによって聴覚的自然の原光景を露呈させる。

むろん、これらの状況は、何であれ恣意的に許容されるという主張を帰結するものではない。価値相対主義による判断や真理問題の解消とは異なり、ランシエールが今日の芸術を内的に異化する操作として提示するのは、所与の秩序を統治している感覚的なものの分割——知覚しうるものと言語化しうるもののあいだの編成——を再編成へと促す「不和《ディセンサス》」という思考の介入的実践である。

何ものも表象しないケージの《四分三三秒》を、美学的体制における反美学的な「作品」の事例として位置づけることに異論を唱える向きは少ないだろう。もっとも、ランシエールはたとえばデュシャン（Marcel Duchamp, 一八八七〜一九六八）のレディメイド作品にそれほど重要な価値を認めていない。それらはすでに起こっていた表象的体制からのある断絶と秩序の再分割についての特殊な解釈を単に実装させた客体にすぎず、より広範囲に力を波及させた芸術の諸革命に比して副次的な産物にとどまるというのがその理由である。この点からすると、《四分三三秒》のように制作行為と趣味判断をともに還元する点でレディメイドに近い特徴を持つケージの一部の作品群にも同様の判断がなされるのかもしれない。

だが、ランシエールは他方でキュビスムや未来派、シュルレアリスムなどの潮流を、新たに勃興した政治や経済、産業化された都市における生の諸形式をキャンバス上に提示しようと試みた点で高く評価している。ケージの音楽はこれらの芸術運動と表現の諸原則を大きく異にしているが――それらの作品には、いずれも何らかの「抽象化」が施されているとはいえ、断片化された明暗法や非合理な遠近法などの技術のうちに依然としてミメーシスの原則が保持されている――しかし、音響の組織体を用いて社会的なものの新たな諸形式を提示しようと試みている点など、ケージの音楽には同時代の政治的生とのあいだに諸関係を樹立しようとする芸術の動向と重なるところが少なくない。

生としての芸術

そのような音楽の実践的かつ存在論的な理念について、ケージは「生としての芸術」と形容したことがある［FB 87=70］。「芸術のための芸術」が、実存や作品を人間主義的に美化する「芸術としての生」をもたらすのに対し、「生としての芸術」は、生の自己原因に仕える「有用性」（utility）を帯びた（反-）美学的な事物を周囲世界に遍在させる。それらは制作と鑑賞の洗練を通して私有される客体ではなく、都市の日常から地球の生態系に至る生と相互に浸透しうる人工物である。そこで何も所有することなき主体は、むしろ無を所有する主体と化し、かくして自己は主体なき生へと無化される過程を通過する。

この「私」から生世界への脱主体化的な移行を、ケージは時に「同一化する」（identify）という動詞によって語ることがあった。潜在的に多方向へと拡散する自然の乱流の中で、「主体-客体、芸術-生、等々の分裂は消失する」[S 14=34]。実際に、ヒト動物の心身は、芸術の生産物からやって来る振動に打たれて共鳴し、別の振動を生に与え返すことができる。「私」はある作品によって触発され、その経験についての新しい感情や概念を創り出し、自らの特異性を世界に送り返す。人間と作品、心身と人工物という、互いに次元を異にする生けるモナドたちは、内在的な生の位相で異種交感の窓を開き、自然と技術にあいまたがる新種の共生体（symbiont）を産出することができる。

ケージの言う〈自然の作動の模倣〉とは、ミメーシスの原理が機能するのに先立って生成し変化し続けている実在の過程に移行し、その流れの内に自己を委ねつつ、異質なモナドたちと感覚的に協働する生を創造する技法である。音響の組織体はヒト動物と人工物の共生体へと拡張される。そのような音楽は、自らの色彩を変化させる蜥蜴《とかげ》のように、意図や目的なしに自ずから然るべき仕方で作動するはずである。

人間的存在は、奇妙なことに、自然とその共生体が「なぜなし」に作動するという原事実を覆い隠すように、静態的で固化した見かけを持つ事物を生産し、自己の生を特定の目的のために用立てる技術と客体の巨大なネットワークを構築する。多くの「芸術」もそのような技術の歴運と決して無縁ではない。

けれども、この自然は芸術をその零度の地点へと絶えず引き戻す力の源泉でもある。「私はつねにすべてを零から始めなおす」とケージは述べている[FB 184=186]。すべてを零度から始めるという課題のもとに、人は表現様式の革新というモダニズム芸術の要求だけでなく、それ以上に、〈無からの創造〉という神学的理念の遠い残響をも聴きとることができる（ケージの文章や作品の上演が時にヒューモアとともに宗教的「説教」の擬態をまとうのは偶然でない）。生が不断に開始されるべきこの零度の非‐地平は、音楽に「無の谺」を響かせるあの沈黙の境位として立ち現れる。

音の存在への要請は、音を無化せよ——そうして無から始めよ——という形而上学の要請とひとつになる。この（非‐）存在論の課題は、人間の認知にとって、予期しえぬものへの問いの形式のもとに告げられ、そこに生起すべき音楽は内実が空虚なままに肯定される。自己自身を創造する無からの音楽は、音響の「諸可能性の宇宙」[S

27=57〕のとある局所に突如として花開く。「私の作品は問うているものにとどまる――つまり、つねに生き生きとしたものに。私たちはさまよい続けている。これらの彷徨のさなかに――そしてそれらの真っ只中に――ここに、突如として、放棄が起こる。あるいは開けが」〔FB 239=255〕。

ここに言う「放棄」(release) という言葉は、その語源にあたるロマンス語系の relesser および動詞 let のゲルマン語系の語源 lǽtan を介して、エックハルトの言葉 »gelâzenheit« ――放下、放念――と共鳴し合う。それらは、作為の手を物事に加えず、ただそのままに存在させるという (脱-) 創造的な「無為」のわざを告げている。

音楽への問いから、当の音楽の放棄が生じ、新しい音楽の場が開かれる。とはいえ、「音楽だけが私たちを生に導いてくれることは稀です」〔FB 166=167〕。あらゆる芸術に先立ってなされるべきこと、それは私たちにとってのすべてを放棄し、断念することである。「人類〔人間性 humanity〕に属するすべてを断念すること――音楽家にとっては、音楽を断念すること」。この「転回」(turning) は、いまや自らを捨て去った自己をして、「自然の世界へと導く」――「そこでは、人類と自然が分離されておらず、この世界の中でともに存在しているということが、徐々にあるいは突然わかるようになる」〔S 8=25-26〕。

音の存在を求めるこの芸術は、脱創造への道と非人間化の技法によって、音楽の存在を無へと還元し、そこから「生としての芸術」の場を解き放つ。《四分三三秒》という作品はそのような零度の音楽の範例である。

5　人間以後の音楽へ

存在論的テクスチュア

第一節の冒頭と末尾で、沈黙における音のありようのごく単純な記述例を提示した。けれども、それらは問題圏への導入のために設えられた暫定的なものである。それらは通常の言語の限界内にあって、線形に進行する時間に沿って書き下されており、音を存在者として簡潔に描写したものにとどまっている。しかし、「音楽を書く／聞く／演奏することによって無が成就される〔何も成就されない

nothing is accomplished)」ためには、異質な出来事たちの同時多発的な状況をその内に畳み込んだ「瞬間的な」時間の経験が露わにされねばならない［S xii=16］。

表象的体制に属する音楽において、音は人間たちの強い志向性によって音楽的な理由連関の内部で緊密に関係づけられている。これとは対照的に、《四分三三秒》が提示するのは、一切の志向性を欠いた音響が並存しつつ動いていく状況の極端な事例である。「諸可能性を制御するかわりに、それらの可能性をただ一続きに創発させるかわりに、それらの線形性を破り、同時的に、直接、すべてを一度に走らせるのです」。そこに有意味な美的テクスチュアを聴きとる実践は、放下されたはずの志向的主体を再び持ち込んでしまう。むしろ、「生としての芸術」において経験されるべきは、幅や暈のある瞬間の只中で、多方向にそして複層的に分散しつつある音の群れの互いに無関係な生起であり、何の像でもありえない音たちの純粋な創発である。「すべての様々な秩序化が自由に創発し結合するように存在させねばなりません」［FB 198=202］。禅に言う「融通」の訳語に即してケージが「相互浸透」(interpenetration)とも形容するこの瞬間的な推移の過程には、あまりにも多数の出来事が一度に起こっているために、完全に書き下せない揺らぎが常に孕まれており、至る所に記述からこぼれ落ちる多数の孔や泡が生滅する。

音響のテクスチュアが極度の弱連結にまで還元されたこの「存在論的音楽」（池上高志）において、「芸術」の因襲的な美学はあたう限り捨て去られていく。しかし、ケージは明らかに作品とその演奏の水準に関してある明確な判断を下すことができた。このことは、よい仕方で、あるいは正しく取り組んでいない演奏による上演を中止していたという事実によっても裏づけられる。客体に先立つ次元に生成する過程は、デューリング（Elie During, 一九七二〜）の主張する「プロトタイプ／レトロタイプ」論における「過程」概念とは異なり、成功を約束されておらず、失敗の危険に常に晒されている。単なる音の過程を（脱-）作品化する音楽は、ケージが疑問に付していたある種のコンセプチュアル・アートとは異なり、準備や構想を終えた段階で実質的に完了しうるものではない。ならば、そこでの評価や価値判断はどのような尺度のもとに生じうるのか。

音の尊厳、音の正しさ

この種の問いに対し、ケージはおそらく政治的かつ徳倫理的な語法によって応えたように思われる。すなわち、自我の放棄へと至る「修練《ディシプリン》」［FB 58=36］に支えられた、すべてに向けて自己を「平等に」開きうる生と、人間および非人間的なものに共有された感覚する力に共鳴する「憐れみ《コンパッション》」の感情という、曖昧かつ判明な尺度がそれである。平等であるとき、自己はいわば宇宙の全方位をベクトル状に満たす「感受の音調（feeling-tone）」（A・N・ホワイトヘッド）へと全面的に明け渡されている。「私は音楽と感覚する存在とが厳密に平等であると見なしています」――「音楽はひとりの人間存在のように遇されるに値します。どんなに見すぼらしいものであっても、それは同じように多くの憐れみに与る価値をもつのです」。ましてや「真摯に《シリアス》」――自我に由来するいかなるものも「強いる」ことなく［FB 202-3=207-8］――世界の内に産み落とされている音楽が、単にその美的質や私的趣味によって評価される時、そこではそれらの音の生が持つ「尊厳《ディグニティ》」が見失われている。

すべての音へと平等に、そして正当に開かれている生。これらは「ただの音（*just sounds*）」の正しさ（*justness*）を特定のありように還元するものではなく、音楽の探究をその零度から制約する原理的な事象概念である。

「音楽の世界は消滅すべきでありません。というのも、私はまさにこれらの音の尊厳を回復しようと試みているのです」［FB 98=84-85］。おそらく、音は人間とともにそこに存在することからだけでなく、「私」の消滅以後も存在し続けるという原事実から、その尊厳への権利と力を汲み取っている［S 8=25-26］――ここでの音楽の形而上学にとって、音は人間がいなくても起きている――芸術の零度に降り立つ時、「私」の感受性は物と自己自身の無意味に触れる。それゆえに音楽家は、何の衒いもなく次のように真摯に断言できる。「私が気に入っている《フェイヴァリット》音楽は、私がまだ聞いたことのない音楽です。私は自分が書いた音楽を聞くのではありません。まだ聞いたことのない音楽を聞くために書くのです」（京都賞　受賞記念講演）。そのような音楽のうち、最も聞いたことがないものにとどまるのは、すべての「私」たちの消滅を越えてもなお生じているはずの音の響きであるだろう。だが、それはあの「「絶対的な」無」としての「沈黙」と一にして同じ「芸術」以後の（非－）音楽であるのかもしれない。

人間以後の音楽を愛すること。これはケージの音楽が私たちに残したひとつの形而上学的な課題である。

〔略号〕
引用文の出典は、次の略号によって原著のページ数を明示し、邦訳がある場合は等号を付して該当ページを示した。なお、訳文はすべて引用者があらためて訳出したものによる。

CC = *Conversing with John Cage*
FB = *For the Birds*（『鳥たちのために』〔邦題『小鳥たちのために』〕）
S = *Silence*（『サイレンス』）

音楽作品

1 《ソナタと間奏曲》（*Sonatas and Interludes* for solo prepared piano（1946-48）, New York, Edition Peters, 1960）
＊内部にゴムや金属片、プラスティックなどを挟んで倍音構造を「調製《プリペア》された」ピアノのための曲集。打楽器風の複雑な響きと音程のずれたピアノ弦の余韻が混在する魅力的な音を奏でる一方、初期作品の特徴でもある簡明なリズムと豊かな旋法感を湛えている。

2 《四分三三秒》（または《四フィート三三インチ》*4′33″* for any instrument or combinations of instruments（1952）, New York, Edition Peters, 1960; 1986）
＊楽譜には数種の異本があるが、音の持続時間だけを演奏するという構成は同一である。現在入手しやすい一九八六年版の楽譜には、三つの章を区別するローマ数字と、演奏の休止を指示するTACETという言葉が各章ごとに記されている。

3 《ミュージサーカス》（*Musicircus*（1967-）, New York, Edition Peters. 未出版）
＊聴衆を含むすべての参加者が、会場内の様々な場所に散らばり、何であれ複数の音楽を同時に演奏する。特定の何かを聴くのではなく、同時に発生するすべてを聴き、演奏するための音楽。

4 《七四》（*Seventy-Four* for orchestra（1992）, New York, Edition Peters. 未出版）
＊後期の「ナンバー・ピース」連作のうち、最晩年に書き上げられた管弦楽曲のひとつ。題名は奏者の人数を表し、楽譜は演奏すべき音とその時間幅を大枠で指定する記号からなる。かすかな微分音の響きを生み出すべく、楽器の調律を任意に

緩める指示があり、曲の進行は時計の映像が導く。表情のない静謐な持続音たちが滔々と流れていく。

著作と翻訳

1 『サイレンス』（*Silence*, Connecticut, Wesleyan University Press, 1961. 柿沼敏江訳、水声社、一九九六年）
＊ケージの主著にあたる。活動の最初期から一九五〇年代後半にかけての文章によって編まれており、しばしば引用される論考や講演原稿を多数収録している。

2 『小鳥たちのために』（*For the Birds*, Boston, Marion Boyars, 1981. 青山マミ訳、青土社、一九八二年）
＊音楽家・哲学者のダニエル・シャルルを対話者に得て、ケージの音楽・芸術思想が多面的に解き明かされていく。

3 『音楽の零度――ジョン・ケージの世界』（近藤譲編訳、朝日出版社、一九八〇年）
＊ケージの文章と対話を日本語で最初に単行本の体裁に編纂したもの。作曲家の近藤譲による編訳でもあり、同じく作曲家ロジャー・レイノルズとの対話二篇とともに音楽の現場の緊張感が漲る好著。

読書案内

1 ポール・グリフィス『ジョン・ケージの音楽』（堀内宏公訳、青土社、二〇〇三年）
＊小著ながら数多くの作品をほぼ編年体で明快に解説した入門書。

2 ケネス・シルヴァーマン『ジョン・ケージ伝――新たな挑戦の軌跡』（柿沼敏江訳、論創社／水声社、二〇一五年）
＊芸術面に関する資料も非常に丁寧に集収整理した浩瀚な伝記。

3 マイケル・ナイマン『実験音楽――ケージとその後』（椎名亮輔訳、水声社、一九九二年）
＊ケージの活動からその周辺に至る実験音楽の歴史を詳細に辿る研究書。

4 J. Cage, ed. Richard Kostelanetz, *Conversing with John Cage*, New York, Routledge, 1987; 2003.
＊各種媒体に散らばっているケージの発言をテーマごとに分類・集成した有用性の高い編著。

第11章　性／生の可能性を問う政治哲学

――ジュディス・バトラーの思想――

清水知子

ジュディス・バトラー（Judith P. Butler, 一九五六〜）はアメリカ合衆国のジェンダー理論、クィア理論、フェミニズム理論の研究者として知られている。もともとヘーゲル研究に取り組んでいた彼女は、その著書『ジェンダー・トラブル』（一九八九）によって旧来のフェミニズムへの再考を迫り、多大な衝撃を与えた。九・一一以後は、フェミニズムに限らず、倫理的、宗教的な問題へと射程を広げ、権力の多様な関係性を精緻に分析しながら、生の政治的な諸条件を多角的に問い直している。本章では、バトラーの思考の軌跡を、性と生の可能性を問い直す政治哲学として読み解いていきたい。

1　欲望のエコノミー

「女」というカテゴリーを問い直す

ジュディス・バトラーによれば、セックス（生物学的性差）がジェンダー（社会的、文化的性差）を根拠づけているのではなく、ジェンダーがセックスとしての身体を生みだし、あたかもそれが「自然の事実」であるかのように見せかけているという。また従来のフェミニズムでは「女」というカテゴリーが前提とされてきたが、それ自体が「女」の多様性を隠蔽し、かつ男／女という二分法を基盤とした異性愛主義と不可分に成立していたのではないかと問うた。このような批判的な視点は、一見すると理解しがたく思われるかもしれない。だが、そうではない。それどころか、現代の権力装置を考えるために必要な深みを与え、かつラディカルに開かれたものとなっている。

バトラーによれば、ジェンダーは生物学的性差の「結果」ではなく、その行為、身振り、発話、表象が反復的に引用され模倣されるなかで「つくられる」ものである。彼女はイギリスの言語学者J・L・オースティンの社会言語論を援用し、その作用を「行為遂行性《パフォーマティヴィティ》」と呼んだ。行為遂行性は、行為する主体がさきにあるのではなく、行為のなかで、行為を通じて構築される「行為体《エイジェンシー》」という概念を中心に展開されていく。そのため、行為遂行性は、たとえばクローゼットのなかから自由に衣装を選択して身にまとうような主体の「意思」や「選択」による演技としてのパフォーマンスとは異なる。なぜなら行為体は、既存の社会的、歴史的規範を反復、引用することによって構築され、まさにその反復と引用によって規範をずらし攪乱する力をもつからだ。

この意味で、バトラーは、旧来のフェミニズムが前提としていた「女」というカテゴリーそのものに疑問を投げかけ、そして同時に従来の男／女という二分法を基盤としたフェミニズムと異性愛中心主義の関係性そのものを根本的に問い直した。さらに近年では、規範的なジェンダーやセクシュアリティの心的構造を解き明かすなかで、人種、経済的格差、宗教、民族といったさまざまな差異のカテゴリーと権力との関係性を再考し、変革する手法を探究している。では、バトラーはどのようにフェミニズムの理論的地平を押し広げ、またそれによっていかに政治と出会い直すことになったのだろうか。本章ではこの問いを探っていきたい。

名づけの位相

まずはつぎのような光景を思い出してみよう。病院で生まれた赤ん坊に医師や看護婦が「女の子ですよ」と口にする一幕である。というのも、その赤ん坊はこの「女の子ですよ」という発話＝呼びかけによって、「女の子」として「誕生」し、以後、その身体に「女性」というジェンダー的規範の「引用」を促し、本質的かつ実体的な存在として「女の子」として生産されていくことになるからだ。いわばその発話は、赤ん坊の「女の子化《ガーリング》」を起動させるスイッチのようなものであり、バトラーはそれを「名づけられたものを生産する権力」と呼んだ。

ここでバトラーが参照しているのは、アルチュセールが「イデオロギーと国家のイデオロギー装置」で論じた

「呼びかけ」の議論である。アルチュセールによれば、「おい、そこのお前」と警官が通行人に呼びかけ、通行人がその呼びかけに振り向き、それを内化するときに個人は主体になるという。それは、社会的な主体が言語的な手段によってどのように生産されていくのかを示している。主体は個人に呼びかけられた権力を内化し、権威的な声に「振り向く」、その「振り向き」の効果として、言語を通じて生起する。これが、アルチュセールの「振り向き」の形象と主体の形成に関する議論だった。

対してバトラーの議論のポイントは、この「振り向き」の形象を「自分自身へと還帰すること」、「自分自身に対して振り向くこと」として再解釈したところにある。バトラーによれば、権力への「振り向き」は、権力を内化し「良心」――主体のなかの超自我――を形成する。つまり、イデオロギー的な呼びかけを取り込むことによって自我の上位の審級が形成され、それが権力の代行者として、自分自身を統制するということである。バトラーは「良心」の形成とともにそのような主体の反省性が生み出されることに着目し、この「振り向き」を主体形成の可能性の条件を構成する、ある種の還帰として捉えた。

ここで重要なのは、バトラーがアルチュセールの呼びかけ（「法的‐道徳的イデオロギー」による呼びかけ）を、わたしたちに圧力をかけ、わたしたちを弱体化するものではなく、「主体の存在の条件そのもの」として捉えていることである。主体は権力の呼びかけによる主体化＝服従化（subjection）以前に存在することはない。法や規範はわたしたちを抑圧すると同時に、説明可能なものへと担保する。フーコーが主体の生産を禁止の効果として解したように、バトラーも、権力は禁止という手段によって服従化された主体を生産、再生産する生産的なものとして捉えた。逆説的ではあるが、わたしたちは権力関係、法、あるいは規範を受けいれることによって、その効果として主体を創始し、維持することができるというわけだ。

だが、なぜ主体は法の声に振り向くのだろうか。あるいは禁止の権力はどのようにして服従化された主体を生産するのだろうか。ここで想起すべきは、「存在しないよりは、従属化された状態でいたい」というヘーゲルの主人と奴隷の弁証法にみる「生存への欲望」である。もちろん、法に振り向くこの従属は、あとで見ていくように非常に不安定なものでもある。というのも、呼びかける声にはさらに先行する呼びかけがあり、また主体は必ずしもこの法の呼びかけに振り向く必要もなければ、認識していない呼びかけを被ることもあるからだ。けれどもここではまず、権力が主体の「生存への欲望」を搾取し、それによって服従化へのマゾヒズム的な愛着を形づくるという点を確認し、そのうえで、なぜこうして生産される主体がジェンダー化されているのか、その心的メカニズムを見ていこう。

2　異性愛のマトリクスとメランコリー

近親姦とジェンダー

最初に確認しておきたいのが、文化人類学や精神分析の領域で議論されている近親姦の禁止である。たとえばレヴィ＝ストロースの構造主義は、男たちによる女の交換から近親姦の禁止を説明しようとし、精神分析は「エディプス・コンプレックス」を通して異性愛に成長する過程を「正常」とみなすことで、近親姦の禁止を説明しようとした。しかしなぜそこで禁止される近親姦は異性愛のそれなのだろうか。もし近親姦の禁止が、異性愛の近親姦の欲望を禁じることで、逆説的に、禁じるべきものとしてそのような欲望を「生産」し、異性愛を文化のマトリクスとして制定し、異性愛セクシュアリティへの同一化を強いているとしたらどうだろうか。バトラーがフロイトをもとに解き明かしたのは、異性愛的主体を形成する「男らしさ」、「女らしさ」というジェンダー的同一化が、「メランコリー的同一化」によって成立しているということである。

フロイトは「喪とメランコリー」（一九一七）において、喪が愛する対象を喪失したときに「喪の作業」によって対象へのリビドー備給を断ち切って喪失を「克服」するのに対し、メランコリーは何を失ったのか分からず、それどころか失ったことにさえ気づかず、対象の喪失を否定し、失った対象に同一化することで自我のなかにそれを取り込むと述べている。いわば、喪を拒否し、喪失を「体内化（incorporation）」し、身体の表面に保持するというわけだ。それゆえ、メランコリーは喪失を認めることも嘆くこともできず、対象とナルシシズム的に同一化することで対象を心的に保持し、喪失された対象は自我を構成する諸々の同一化のひとつとして自我に取り憑き、自我に宿り続ける。ただし、この同一化についてフロイトは『自我とエス』（一九二三）のなかで禁止と欲望を含んだきわめて「両義的」なものであると述べている。フロイトのエディプス・コンプレックスの筋書きに従えば、幼児は両親のどちらかを欲望するが、近親姦の禁止によってその欲望を断念しなければならない。そこでメランコリー患者と同じく、幼児の自我は喪失した対象を自らのうちに取り込み、それに同一化することで対象を自我のなかに保持する。言いかえれば、自我とは断念した欲望の集積場なのである。ただしフロイトはこの時、幼児が異性と同性のどちらの親を欲望するかは幼児の生得的な「気質（disposition）」であると考えた。

これに対してバトラーは、フロイトが「気質」と呼ぶものを、生まれながらに備わっているのではなく、同性あるいは異性の親との同一化の結果として捉え直した。

喪とメランコリーの行方

バトラーの理解はこうだ。支配的な規範的異性愛の文化のなかで、「同じ」ジェンダーの人を愛することは、ジェンダーにおける社会的な位置を失うのではないかという不安と恐怖に襲われる。それゆえ、たとえば男児が「男性気質」を選ぶのは「ゲイになる」ことへの恐怖からではないのか、つまり男児に「男性気質」を、女児に「女性気質」を選ぶよう強制させているのは、「異性愛のマトリクス」によって構造化された社会における「同性愛タブー」ではないのか、と考えた。『権力の心的な生』のなかでバトラーはつぎのように述べている。「異性愛は諸々の禁止によって陶冶される。これらの禁止はその対象の一つとして同性愛的愛着を捉え、そうすることで、これらの愛着の喪失を強制する」、と。

そこでバトラーは、フロイトを再考しながら、近親姦の禁止は原初的な禁止の法として理解されているが、じつはそれ以前に同性への愛があらかじめ禁じられているとしたらどうだろうか、と考えた。つまり、ジェンダー化された主体は「同性愛的な欲望の先取り的な禁止」によって生産されているのではないか、というわけだ。

たとえば男児が「正常な」性関係を獲得するためには、母との近親姦を断念して性対象を別の女に移行しなければならない。この場合、性目標は移動させなくてもよいが、性対象を移行し、許されない対象備給の代わりに父との同一化を図る。一方、女児の場合、「正常な」性関係を獲得するためには性対象も性目標も移行して母を断念しなければならない。というのも、女児の場合、同性愛を排除するという条件下においてのみ、父とその代理が欲望の対象になりうるからだ。それゆえ女児においては、母親への愛は喪失を嘆くのではなく、喪失そのものを忘却の淵に追いやるメランコリーによって解決され、禁じられた同性への欲望をその身体の表面に「まとう」ことになる。

したがって、異性愛の近親姦が前提とされている限り、同性愛の近親姦は指向／想像不可能なものとしてあらかじめ失われることになる。言いかえれば、同性愛的な欲望をあらかじめ排除することで、男児は否定された男性性を、女児は否定された女性性を自身の身体の上に書き込む。愛する同性への愛の断念は、その対象を喪失したことを嘆く「悲哀」ではなく、その存在に同一化し、失ったものになることによってその特徴を自身の身体に書き込み、失ったことに気づくこともなく、その存在を性愛の対象から排除するというわけだ。バトラーは、このようにしてメランコリーによって獲得される異性愛を「症状」と呼んだ。

では、同性愛にはメランコリーがないのか、というとそうではない。なぜなら、同性愛者も異性愛をメランコリーとして体内化することで異性愛を保持しているからである。要するにあらゆるセクシュアリティとジェンダー・アイデンティティはメランコリーなのだが、異性愛は支配的な社会的規範であるためにこれを認知するときには文化的な制裁が働くことはない。そのため同性愛と異性愛のメランコリーを同等に考えることはできない、というのがバトラーの見解である。

ここで改めて確認しておきたいのは、「排除」という概念である。ラカンがフロイトの「狼男」に依拠しながら、言語化そのものの失敗（たとえば去勢の脅威によって主体が象徴的な世界に参入するのを拒否する場合）として説明したこの概念は、「抑圧」とは異なり、「回帰」することはない。したがってジェンダーがパフォーマティヴに構築されているとしても、「あらかじめの排除」によって遂行不可能なものは前もって制約されており、ここで「排除」されたものは、「排除」されたことさえも忘却されてしまうのである。

では、このようにして哀悼されず、哀悼不可能な喪失について、わたしたちはどのように考えることができるのだろうか。実は二〇〇一年九月一一日に起きた米国同時多発テロ事件（以後、九・一一と略記）以後、バトラーの思考により顕著に浮かび上がってくるのが、この喪の作業の（不）可能性をめぐる問いなのである。

3 暴力・哀悼・可傷性

普遍の再構築

ジェンダーやセクシュアリティに対する支配的な社会的規範を問い直してきたバトラーは、そこで浮かび上がってきた個別的な喪の作業とメランコリーの議論を、政治的、国家的な次元に拡張して現代の政治的可能性を再考し、それを変革する手段を模索していこうとする。『ジェンダー・トラブル』から一〇年の歳月を経て、一九九九年の再版に新たに付された序文で、バトラーは「自分が政治に関わったことで、今度はわたしのほうが『ジェンダー・トラブル』での立場のいくつかを変更せざるをえなくなった」と述べている。

とりわけ、二〇〇〇年代に入って前景化してくる関心事のひとつが「可傷性（vulnerability）」である。言うまでもなく、この視点は前述したフェミニズムとの交叉点のなかから見出されたものだ。そしてその思考は九・一一とその後の「テロとの戦い」を通した剝き出しの国家主義的な暴力に向き合うなかで「普遍」の再考に向けて大きく展開していく。

ただし、ここでバトラーのいう「普遍」は実体化されたそれではなく、むしろ「比喩」的なものとして捉えた方がよい。というのも、たとえばジェンダーやセクシュアリティにおいて、異性愛こそが規定力をもつ「慣習的な普遍」であったように、バトラーはそれまで「普遍」に関する主張をどちらかといえば否定的・排他的に捉えていたからだ。その意味では、ここでバトラーが提唱する「普遍」はそうした旧来の普遍を「倒錯的な反復」によって置換していく「非慣習的な普遍」と言えるだろう。バトラーが取り組もうとしたのは、規範的で動かしがたいものだと思われていた「普遍」を「非実体的で開かれたカテゴリー」として変成し直していくことだった。この「普遍」

の再考は、九・一一とその後の「テロとの戦い」における現代の戦争への応答として執筆された『生のあやうさ』と『戦争の枠組み』のなかで十全に展開されていくことになる。

倫理的暴力とは何か

九・一一の出来事は、アメリカ合衆国の脆弱性を顕わにすると同時に、多くの人々を失い、アメリカ社会に強烈な恐怖と悲嘆をもたらした。アメリカ合衆国では、このトラウマを契機に「愛国者法」が制定され、監視のメカニズムが強化された。国家主義的な形で怒りや哀悼が高まり、メディアによる検閲と反知性主義が興隆していった。

当時、アメリカが攻撃された理由を歴史的、政治的に解明しようとした人々は暴力を「免責」するテロリズムの共犯者扱いされ、テロとの戦いにおける「弱点」として見なされた。人々はブッシュが提唱した二つのポジション――「われわれの側につくか、テロリストの側につくか」――のなかに引きずり込まれていったのだ。

たとえば、アメリカ合衆国が起こした戦争犠牲者の死を悼む記事やアメリカ合衆国の支援のもとでイスラエル軍が殺した何千というパレスチナ人、あるいはアフガンの数多くの人々の名やイメージが公の場に現れることはほとんどなかった。また九・一一で失われた同性愛者の生は公的に受け入れがたいものとされ、そのために彼らの遺族が慰弔金を受け取ったのはずいぶん後になってからのことだった。そしてまたイスラエルに批判的な発言は反セム主義として同定されそうした言論は封殺されつつあった。

あるいは、グアンタナモ・ベイに無期限に勾留された囚人が国際法によって守られる「主体」として認識されなかったことを思い出そう。彼らは人間規範の概念から排除された「生きるに値しない生」と見なされ、またイラクのアブグレイブ刑務所における捕虜の性的陵辱の様子を写真によって暴露することは「米国の国益に反する」と解された。

このように、九・一一以後のアメリカにおいて急速に公的議論が封殺されていく危機的状況を目の当たりにしたバトラーは、そこで機能している規範に道徳の暴力性という観点からメスを入れていくことになる。バトラーはアドルノにならって「慣習的普遍」が何かを「個別」として排除し蹂躙することで自らを維持する倫理的＝道徳的暴力に目を向ける。

たしかに、九・一一によってアメリカは悲嘆にくれる痛ましい出来事を被った。だが、アメリカはその悲嘆を報復に向け、自身の加える暴力を否認する道徳的な正当性を主体に与え、その攻撃性を「正義」という美徳に変えていった。暴力の道徳的な正当性を規範として押しつけ、その規範から外れた者たちを生きるに値する生、悲しみに値する生にはあてはまらないものとして振り分けていったのだ。特定の死者の哀悼を禁止することによって、その禁止に基づいて公共空間が構成され、人々の物の見方が統御される。バトラーがここで批判的に検証しようとしたのは、そうした「国家の自己正当化の名のもとに自由のレトリックがいかに容易に動員されるのか」ということだった。言いかえれば、「人間性を守る」という国家の主張が、戦争、殺戮、虐待といった暴力的な報復というかたちを要請するとき、そこにおいてわたしたちが「感知」しうる、あるいは感知し損なっている、文化的に規定された「人間なるもの」の規範とは何か、その条件とは何かという問いである。

では、こうした国家の暴力に対して、バトラーはどのように非暴力の倫理を組み上げていこうとしたのだろうか。

4　身体の存在論と倫理

感知と承認

ここで改めて確認しておきたいのは、バトラーが身体を「他者の世界に差し出され」、「他者の痕跡を刻まれ、社会生活のるつぼのなかで形成されている」ものとして捉え直している点である。『戦争の枠組』のなかで、バトラーは実存主義的な概念である「あやうさ（precariousness）」と政治的な概念である「不安定性（precarity）」が交錯する社会的存在論として生のあやうさを感知する新たな身体の存在論を提示している。バトラーによれば、「不安定性」とは「特定の集団が社会的、経済的なサポートのネットワークの欠陥によって苦しみ、不当な扱いや暴力や死に不平等にさらされるようになる、政治的に誘発された状況」を指す。わたしたちは、社会的な制度の継ぎ目に依拠しながら構成されて存在しており、それが破綻すると、まるで存在していないかのように、語っているにもかかわらず耳を傾けられることもなく、喪われても哀悼されることのない「非-在」な生へと脅かされる。「恣意的な国家的暴力にさらされ、国家の暴力からの保護が必要なときにまさにその国家に訴えるしか方法がない」、そのような「集団の政治的に誘発された生のあやうさの最大化された状態」、それこそが「不安定性」なのである。このように考えるとき、「不安定性の格差」は、現在のグローバルな政治、経済、社会構造と切り離して考えることはできない。それゆえバトラーは、経済的／文化的という二分法そのものを、わたしたちが他者との関係において抱える悲嘆、可傷性という視点から脱構築していこうとした。

ここで重要なのは、バトラーが生を「感知すること」と「承認すること」を明白に区分していることである。バトラーにとって、承認の問題はたんに他者について判断を行い、それを宣告することではない。バトラーはナンシー・フレイザーとの論争で、経済的な再分配の問題と文化的な承認の問題をいったん切り離して考えるフレイザーに対して、経済的なものと文化的なものは不可分の関係にあり、セクシュアリティを「単に文化的な」ものとして雑駁に一括して周縁化することはできないと指摘し、経済的／文化的なものという二分法を脱構築しようとした。「感知すること」と「承認すること」の区分は、バトラーにとって再生産と結び付いた異性愛主義と資本主義の関係を変革することとも不可分であり、*そしてまた何が承認に先立つ道徳性の価値を基礎づけているのかという問いかけと深く結びついている。

では、承認の規範に先だって生のあやうさを感知する可能性について、バトラーはどのように考えているのだろうか。ここで重要な役割を担うのがエマニュエル・レヴィナスの倫理である。バトラーはレヴィナスを通じて、わたしたちの主体に書き込まれた他者の痕跡とそこから派生する他者への責任＝応答可能性（responsibility）を導き出していこうとする。

レヴィナスによれば、倫理は他者の脆弱な生を知覚するところから始まる。知られるように、レヴィナスにとって「顔」とは何が脆弱で何を傷つけるのかを伝えてくれるもの、つまりわたしたちに生のあやうさを伝えてくれる形象である。「顔」に応答するということは、「別の生における脆さに目覚めること、生そのものの脆さに覚醒すること」であり、その無防備な「顔」にかき立てられる殺害の誘惑と欲望を禁じることこそが倫理である、とバトラーは言う。

文化翻訳の政治学

このように、バトラーが取り組もうとしたのは、「嘆きうる生」と「嘆くに値しない生」とを区分し、わたしたちに生として承認される／されない情動のあり方を「選択的かつ格差をもったかたち」で「枠づけ」していく、その線引きの仕方を読み解き、その構造を変えて「普遍」を練り直していくことだった。つまり、バトラーにとって「責任＝応答可能性」は、「怒りの内面化」や「超自我の支えである強化された道徳観」、あるいは自分が被った暴力や傷の原因を自身のなかに見出そうとする「罪責感」ではない。なぜならそれらはどれも、「他者、刻印可能性、感受性、そして可傷性から撤退」し、他者を抹消し、自己にひきこもって「自己保存」を目的とした暴力を他者に加える形式（わたしたちはそれをフロイトやニーチェにならって否定的なナルシシズムがとる「疚しい良心」と呼ぶことができる）に他ならないからだ。

それゆえバトラーは、自己と他者の可傷性を認知することで、主体と他者、主体と規範の関係性を省察しようとする。わたしたちは他者の生に根本的に依存し、傷つきうる存在である。だからこそ、他者への負債／義務を負い、自らを変革するというわけだ。他者に対する倫理的な責任＝応答可能性を感知することで「公共性の感触」を練り上げること。バトラーはそれを「文化翻訳」と呼び、次のように述べている。「べつの普遍が立ち上がるのは、政治的な読解可能性の境界に位置している痕跡からであり、主体であるという特権を与えられてこなかった主体——濫喩という生の様式を押しつけられている主体——からである」、と。それは、「非‐在」化され、「顔」なき人々を「人間へ帰すこと」に他ならない。

＊**フレイザー＝バトラー論争**については、ナンシー・フレイザーの論文「再分配から承認へ？——「ポスト社会主義」時代のジレンマ」（一九九五年、現在『中断された正義』（一九九七年）に所収）、および竹村和子『境界を錯乱する——性・生・暴力』（岩波書店、二〇一三年）の第一章を参照のこと。

このようにみてくると、『ジェンダー・トラブル』によってフェミニズム理論やクィア理論に決定的な影響をもたらし、新たな方向性を与えてきたバトラーの思想は、九・一一以後、国家の暴力とそれに抗する倫理の問題へ向かうなかで、改めて主体と権力の関係を探究し、現在の存在論、認識論の限界に働きかけてきたと言えるだろう。*わたしたちが確固としたものとして捉えがちな自己は、そのうちに他者の痕跡、亀裂、軋轢を含み込んだ脆弱なものである。しかし、この自己の核心で生じる他者による撹乱こそ、自己を解体し、再創造していく条件そのものなのだ。このように考えるならば、バトラーが暴力に抗して探究する性／生の哲学は、既存の覇権的な構造を撹乱させる、「来るべき普遍」へのひとつの視座をわたしたちに与えてくれるのではないだろうか。

著作と翻訳

1　『ジェンダー・トラブル――フェミニズムとアイデンティティの撹乱』（*Gender Trouble: Feminism and the Subversion of Identity*, New York: Routledge 1990, Anniversary edition 1999. 竹村和子訳、青土社、一九九四年および「『ジェンダー・トラブル』序文（一九九九年）」高橋愛訳、『現代思想』二八巻一四号、二〇〇〇年一二月、六六～八三頁）

＊バトラーの実質的なデビュー作とも言える著作。ジェンダー、セクシュアリティ、欲望、主体、権力、パフォーマティヴィティについて、一九九〇年代以降のフェミニズム理論、クィア理論に新たな方向性を与えた画期的な書。訳者竹村和子氏の明晰な解説、および一〇周年記念版の序文と併せてぜひ読んでほしい一冊。

2　『触発する言葉――言語・権力・行為体』（*Excitable Speech: A Politics of the Performative*, New York & London: Routledge, 1997. 竹村和子訳、岩波書店、二〇〇四年）

＊なぜ言葉は人を傷つけるのか。ヘイトスピーチ、ポルノの取り締まり、同性愛者のカミングアウトといったアメリカの現状をもとにそのメカニズムを説き明かし、どうしたら言葉は社会を変えることができるのかを言葉と行為の関係から論じた重要書。

3　『生のあやうさ――哀悼と暴力の政治学』（*Precarious Life: the Power of Mourning and Violence*, London & New York: Verso, 2004. 本橋哲也訳、以文社、二〇〇七年）

＊九・一一以後の生の条件を「生のあやうさ」という点から問い直した著作。喪、可傷性、他者への応答責任についてのバ

トラーの考察と今日の彼女の立ち位置を知るうえでも重要。

4　『自分自身を説明すること――倫理的暴力の批判』（*Giving an Account of Oneself*, New York: Fordham University Press, 2005. 佐藤嘉幸・清水知子訳、月曜社、二〇〇八年）

＊フーコー、アドルノ、ラプランシュ、レヴィナスの思想を横断しながら、他者への責任＝応答可能性と「倫理」の問題を扱った著作。難解な問いを冷静かつ明晰に考察した好著。

読書案内

1　サラ・サリー『ジュディス・バトラー』（シリーズ・現代思想ガイドブック）（Judith Butler, Routledge, 2000. 竹村和子訳、青土社、二〇〇五年）

＊難解といわれるバトラーの思想を非常に明晰に解説した好著。二〇〇〇年に刊行されたため、それ以後のものが記載されていないのは残念だが、バトラーの思想の鍵となる概念が簡潔に書かれた入門書である。巻末に収録されたバトラーの著作及び批評理論の「基本」文献の紹介も有益である。

2　『現代思想』二八巻一四号、「特集＝ジュディス・バトラー――ジェンダー・トラブル以降」、二〇〇〇年一二月および『現代思想』三四巻一二号、「総特集＝ジュディス・バトラー――触発する思想」、二〇〇六年一〇月）

＊雑誌『現代思想』による二度にわたるジュディス・バトラーの特集号。対談、未邦訳原稿の邦訳紹介、論文など、バトラーの議論がどのように理解され、展開していったのかを知るうえでも興味深い。

＊バトラーの提起した身体、政治、言語に関する理論は幅広い領域に影響を与えてきた。しかし同時にいくつかの批判的な見解を生み出し、数々の論争を引き起こしてもいる。代表的なものとして、「パロディの教授」（一九九九年）と題する論文でバトラーの文体をエリート主義的、権威主義的な「煮詰めたスープ」と批判した哲学者マーサ・ヌスバウム、身体とジェンダーの因果関係を保持し、その抑圧構造を階級闘争のアナロジーとして捉えるアメリカのフェミニスト法学者キャサリン・マッキノン、フェミニズムにおいて前提とされてきた「女」という主体を脱構築するバトラーに対し、フェミニズムの政治と理論に主体性の理論を欠くことはできないと主張した政治哲学者セイラ・ベンハビブなどが挙げられる。また近年のバトラーのイスラエル批判については、早尾貴紀『ユダヤとイスラエルのあいだ――民族／国民のアポリア』（青土社、二〇〇八年）を参照されたい。

3　竹村和子『境界を錯乱する――性・生・暴力』岩波書店、二〇一三年）

＊バトラーを日本に紹介し、バトラーとつねに濃密な対話を重ねてきた竹村和子氏による著書。バトラーを解読するうえで、またバトラーが取り組んだ様々な諸問題を検証するうえで重要な一冊である。

第12章　ナンセンスとしての倫理
——コーラ・ダイアモンドの『論考』解釈——

河田健太郎

コーラ・ダイアモンド（Cora Diamond, 一九三七〜）は、前期と後期で違いがあるとみなされてきたウィトゲンシュタイン（Ludwig Wittgenstein, 一八八九〜一九五一）の哲学の間の一貫性を強調し、理論を構築するのではなく哲学的問いの無意味さを自覚させることで問いを解消する後期ウィトゲンシュタインに特徴的とされる「治療的」な哲学は、ウィトゲンシュタインの哲学的姿勢として通底していると主張する。この考えは、言語と世界のあいだの理論構築を行い形而上学的な側面をもつ、とこれまで考えられてきた前期の『論理哲学論考』（以下『論考』と略す）においてさえみることができるとする新しいウィトゲンシュタイン像を提示したことで知られている。彼女の魅力は、その提示されたウィトゲンシュタイン像が解釈として新しいという点にもたしかにあるだろうが、それだけでなく、ウィトゲンシュタインのうちに彼女が見出した「治療的」哲学を彼女自身も行い、視野が変わるような日常言語への気づきを読者にもたらしているからであると私には思われる。それは時にウィトゲンシュタインの問題領域を大きく離れた動物の倫理といった問題に対しても発揮されている。

本章では、『論考』が「倫理的である」と述べたウィトゲンシュタインの手紙の一節を重要なものとみなしたダイアモンドの考えを紹介する。ここには、ダイアモンドに特有の問題が存在する。というのも、彼女は『論考』には倫理的な内容をもつ命題は存在しないと考えていたからである。「倫理的な内容の命題」が存在しない倫理的著作、このことでダイアモンドがどのようなことを考えていたのか。これについて考えてみたい。

1　フィッカーへの手紙

その主題は、あなたには全く異質であると思われるでしょう。しかし実際には、それはあなたに異質なものではないのです。なぜなら、本書の要点は倫理的なものにあるからです。序文に入れようと一旦考えて結局やめてしまった文章がありますが、それはあなたにとって理解の助けとなるでしょうから、ここであなたのためにそれを書きましょう。私が書こうと思っていたのは次のような文章です。私の作品は二つの部分からなる。それはここで提示されたものと私が書かなかった残りのすべてである、と。さて重要なのは、まさにこの第二の部分です。というのは、倫理的なものは、私の本によっていわば内側から引かれた限界を得るからです。そして、私が確信しているのは、これがその限界を引くただひとつの厳格な方法だということです。要するに、他の多くの人が今日ただ無駄なものをまき散らしているところで、私は本書で、それについて沈黙することでなんとかすべての事柄を正しい場所にきちんと置くことができたと信じています。…そこで私はあなたに序文と結論を読むことをお勧めします。なぜなら、そこにその要点のもっとも直接的な表現があるからです。

この手紙は、ウィトゲンシュタインが『論考』を出版してもらうために代理人であるフィッカーに宛てて『論考』の意図を説明したものである。この手紙のなかで彼は、『論考』の要点は「倫理的」なものであると述べ、それを正しい位置に置くこと、つまり沈黙することが重要なことであると述べている。ダイアモンドはこの手紙を『論考』を読み解く際に最も重要視し、『論考』とは倫理的な著作なのだとみなしている。

しかし、『論考』にこうした倫理的な意図があるということは、これまでも否定されてきたわけではない。これまでも『論考』の後半、結論部に至る六・四以下は倫理に関する命題であり、表現しえない真理が存在することをウィトゲンシュタインが示そうとしていると考えられてきた。

たとえばアンスコム（G. E. M. Anscombe, 一九一九～二〇〇一）は、『論考』を解説した著作において倫理的な事柄をウィトゲンシュタインが「それを言うことがじっさい不可能だとしても、言いえたならば真と呼ぶことが正しいだろう」事柄と考えていたとみなしている。これは、倫理的な事柄を世界のうちで生じる事柄とみなし、それについて正しいとか誤っていると語ることができる、すなわち思考することができるとみなす者に対して、ウィトゲンシュタインは言語によって到達できるこうした領域に倫理的な事柄あるいは真理がないことを示したと考えられている。だが、アンスコムは、そうした真理そのものが存在しないとウィトゲンシュタインが考えていたとはみなしていない。むしろ、語りえない事柄が存在するということこそ重要であり、そうした真理が存在することを伝える意図を彼がもっていたと、そして、われわれはそれを示されることでその存在と重要性を理解すると考えている。ウィトゲンシュタインは生の肯定や神秘や世界の存在への驚異といった事柄は、何より重要であるが、意味をなす仕方では表現しえないと考えていたので、それを表現できるかのように誤解して語ってしまう誤りを指摘したが、語りえぬ神秘の存在そのものについて伝えようという意図がなかったわけではない、このように考えられるのである。

こうした考え方と対比した場合、『論考』を倫理的な著作とみなすダイアモンドの考えにはダイアモンド自身の『論考』解釈そのものが障害となっているようにみえるだろう。というのもダイアモンドは、先の手紙にある「直接的な表現」があるとして読むことを勧められている序論と結論部で述べられている事柄を真剣に受け取ることで、『論考』のうちに倫理的な内容をもつ命題があることを認めないからである。

2　『論考』の序文と結論

深遠なナンセンスという考え方

『論考』は、世界と言語の繋がり、あるいは論理の性格を示すとみなされる形而上学的、哲学的な諸命題、独我論的な世界、世界という存在の神秘を示すとみなされる倫理的と言っていいように思われる諸命題によって構成されるが、こうした諸命題が続く最後の結論としてウィトゲンシュタインは次のような命題を置く。[*1]

六・五四　私を理解する人は、私の命題を通り抜け――その上に立ち――それを乗り越え、最後にそれがナンセンスであると気づく。そのようにして私の諸命題は解明を行う。（いわば、梯子をのぼりきった者は梯子を投げ棄てねばならない。）

私の諸命題を葬り去ること。そのとき世界を正しく見るだろう。

七　語りえぬものについては沈黙せねばならない。

ここで述べられているのは、これまで述べてきた自分の命題がすべてナンセンスであり、ウィトゲンシュタインその人を理解する者ならば、そのことに気づくはずであるということである。つまりこの結びの命題をまともに受け取るならば、それまで述べられてきた「世界は事実の総体でありものの総体ではない」といった形而上学的とみなされる命題や「倫理的なものの担い手たる意志については語ることができない」といった倫理的とみなされる命題もすべてウィトゲンシュタインにとって「世界を正しく見る」ようになるために通過され葬り去られるべきナンセンスであったということになる。

だが、すべての命題がナンセンスであるというだけでは必ずしもダイアモンドが述べるような「倫理的な真理を示す」ナンセンス、つまり倫理的な内容をもつ（ナンセンスな）命題の存在そのものが否定されたことにはならない。アンスコムは、ナンセンスにはまったく意味を構成しない無意味な語の羅列と言葉によって表現することはできない何かを示そうとする深遠なナンセンスが存在すると考えている。それゆえ、アンスコムにとって、「倫理的なものの担い手たる意志について語ることはできない」という命題は、それを語ることができると述べる命題と同等には扱えないなんらかの真理を表現している。しかし、ダイアモンドにとってナンセンスにこうした区別は存在しない。この深遠なナンセンスなど存在しないとする自身の解釈を支えるものとしてダイアモンドが挙げるのが、『論考』の序文である。

本書が全体としてもつ意義は、おおむね次のように要約されよう。およそ語られうることは明晰に語られうる。そして、論じえないことについては、ひとは沈黙せねばならない。

かくして、本書は思考に対して限界を引く。いや、むしろ、思考に対してではなく、思考されたことの表現に対してと言うべきだろう。というのも、思考に限界を引くにはわれわれはその限界の両側を思考できねばならない（それゆえ思考不可能なことを思考できるのでなければならない）からである。

したがって限界は言語においてのみ引かれうる。そして限界の向こう側は、ただナンセンスなのである。

言語は、真なる命題と偽なる命題を区別するような仕方で、言語によって表現しうる思考と言語によって表現できない思考を区別しない。そのようなイメージは、有意味な文とナンセンス文を考える際に、われわれが諦めるべきイメージである。[*2] むしろ、言語によって表現しえない思考なるものは、そもそも思考ではなく、そのようなものは存在しない。つまり、この限界が意味するのは、言葉によって表現しえないものなど何もないということである。

表現しえないもの

＊1形而上学的命題、独我論的命題　本論では梯子を上った後捨て去られるべき内容のないナンセンスとして扱われているが、一般的にこうした内容をもつ命題としてみなされているのは、たとえば「世界はものの総体ではなく、事実の総体である」が形而上学的命題であり、「主体は世界に属さない。それは世界の限界である」が独我論的命題とみなされる。形而上学的とは世界のうちで生じる事柄について語ることではなく、世界全体のあり方について何事かを述べることであり、独我論的命題とは、私とは世界のうちに存在するのではないという考えを示す命題のことである。

＊2有意味な文とナンセンス文　有意味な文とは真でも偽でもありうる文のことであり、世界のうちでその文が表す事態が成り立っていないとしても有意味でありうる。それゆえ、事実と異なる文であるからといってナンセンスなわけではない。ナンセンスな文とはダイアモンドの考えでは意味を割り当てられていない語によって構成された文のことである。

現できないような思考や真理といったものがそこに入る領域は存在しないということである。言語の限界の外側には、いかなる思考も存在せず、ただナンセンスのみが存在する。意味を与えられた語によって適切に構成された文以外に思考は存在せず、表現しえない何かはどこにも存在しないのである。

それゆえダイアモンドにとって、ナンセンスには語の無意味な羅列と深遠な事柄を示しているものとで区別はない。それだけでなく、哲学的なナンセンスや倫理的なナンセンスといった主題による区別もない。なぜなら、ナンセンスとは意味を欠く語によって構成された無内容な文にすぎないからである。それゆえ、たとえばダイアモンドの場合、形而上学的な命題はナンセンスと気づくことで葬り去ることができると考えていたが、倫理的な命題のもつ真理は語りえないとしても示そうとすることができる、といったことを述べることはできない。一様にナンセンス文はどれも内容を欠いたナンセンスなのであり、そこには主題も深遠な事柄も含まれていないのである。

するとここで、あの手紙の一言、『論考』は倫理的であるという一節がダイアモンドにとってどういう意味をもつことになるのかが問題となろう。ダイアモンドにとって『論考』は諸命題がナンセンスであることに気づかせる著作だとしても、倫理的な事柄を語ることができると誤解している者にそれが語ることができないと、にもかかわらず語ることができないものとして倫理的真理は存在することを伝えようとしているという意味で倫理的な著作であるわけではないことになる。では『論考』は、どういう意味で倫理的であるのだろうか。そして、われわれは語りえぬことには沈黙しなければならないとウィトゲンシュタインが述べるとき、それはどういう意味をもつとダイアモンドは考えているのだろうか。

3　『論考』の目的と構造

何を自覚させるのか

ダイアモンドは『論考』の目的を「自分の言おうとしていることは語りえないと自覚させること」ではなく、「自分が表現しえないと思っているそれがないと自覚させること」であるとする。あなたは自分の言おうとしていることが何か重要なことであると思っているが、それを言葉では表現できないと思う。そこで自分の言いたい事柄は言葉にはできないと、言葉にする。しかし、ダイアモンドのウィトゲンシュタインでは、あなたは言葉にできないと思っているような何かについて、実際には何も考えていない。あなたは、それを言葉にできるならば言いうる何かについて考えていると感じているけれども、その「それ」は存在せず、あなたは何ものについても考えていない。つまり、ダイアモンドの考えでは、アンスコムが想定しているような「語りえぬ真理」が存在するとはウィトゲンシュタインは考えていないし、それを伝えようとする意図も『論考』には存在しない。むしろ、表現しえないもの、そうした何ものかが入る領域が存在するということそのものが哲学特有の想像の病であって、それに気づかせることが彼の目的であるとしている。

たとえば、「倫理的な担い手たる意志」は、言葉が達することができる領域の外側にその言葉によって想定される何かが存在するかのようであるが、それはたとえば「アブラカタブラたる意志」が何も指していないのと同じくらい何も指していない。われわれがある言葉によって想起する心的イメージは、実際にその言葉が意味するものを意味する際に果たす論理的な役割を果たさない。たとえば「ほそいさん」という言葉でわれわれが細い人をイメージしたとしても、そのイメージは「ほそいさんは象の飼育員である」という文で、「ほそいさん」という語がある特定の人物を指示する際にいかなる役割も果たしていない。「ほそいさん」という言葉によって想起される痩せた人のイメージが、ほそいさんを指示する上で何の役割を果たしていないことを、われわれは容易に理解するが、ある種の哲学的用語は、これと似たことが起きているにもかかわらず、何か役割があるかのような誤った想像をわれわれに引き起こすことは気づかれにくい。「倫理的な担い手たる意志」は、こうした誤ったイメージによって何かあるように思わせるものの一例である。というのも、われわれはその言葉に内容のある意味を割り当てることはできないからである。こうした場合、ウィトゲンシュタインは言葉では到達できない領域に「倫理的な担い手たる意志」が存在するということを伝えようとしていたとダイアモンドは考えない。むしろこうした「倫理的な担い手たる意志」という語で伝えようと望んでいるような何かが存在しないことを、つまり、あなたが望んでいるその望みそのものが何もないと気づかせることを『論考』は目的としていると考える。つまり、アンスコムのような考えとはまったく異なり、「語りえない真理」といったものは存在しないし、そうした種類の真理の存在を伝えようとする意図も『論考』には存在しない。そしてそこには、哲学的、形而上学的な真理のみならず、倫理的な事柄について語ろうとする意図も含まれているのである。

ナンセンスのもつ魅力

だが、こうした語ろうとしている事柄が幻想であり、あなたはどんな意図も持っていないにもかかわらず、そう言いたいと思ってしまう何か魅力があるということは重要である。人はそうした語を使用したくなるのは、そこに何か重要だと思えるような魅力がその幻想には備わっているからであり、それゆえそうしたナンセンス文を口にしたり、語りえない何かがあると述べたくなる。ウィトゲンシュタインが『論考』に序文と結論部を置くことで行っているのは、こうしたある種の魅力を認めた上で幻想を幻想として自覚させる手続きなのである。

4　信念帰属の問題と『論考』の手続き

この考えに取り組むために、まず有意味な文とナンセンス文の間にあるひとつの違いについて述べておきたい。

文の内容を理解すること

われわれが誰かに信念を帰属させる際のひとつの特徴は、その発話者の述べた文が聞き手にとって理解可能である場合にのみ、それは話し手に信念として帰属させられるという点である。* 誰かがある言明を述べ、その文が聞き手にとって理解可能であるならば、聞き手はそれを自分の理解可能な文にして、その話し手に帰属させる。「ほそいさんは象の飼育員をしている」と彼女が発話するとき、わたしはその文が真であるか偽であるかは別にして、彼女はほそいさんが象の飼育員をしていると信じているとか、あるいは、彼女は、ほそいさんは象の世話をしているが、象を飼っているとは考えていない、と述べることができる。

だが、もし彼女の話している文がわたしにとって理解不能であった場合、つまり少なくともわたしにとって彼女の文がナンセンスであった場合、わたしは彼女が何か述べているとしても、それを、彼女が何か信念を持っていることとみなすことができない。たとえば、「ほそいさんはアブラカタブラな意志の飼育員をしている」という文が理解不可能であると思う人は、彼女がそう口に出したことを、彼女はほそいさんがアブラカダブラな意志の飼育員をしていると信じていると述べたとしても、それによってどんな信念も彼女に帰属させてはいない。なぜなら、そう信じることがどういうことか、その人にとっては理解不可能だからである。少なくとも聞き手は、発話者がそう口にしたと報告することはできる。たとえば、私は「彼女が深刻な面持ちで「ほそいさんはアブラカタブラな意志の飼育員をしている」と口にした」と言うことはできるが、彼女がその言葉によって何を言おうとしているか、何を考えているのかについて意味あることを言うことはできない。われわれが他者になんらかの信念を帰属する際、自分自身の有意味な文を使用することでしか信念帰属を行うことができないということを、ダイアモンドは、聞き手が発話者を「内的に理解すること」であると述べる。だが、こうした内的な理解が構成不可能であるがゆえに、われわれは、そうした文を発している人のもつ信念を理解することができない、というよりも、それをそもそも信念とみなすことができないのである。

すると、われわれはナンセンス文に対して、とくにそれがある種の魅力をもっている幻想に対して、単純にそれが幻想であると指摘することはできない。というのも、「あなたがPという幻想のもとにある」という文が理解可能であるのは、Pが理解可能である場合だけだからである。つまり、Pが意味をなしていないならばPという幻想をもっていると、われわれは彼について述べることはできない。

***信念帰属**　信念とは、日本語で一般に使用される何かに対する強い思いのようなものを指すのではなく、なんらかの思考、その内容を指す。それが有意味でないと信念にはならないが、話者がある文を発した時、その文の内容を話者は思考内容として持つと聞き手がみなすのが信念帰属である。

内側でも外側でもないところから

ではこうした内的な理解を通じてナンセンス文に近づくことができないならば、ある種の外的な視点からは近づくことはできるだろうか。ここで外部と考えられているのは、しかじかと述べたり判断したりする人を理解する際に、それを経験心理学的な観点から理解する様々な方法である。たとえば、「ほそいさんはアブラカダブラな意志の飼育員をしている」と聞いたときあるいは口に出す時に、その人の思考の命題内容には関わらない様々な心的状態を記述することがわれわれには可能である。たとえば「ほそいさん」によって細い人を思い浮かべるような語のイメージに関わるものであるかもしれないし、あるいは、話者の話し方のような心理的効果に関わるものもあるかもしれない。たとえば話者には、聞き手を驚かそうとしているといった意図があるかもしれず（たとえば他の人には聞こえないようにひそひそと話す）、われわれはそれを予期し、そしてその結果からその人がどういう心的状態でその発話をしたのかを理解することができる。だが、こうした理解では、『論考』において述べられてきたナンセンスを理解するための条件が満たされないとダイアモンドは考えている。というのも、ナンセンスの発話者を理解するとは、その文によって惹きつけられているその幻想的な視点にある意味では入り込む必要があるからである。経験心理学的な観点は、ナンセンスな文の発話者がその文に魅力を感じているその魅力に入り込まずに、その発話者を理解する。しかし、『論考』が目指す地点とは、ナンセンスな命題がある種の魅力を持っており、それゆえにそれを言おうとする衝動を人は持ってしまうが、それが幻想であっていかなる内容も持たないことを自覚することだからである。

それゆえ、十全な仕方で幻想を幻想として自覚させるために必要な手続きは、ナンセンスを口にする人を内側からでも外側からでもないところから理解することであるとダイアモンドは述べる。こうした内側でも外側からでもないところに立つことによってナンセンスを口に出す人がそれを口に出したい衝動を理解し、そしてその魅力が幻想的な観点から生じていることを自覚させることが『論考』が目指すものなのである。

ダイアモンドの考えでは、『論考』における序文と結論部は、こうした内部でも外部でもない地点を作り出すための装置の役割を果たしている。もし、序文と結論がないならば、「世界は事実の総体であり、ものの総体ではない」という命題は形而上学的な命題を述べようとしている者の持つ命題と変わりがない。しかし、『論考』の諸命題は、序文と結論という外的な特徴によって、ナンセンスを話す人に想像的に入り込むという役割を果たす。先に、ダイアモンドはナンセンス文には一様に内容がないと考えていると述べた。つまり、内的にナンセンス文は区別することができない。しかし、ナンセンス文は、それが担う役割によっては区別することができる。形而上学的なナンセンスと『論考』の諸命題は共にナンセンスである。しかし、形而上学的なナンセンスが、非自覚的に発せられているナンセンスであるのに対し、『論考』の諸命題は、そうした非自覚的なナンセンスを発していることを気づかせる役割をもったナンセンスである。それは、自分には言いたい何か重要な事柄があるが、それは言葉では表現できないと感じている人に、あなたの述べたいと思っている何かなどないということを気づかせる役割を担う自覚的なナンセンスなのであり、それはその著作の構造という外的な特徴によって区別されるのである。

六・五三　語りうること以外は語らぬこと。自然科学の命題以外は――それゆえ哲学とは関係のないこと以外は――何も語らぬこと。そして誰か形而上学的なことを語ろうとするひとがいれば、そのたびに、あなたはその命題のこれこれの記号にいかなる意味も与えていないと指摘する。これが、本来の正しい哲学の方法にほかならない。この方法はそのひとを満足させないだろう。――彼は哲学を教えられている気がしないだろう。――しかし、これこそが、唯一厳格に正しい方法なのである。

この意味では、『論考』は「厳格に正しい方法」に従っていない。なぜなら、それはたんになんの意味も与えていないことを指摘するだけではなく、そうしたナンセンスを発する人の衝動を理解するために、一度そうした命題を通り抜け、その上でそれが幻想的な観点から述べられていることを自覚させる方法をとっているからである。そのとき、われわれは『論考』の諸命題を理解するのではない。そうではなく、ウィトゲンシュタインその人がそう言いたくなる衝動を持っていたということを、そして彼はそのナンセンスに自覚的であることを理解するのである。

5　『論考』が倫理的であるということ

治療できない衝動としての倫理

では、こうした内的でも外的でもない地点を作り出すことでナンセンスを自覚させることを目的とした『論考』が倫理的であるとはどういうことなのであろうか。先に述べたように、『論考』の命題はナンセンスである以上、そこには主題としての区別はなかった。つまり、ダイアモンドにとって、後半の一般的には倫理的と称される命題の存在が『論考』を倫理的な著作にしているのではない。また、語りえないが、その真理を伝えようとする意図といったものもウィトゲンシュタインにダイアモンドは認めることはできない。ではダイアモンドにとって、ウィトゲンシュタインが述べている「倫理的」とはどのようなものと考えられているのだろうか。

われわれには言葉を、確定した意味を与えないナンセンスな仕方で使用する傾向が存在し、そうした言葉を発している時に、何も言っていないことに気づかせることがダイアモンドにとっての『論考』の目的だった。『論考』は、そのナンセンスを自覚させ、そうした言葉を発したい衝動や欲求のうちには何も内容がないがゆえに、あなたは何かを言いたいわけではなかったと気づかせることで、その衝動を治癒させようとしているのであった。だが、この治癒の方法はどんなナンセンスにおいても力を発するわけではない。ナンセンスであることを自覚したとしても、そう言いたくなる傾向が相変わらずその人のうちに残されるような種類のナンセンスが存在しうる。つまり、治癒できない衝動が残されるナンセンス、これがダイアモンドの考える倫理的なナンセンスである。

これは命題の内容によって倫理的であるわけではない。むしろ、どんなナンセンスな表現であれ、それを言いたい欲求がナンセンスであることを自覚してもなお続くとき、そうした表現を「倫理的ナンセンス」と呼ぶということである。ウィトゲンシュタインが公の場で発表した数少ない文章である『倫理学講話』では、「絶対的安全」「絶対的審判」といった、誤用であり無意味とされる表現の問題が語られるが、そこでウィトゲンシュタインはこうした無意味な表現は「それらの無意味さこそがほかならぬそれらの本質」であるとし、そして、こうした「何かを語ろうとする欲求」を人間の精神に潜む傾向を表すものとしている。つまり、人はある種の経験をする際、ナンセンスな言葉を発せざるをえない。そして、それは実際に内容のないナンセンスであり、そう言おうとしている時、人は何を言おうとしているのか分かっていないだけでなく、それで何も言おうとしていないし、何も考えていない。だがそれを自覚したとしても、何かを言おうとせざるをえない衝動が抑えられない場合が人間には存在するということが人間の本性のひとつであり、ダイアモンドの考えでは、ウィトゲンシュタインの考える倫理とはそうしたもののうちに見出されるものなのである。

物語からみるナンセンスとしての役割

一般的にウィトゲンシュタインの倫理は、奇跡や神秘、あるいは生の肯定といった倫理的善を表すナンセンスによって語られることが多いが、ダイアモンドはある種の悪によって自分の考える倫理的なナンセンスを説明している。ダイアモンドはホーソーンの『痣』や自殺に関するヒュームとウィトゲンシュタインの考えなどを使ってこれを説明しているが、ここではそのなかからグリム童話の「漁夫と、その妻」という童話からのある種の悪のもつナンセンスさについて述べることにしたい。

この物語は、掘っ建て小屋に住んで貧しい暮らしをしていた漁夫がカレイを釣り上げるところから始まる。実はこのカレイは呪いをかけられていた王子であり、食べないでそのまま海に放してほしいと懇願され、人のいい漁師は口をきくカレイなんかいらないとそのまま海に逃がしてやる。だが帰ってそのことを妻に話すと、妻は逃がしてやる代わりに掘っ立て小屋を魔法の力で家に変えるようにお願いしてくるように漁師を急き立てる。漁師は嫌がるが、妻に逆らうのが嫌で海に戻って、そのことをカレイに告げると、カレイはその願いを叶えてくれる。

だが、もちろん物語の常として、妻の要求はこれで終わらない。漁師はその小さな家で満足なのだが、妻はそれでは満足いかなくなって、城に住みたいと言う。次には王様になれるように、皇帝になれるように、法王になれるよう要求する。漁師がお願いに行くたびに、カレイはそれを叶えてくれる。だが、そうしたことが叶えられても妻は満足することができない。彼女は法王になった夜に、この上何になれるだろうと考えつづける。しかし、何も思いつかない。次の日太陽があがったのを見て、彼女は太陽と月を自分であがらせられることができないかと考える。そして夫に言う。「お日さまとお月さまをあがらせることができなければ、わたしゃがまんできないよ。自分であがらせることができなきゃ、もうひとときだっておちつけないよ」。夫はそんな望みを叶えるのは嫌だと拒むが、妻はがまんできないと喚く。それで、カレイに妻を神様にしてほしいとお願いに行く。すると、カレイは二人を元の掘っ立て小屋の貧しい暮らしに戻してしまうのである。

この童話は、はじめ自分の得になるようなものを望みながら、徐々に欲望が肥大し最後にはとてつもない望みを抱いてしまう人の姿を巧みに描いている。はじめのそれ自体は悪いとまではいえない、汚い掘っ建て小屋から小さな家に移りたいというささやかに見える望みを妻が叶えたとき、これで満足しただろうと問う夫の言葉に対して妻の言う「それは考えておきましょう」という一言に、すでにわれわれはどこか不気味な予感を感じる。そしてわれわれの予感通り、彼女の欲望は肥大し続ける。

だが、もしその最大の欲望が、王様や法王になって尊敬を受け人々が自分の命令通りに動くといった世俗的な欲望の充足で終わるならば、この物語は、この種の童話の持つ力をもたなかったであろう。そうした欲望の充足は実際の生活上の利得を彼女にもたらす。だが、太陽と月が自分の意のままになることを望むということには、それとは違う種類の望みであることが意図されている。つまり、自分にはまったく何の利益をもたらさない無関係なものだとしても、自分の思い通りになっていないものが存在するということが彼女には不満なのである。どんなつまらないものであれ自分の意のままにならないものがあるということ、これが彼女が不満を感じていることなのである。

ダイアモンドの考えでは、ウィトゲンシュタインの『論考』における倫理とは、ある意味ではこの漁夫の妻の望みのようなものである。妻が望んでいる「それ」は、彼女の日常を何も変えない。彼女はもちろん、太陽を西から昇らせたいのかもしれないが、なぜ西から昇らせたいのかは彼女自身にも分からないだろう。ここには実際的な理由はない。もし、西から昇らせると西の国の人の畑に日が早く昇って彼らが喜ぶという理由で彼女が西から太陽を昇らせたいならば、それはここで問題となっている望みではない。そうではなく、妻は、自分が得をしたり誰かを困らせたりといったなにか変化を引き起こしたいという理由から、太陽を意のままにしたいと望んでいるのではない。彼女の望みには理由はなく、そして、世界の中の何かを変えることで満たされるものではない。むしろ、自分の意志とは独立に存在する世界のあり方そのものを変えたいのである。だからそれはどんなにつまらないことで自分の得にまったくならないものだとしても不満の要因になりうる。そこには通常「望み」という言葉がもつような何かが欠けており、なにを変えることがその望みを満たすことなのかがどこまでいっても理解可能にならない。おそらく、太陽と月を意のままにしたとしても、妻は満足しないし、他の何かを考え続けるであろう。そうした欠乏感こそ、幻想としての欲求なのであり、しかし同時に、おそらくは当人にも打ち消すことのできない現に存在する衝動なのである。

元来意のままにならないもの、そしてそういうあり方をしているものだと分かっていて、それを変えずにはいられない心をもつということを、必ずしもわれわれは愚か者の考えることと笑うことはできない。それが極端な仕方で表現されたこの妻の物語は、われわれ自身のうちにも潜む心をあぶり出しているがゆえに心を打つが、その愚かさを知っているからといって、まったく克服しているかといえばそうともいえない。われわれは時にこうした愚かさを抑えることはできないし、またそれとは正反対の感覚、ウィトゲンシュタインの述べるような「絶対的安全」を感じることからもまた逃れられないように思われる。ダイアモンドがウィトゲンシュタインの倫理として見出すのは、われわれが持つ世界を受け入れたり拒絶したりする意図とは幻想であり、そうした意図などはじめからもちえないということを自覚可能であるにもかかわらず、われわれはそうした幻想としての感覚から逃れられないであろう、ということである。『論考』が倫理的であるという時ウィトゲンシュタインが考えていたのは、彼が一貫して実践し続けた「治療的」な哲学では治癒しえないナンセンスがあるということであり、その治療の限界としての倫理なのである。

著作と翻訳

1　『論理哲学論考』（*Tractatus Logico-Philosophicus* [1918], Routledge & Kegan Paul, 1971. 野矢茂樹訳、岩波文庫、二〇〇三年）

2　『倫理学講話』（*A Lecture on Ethics, Philosophical Review*, vol. 74, 1965. 杖下隆英訳、『ウィトゲンシュタイン全集5』所収、大修館書店、一九七六年、三七九～三九四頁）

3　「謎なぞとアンセルムスの謎」（Cora Diamond, Riddle and Anselms's Riddle, in *The Realistic Spirit* (MIT Press, 1991, reprinted by A Bradford Book, 1995) 樋口えり子訳、『現代思想』vol. 26-1 所収、二八一～三〇三頁）

4　『〈動物のいのち〉と哲学』（*Philosophy and Animal Life*, Stanley Cavell, Cora Diamond, John McDowell, Ian Hacking, and Cary Wolf, Columbia University Press, 2008. 中川雄一訳、春秋社、二〇一〇年）

＊1および2本論は、前期ウィトゲンシュタインをめぐるコーラ・ダイアモンドの解釈を中心とするため、ウィトゲンシュタインの著作に関しては最低限のものを挙げておく。『論考』に関してある程度の前提知識を必要とするが、読書案内に挙げる1と併読することで基本的な理解は得られると思われる。3はコーラ・ダイアモンドの主要著作である *The Realistic Spirit*（未邦訳）に所収されている論文であり、本章では扱わない後期ウィトゲンシュタインの探究をめぐる問題を扱っているが、ダイアモンドの哲学に触れることのできる刺激的な論文として挙げておきたい。4は、ノーベル賞作家クッチェーの肉食をめぐる物語から動物の倫理に対する哲学的議論のあり方を論じる論文集であるが、著名な現代英米の哲学者たちがダイアモンドの議論を中心にして論じている。ダイアモンド自身の倫理に関する考えをみることのできる好著である。

読書案内

1　野矢茂樹『ウィトゲンシュタイン『論理哲学論考』を読む』（ちくま学芸文庫、二〇〇六年）

＊ウィトゲンシュタイン解釈において日本で代表的な哲学者による『論考』の詳細な解説である。ダイアモンドの『論考』解釈とはかなり異なるが、噛み砕いて分かりやすいものなので、ぜひ一読されたい。

2　ジャック・ブーヴレス『言うことと、なにも言わないこと』（中川雄一訳、国文社、二〇〇〇年）

＊ウィトゲンシュタインのナンセンスに関する考えをフランスの分析哲学の重鎮が論じたものであるが、そこにはダイアモンドの影響が色濃く見られる。ダイアモンドを理解する上で、現在日本で手に入る著作としてはこれが最も詳細なものと

なる。

3　吉田寛『ウィトゲンシュタインの「はしご」——『論考』における「像の理論」と「生の問題」』（ナカニシヤ出版、二〇〇九年）

＊ダイアモンドとコナントの議論に端を発する『論考』序文および結論のフレーム問題を直接論じ、ニュー・ウィトゲンシュタインの議論を視野に入れて『論考』の倫理を扱っている。

第13章　分析哲学
——現代の言語哲学として——

齋藤暢人

一九世紀末、ゴットロープ・フレーゲ（Gottlob Frege, 一八四八～一九二五）は、現代論理の体系的建設に初めて成功した（『概念記法』（一八七九））。解析学の基礎の厳密化を考察するうちに、彼は、論理の基本構造が関数（概念）を用いて分析できることを発見し、量化（quantification）（「すべて」と「ある」）の概念の全貌を明らかにした。こうしたフレーゲの業績は、アリストテレス（前三世紀）に端を発し、その後近代に至るまで、ヨーロッパ文明の礎石であると同時にその桎梏でもあり続けた伝統的形式論理学からの本質的な前進であり、人類は実に二千年以上の歳月をかけて偉大な真理の階梯を一段上ったことになる。現代論理は情報科学やその関連領域の土台となっており、現代社会のいわば思想的インフラである。「分析哲学」とは、この新しい論理を武器として、意味論的観点から諸問題を考察しようとするスタイルの哲学に与えられた名前である。こうした事情から推察されるように、分析哲学の本来的な関心領域は言語哲学である。わけても、意味論の中心的概念である「指示」（reference）の概念をめぐって、多くの哲学者が深い考察を展開してきた。本章では、指示の概念を軸に、現代の言語哲学としての分析哲学の展開を概観する。

1　名前の記述説

分析哲学の中心的なテーマである指示についての初期のパラダイムは、フレーゲの論理的意味論*とバートランド・ラッセル（Bertrand Russell, 一八七二〜一九七〇）の記述理論によって与えられた。このパラダイムを名前の記述説（descriptive theory of name）（以下「記述説」）という。これを説明するための準備として、その前史を簡単に見ておこう。

前史　ミルの理論

記述説は、名前の意味についてのある素朴な理論を乗り越えるものとして登場した。この理論は、哲学者ジョン・ステュワート・ミル（John Stuart Mill, 一八〇六〜七三）が採ったことから、しばしば「ミルの理論」と呼ばれる（『論理学体系』（一八四三））。伝統的に、語は二種類の意味を持つとされる。具体的な対象としての意味と、対象を限定する抽象的な概念としての意味である。前者は外延（denotation）、後者は内包（connotation）と呼ばれる。ミルの理論によれば、名前が持つのは外延のみであり、内包は持たない。「キケロ」という名前の意味は、その外延である指示対象、つまりキケロという人物である（キケロは、雄弁で知られた古代ローマの政治家）。そして、名前の意味論的役割は、その対象の指示に尽きるのである。

ミルの理論には直感的な説得力もあるが、問題点もある。二つの文(1)「キケロはキケロである（キケロ＝キケロ）」と(2)「キケロはタリーである（キケロ＝タリー）」を比べてみよう。「キケロ」「タリー」は、ともに同じ人物を

＊意味論　論理をどのように捉えるかにより、論理の研究には三つの分野が生じる。論理を記号の体系とみなした場合、記号間の関係を考慮する構文論（syntax）、記号とその指示対象との関係を考慮する意味論（semantics）、記号や対象とその解釈者との関係を考慮する語用論（pragmatics）である。言語哲学の中心問題が「指示とは何か」であれば、意味論が最も重要な分野となる。こうした区分は記号論（semiotics）に始まるものであり、プラグマティズムの始祖チャールズ・サンダース・パースの哲学に起源のひとつを求めることができる。

指示する（「タリー」はキケロの別名）。ここで、ミルの理論によれば、名前の役割は対象の指示に尽きるのであるから、これらの名前は同義であり、したがってこれらからなる同一性言明である(1)と(2)は同義であることになる。しかし、(1)は自明であるが、(2)はそうではない。ミルの理論では、この差異は説明できないであろう。

このような欠点をもつミルの理論に代わるものを提出したのが、冒頭で紹介したように、現代論理の建設者となったフレーゲである。

フレーゲの意義と意味の区別

フレーゲは、論文「意義と意味について」（一八九二）において、固有名「明けの明星」と「宵の明星」とは、同じ対象を指示しているという点では同じ〈意味〉をもつが、対象の異なる与えられ方にそれぞれ対応しているという点では、異なる〈意味〉をもつ、とした。フレーゲは、前者の〈意味〉（＝指示対象）を「意味（Bedeutung）」、後者の〈意味〉（＝対象の与えられ方）を「意義（Sinn）」と呼び、区別する。「キケロ」と「タリー」も同様である。これらの意味は同じ（同一人物）であるが、意義はそれぞれ異なる。この区別により、先の二つの文は、その意義の差異のゆえに同義ではない、とすることができる。つまり、フレーゲは、意味を二つの水準に分割することで、ミルの理論では残されていた問題を説明してみせたのである。

ラッセルの記述理論

固有名と記述は、品詞としてはどちらも同じ名詞（句）である。フレーゲは、固有名は記述によって表現される意義を介して対象を指示する、とした。とくに、ある特定の対象のみを選び出すような確定記述は、その対象の固有名の意義を表現すると考えることができる。

確定記述の標準的な取り扱いを提示したのはラッセルである。ラッセルは、論文「表示について」（一九〇五）などにおいて、確定記述を含む文は、その記述が表示する対象が唯一存在することを主張する文であるとみなすべきだ、とした。これにより、みかけの主語が表示する対象が明らかに存在しない文の意味が説明できる。たとえば、(3)「現在のフランス国王は禿げである」という文には、確定記述「現在のフランス国王」が含まれているが、これは明らかに存在しない。(3)を、記述が表示する対象の唯一存在を主張する文に書き換えるならば、(3)は存在しないものの存在を主張しており、偽である、という結論を導くことができる。これがラッセルの「記述理論」である。

記述理論によれば、固有名が対象を指示するということは、確定記述が対象を表示するということとして説明できる。また、確定記述が対象を表示するということは、述語がその対象のみにあてはまることとして説明できる。こうして、指示は述語の対象への適用に帰着される。つまり、記述理論によれば、固有名は述語へと還元される。ラッセルは、固有名は「これ」「あれ」などの論理的固有名（logically proper name）に限る、とした。ラッセルに言わせれば、論理的固有名こそが本来の固有名であり、いわゆる固有名のほうがむしろ偽装した記述（disguised description）なのである。

記述理論は現代論理の成果の見事な応用例とみなされ、多くの哲学者に受け入れられてゆくようになる。フレーゲ、ラッセルらの所説は、いつしか「名前の記述説」と総称され、分析的言語哲学のパラダイムの役割を担うようになってゆく。

ストローソンの批判と修正された記述説

しかし、記述理論の技巧的な解答は反発も招き、議論が沸騰した。こうした論争の勃発と進展という過程が分析哲学の議論の精度を高めてゆく。ピーター・フレデリック・ストローソン（Peter Frederick Strawson, 一九一九〜二〇〇六）の記述理論批判は、分析哲学のさらなる発展を促したという点で重要である。彼は、論文「指示について」（一九五〇）においてラッセルの理論を激しく攻撃した。

ラッセルが取り上げた「現在のフランス王」という確定記述は表示対象をもたない。これは、指示対象が存在しない固有名と似ている。フレーゲは、そのような固有名として「オデュッセウス」を挙げ、こうした空虚な固有名を含む文は、有意義ではあるが真でも偽でもない、とした。ラッセルが空虚な確定記述を含む文を偽だとしたのとは対照的である。

ストローソンの結論は、表示対象をもたない確定記述を含む文は真でも偽でもない、とする点でフレーゲに近いが、その理由は独自のものである。ストローソンによれば、ラッセルは、文（sentence）と発話（utterance）と使用（use）を混同している。(4)「現在のフランス国王は賢い」という文を、甲と乙という二人の人物がそれぞれ発話する、という状況を考えよう。文は同一であるが、発話は異なるので、文と発話は区別されるべきである（文は文タイプ、発話は文トークンにあたる)。また、甲が一七世紀に(4)を発話し、乙が二一世紀に(4)を発話したならば、当時のフランスは王政であるから、甲の文は主張している。しかし、すでに共和制に移行している今日、乙の文は主張していない。文は主張などのために使用されるのであるが、ラッセルはこれも見落としている。その結果、ラッセルは発話の使用に関する問題と文の有意味性の問題とを混同し、空虚な記述を含む文は偽である、としたのである。乙の発話は使用されていないが、だからといって文が無意味なわけではない。同様のことは、「あなたはきのういまごろここにいた」といった、指示詞・指標詞を含む文についても言える（指示詞・指標詞については後に詳しく述べる)。

文の有意味性と発話の使用との区別があれば、非存在に関する混乱の原因を前提の不備に求めることができる。ラッセルの記述理論では、対象の存在が論理的に帰結する。しかし、対象の存在はむしろ前提にされているはずであり、この前提がみたされていないとき、当の文は真でも偽でもない、とすべきであろう（ただし有意味でありうる)。

ラッセルの記述理論を批判したのは、ストローソンばかりではなかった。ジョン・サール（John Searle, 一九三二〜）もまた、固有名の意味に関する考察により、ラッセルの理論を批判した。一連の議論により、固有名の代替となりうる唯一の確定記述がなくとも、一群の記述が固有名の意味を表現しうる、という説が哲学者たちの支持を集め、ここにパラダイムの完成形態としての「修正された記述説」が生まれた。

2　指示の因果説

ドネランの記述の二用法

広い支持を集めた記述説であったが、キース・ドネラン（Keith Donnellan, 一九三一〜二〇一五）によって提起された批判は、記述説の妥当性に根本的な疑問を投げかけた。ドネランは、論文「指示と確定記述」（一九六六）において、次のような例を挙げる。

ある者が、スミス氏殺害の凄惨な犯行現場を見て、(5)「スミスを殺した奴は正気じゃない」と言ったとする。また、ある者が、スミス氏殺害犯として逮捕・起訴されたジョーンズが、法廷において奇矯な振る舞いに及んでいるのを見て、やはり(6)「スミスを殺した奴は正気じゃない」と言ったとする。(5)と(6)は同じ文であるが、(5)における記述「スミスを殺した奴」は、（その時点では正体不明でありうる）残虐な犯人を表示している。それに対して、(6)における記述「スミスを殺した奴」は、明らかに法廷のジョーンズを指示している。つまり、確定記述には二つの用法がありうる。ドネランは前者を帰属的用法（attributive use）、後者を指示的用法（referential use）と呼んだ。重要なのは指示的用法の指摘である。たとえ対象にあてはまらない述語を含む記述であっても、この用法における役割を果たしうる。法廷にいるジョーンズがたとえ真犯人ではなかったとしても、「スミスを殺した奴」はジョーンズを指示しうるのである。

ラッセルは固有名を記述の束とみなし、解体してしまった。ラッセルの分析の鮮やかさは学界の耳目を攫ったが、その手際の良さに幻惑されたのではないかという不満も残した。ドネランの分析はわだかまりに形を与える格好になり、有効な反論の一例として受け容れられた（ただしクリプキは、論文「話者の指示と意味論的指示」において、ドネランの議論は語用論に属するものであり、意味論には無関係である、と批判している）。

クリプキと指示の因果説

ドネランの議論は記述説の問題点を示唆しており、新しいパラダイムの登場を予感させた。その新しいパラダイムは、様相論理（modal logic）への可能世界意味論の開発者ソール・クリプキ（Saul Aaron Kripke, 一九四〇〜）によってついに与えられた。様相（modality）とは、必然性、偶然性、可能性、不可能性といった概念のことであり、現代論理にこれらの概念を付加して拡張したのが様相論理である。したがって、様相論理には、文をpとすると、必然的にp（□p）、や、可能的にp（◇p）、といった文が含まれるが、これらが可能世界*を用いて適切に解釈されうることをクリプキは示した。pが必然的である、は、すべての可能世界においてpが真、pが可能である、は、ある可能世界においてpが真（pが真であるような可能世界が存在する）、と解釈することができる。

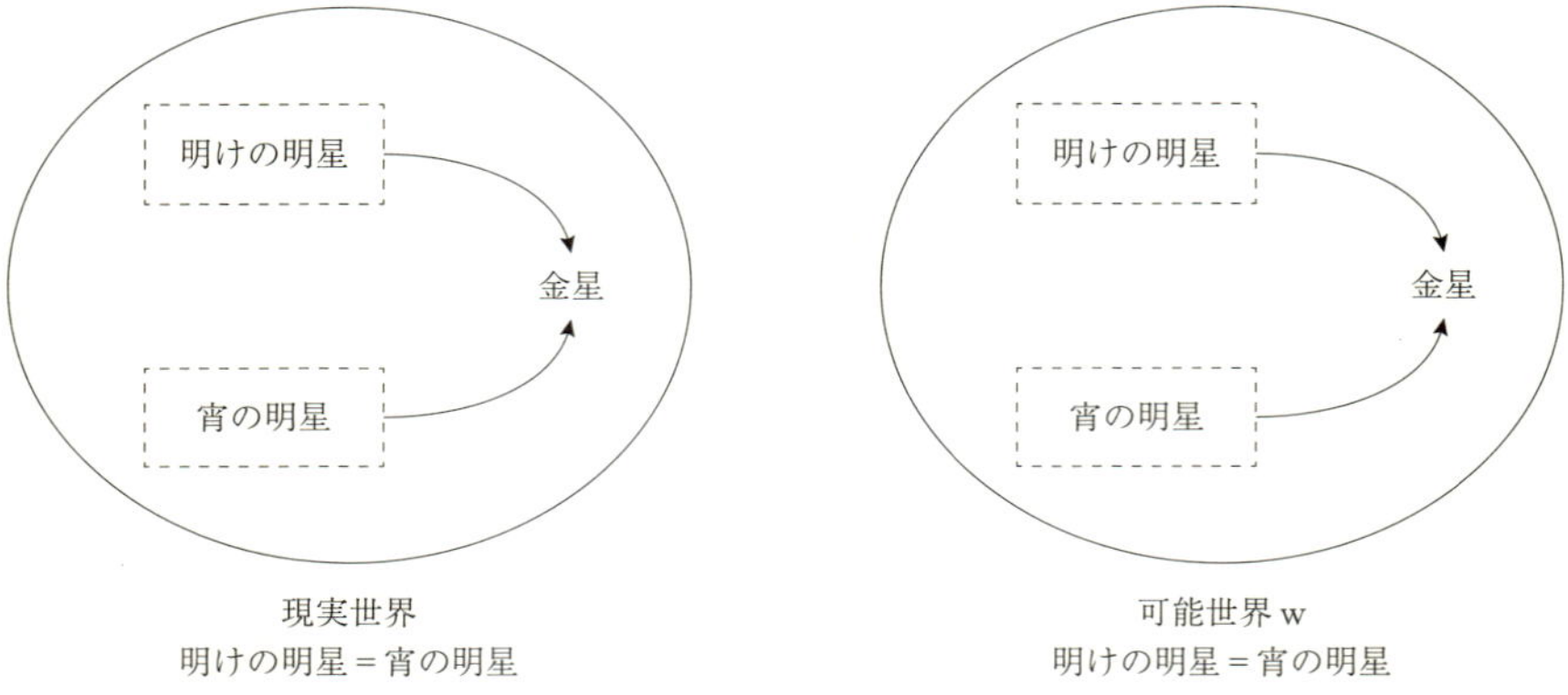

図13-1　固有名は固定指示子である

（注）　矢印は指示関係を表す。点線で囲んだのは名前。

こうした準備の上で、クリプキは、固有名と記述とは根本的に異なる、とする。固有名の指示対象はどの可能世界でも同じであるが、記述の表示対象は可能世界によって異なりうるからである。固有名は固定指示子（rigid designator）であるが、記述はそうではない。固有名は、フレーゲ的な意義を介することなく、その対象をいわば直接に指示するのである。

クリプキの主張を、例を用いて説明しよう。固有名Ｎの指示対象ａは、現実世界でも可能世界でも同一であるが、現実世界でＦなるものが可能世界でＦでないことがありうる。このような場合、Ｆなるものにあてはまる記述Ｄは、現実世界ではａを表示しても、可能世界ではａ以外のものを表示する。たとえば、固有名「明けの明星」「宵の明星」はともに金星を指示する。これは、現実世界でもある可能世界ｗでも変わらない。したがって、固有名は固定指示子である（図13-1）。

現実世界では、一九七六年の米国大統領はニクソンであるが、そうではなく、ハンフリーが大統領であったような可能世界ｗを考えてみよう。すると、「一九七六年の米国大統領」という記述をみたす対象は、現実世界ではニクソンだが、可能世界ｗではハンフリーである。ニクソン≠ハンフリーであるから、記述「一九七六年の米国大統領」の対象は固定されていない。したがって、記述は一般に固定指示子ではない（図13-2）。

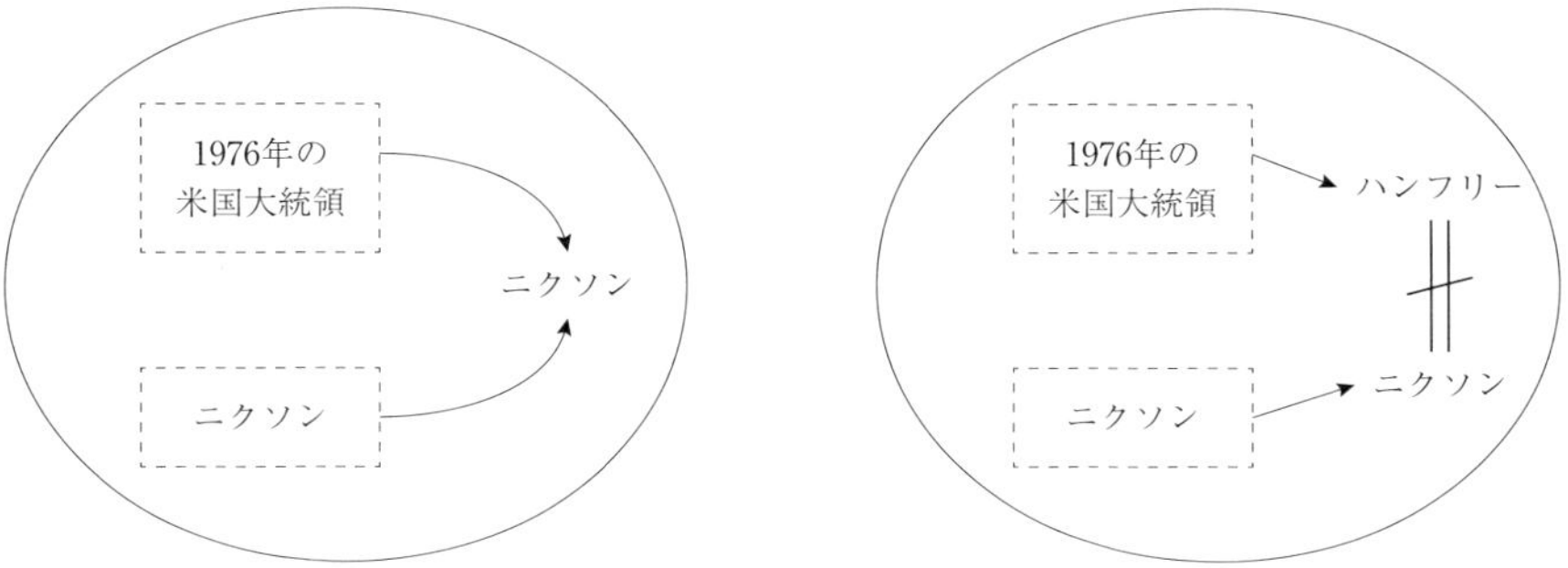

図13-2　記述は固定指示子ではない

固有名が意義をもたないという主張は、フレーゲ、ラッセルが乗り越えたはずのミルの理論にむしろ近い。実際、クリプキはそれを認める。では、固有名の意味はどのように説明されるのであろうか。古典的パラダイムである記述説では、固有名の意味は記述と同一視された。しかし、クリプキは固有名と記述を峻別し、両者の間に架橋困難な峡谷を認めてしまう。では、固有名はいかにして対象を指示するのであろうか。

クリプキによれば、固有名の指示は原初の命名儀式（initial baptize）によって確立され、言語共同体において伝達される。固有名の指示の根拠を確かめたければ、伝達された指示の連鎖を辿ることになる。その過程は因果的であるがゆえに、この説は、指示の因

＊**可能世界**　反事実的な状況について語るのが様相語法の特徴であるが、可能世界とはそうした状況に他ならない。これらは哲学でしばしば利用されてきた。ライプニッツの弁神論のテーゼ「現実世界は数多の可能世界のうちで最善のものである」もそのひとつである。しかし可能世界に属する可能的なものの存在に関しては意見が分かれる。可能的なものの存在を積極的に肯定する立場は様相実在論と呼ばれる。対して、存在を現実世界のものに限り、可能的なものの存在には消極的な立場は現実主義と呼ばれる。クリプキは代表的な現実主義の論者であり、他方、代表的な様相実在論者としてはデイヴィド・ルイス（David Lewis, 一九四一～二〇〇一）が知られている。

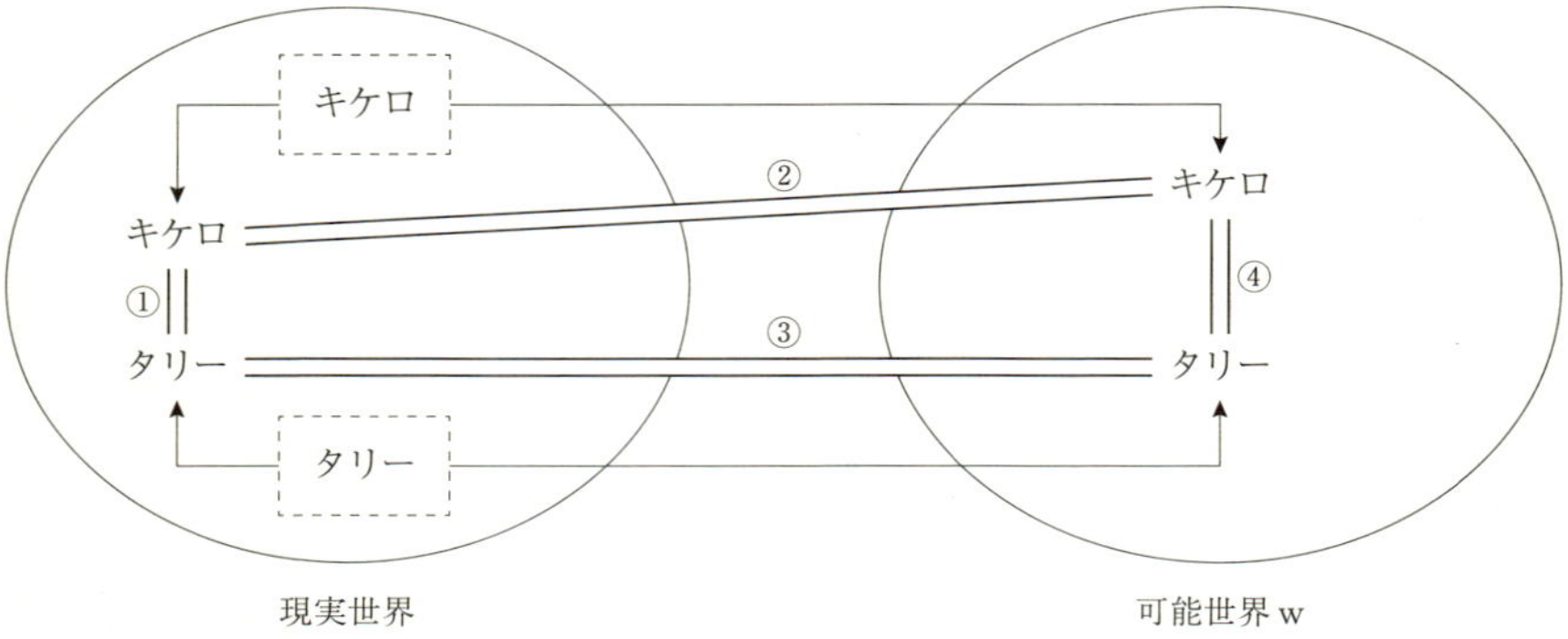

図13-3　同一性は必然的である

（注）①の同一性は所与。②と③の同一性は固有名の指示の固定性による。①②③より，④の同一性が帰結する。

果説（causal theory of reference）（以下「因果説」）と呼ばれる。また、この説によれば、指示はフレーゲ的な意義を介すことなく行われることから、直接指示の理論（direct reference theory）ともいう。

この理論にはいくつか注目すべき帰結がある。ひとつには、同一性は必然的である、というものである。なぜだろうか。現実世界ではキケロ＝タリーである。また、「キケロ」「タリー」は固有名であるから、それらの指示対象は同一である（固有名は固定指示子であった）。いかなる可能世界においても、「キケロ」は現実世界のキケロと同一の対象を、タリーは現実世界のタリーと同一の対象を指示する。それゆえ、すべての可能世界においてキケロ＝タリーとなる。すなわち必然的にキケロ＝タリー（□（キケロ＝タリー））である。したがって、同一性は必然的である（図13-3）。

また、カント以来の通説に反するアポステリオリな必然性やアプリオリな偶然性がありうることになる。前者の例は「□（明けの明星＝宵の明星）」である。これは、先に述べたように必然命題であるが、経験的に知られることであり、アポステリオリである。後者の例は「1メートル＝メートル原器Sの長さL」である。これは定義ないし規約であるがゆえにアプリオリであるが、一メートルの長さがこのLであるということは偶然的である。クリプキは、必然性、偶然性とアプリオリ、アポステリオリという、それまで混同されがちだった概念を弁別・整理する。必然性・偶然性が形而上学的様相であるのに対し、アプリオリ・アポステリオリなどは認識論的様相である、とされるのである。

因果説への疑問　因果説は記述説が説明しえなかったことの多くを説明するものの、異論がまったくなかったわけではない。よく知られているのは、ギャレス・エヴァンズ（Gareth Evans, 一九四六～八〇）が論文「名前の因果説」（一九七三）で指摘した問題である。エヴァンズによれば、指示の因果説では、以下のような指示の変遷（reference shift）という現象を説明できない。すなわち、「マダガスカル」は、本来はアフリカ大陸の一部地域を指示していたが、マレー人かアラブ人がした話をマルコ・ポーロが誤解した結果、アフリカ東岸沖の大きな島のことを指示するようになってしまったのである。指示の因果説によれば、「マダガスカル」の当初の意味は、因果連鎖を通じて言語共同体に伝達されるはずである。因果説は、こうした現象がなぜ起こるのかを説明できないであろう。

3　内包論理の意味論と直接指示の理論

内包論理の基礎　クリプキの可能世界意味論が与えられた様相論理は、先行するカルナップらによって研究されていた論理である。ルドルフ・カルナップ（Rudolf Carnap, 一八九一～一九七〇）は、フレーゲ、ラッセルらの成果を、アルフレト・タルスキ（Alfred Tarski, 一九〇一～八三）の形式的意味論の枠組みを利用して体系化し、様相を含む内包論理（intensional logic）へと綜合した。現代の意味論の原型は、カルナップが『意味と必然性』（一九五六）などで提示した「内包と外延の方法」に多くを負っている。その要点は以下のようにまとめられる（表13-1）。固有名、述語、文などの記号には、固有の内包と外延が定められるのである。

「内包と外延の方法」の特徴は、内包を可能世界から外延への関数*として捉える点である。個体概念は可能世界から個体への関数であり、性質、関係は可能世界からクラス、クラスの組への関数であり、命題は可能世界から真理値への関数である。

表13-1　各記号の内包と外延

	内　包	外　延
固有名	個体概念	個　体
述　語	性質または関係	クラスまたはクラスの組
文	命　題	真理値

内包論理は豊かな表現力をもっており、様相論理や時制論理を展開できるので、自然言語の意味論の構築は現実的な目標となった。しかし、自然言語にはさらに多くの特徴的な表現が含まれる。「わたし」「あなた」「きょう」「きのう」「ここ」「そこ」「これ」「それ」などの多様な指示詞（demonstratives）ないし指標詞（indexicals）もまた、その一部である。むろん、これらの適切な取り扱いも必要となる。

指標説

この課題を解決するために、モンタギュー文法（Montague Grammar）などの初期の内包論理では、指標（index）を考慮する、という方針がとられた。この立場を指標説という。指標とは、指示詞・指標詞に影響する文脈を構成する要素の組である。たとえば、いま考慮する要素を話者a、場所p、時点t、可能世界wとすると、指標i＝〈a, p, t, w〉となる。そして、ある表現の内包とは、指標と相対的に、表現にiにおける外延を付値する関数である。

すると、文(7)「わたしはいまここにいる」は、これを発話したのが一九九九年一二月三一日に東京にいた太郎であれば、i＝〈太郎, 東京, 1999年12月31日, 現実世界〉という指標によって、次の文(8)「太郎は一九九九年一二月三一日東京にいる」と等しくなる。しかし、そうであれば、(8)は偶然的な真理であるから（現実世界でなりたったとしても、ある可能世界でなりたたないことがありうる以上、(8)は必然的真理ではない）、(7)もまた偶然的な真理となろう。しかし、(7)は明らかに論理的真理であろう。また、(7)は論理的真理であるが、他方で(9)「□（わたしはいまここにいる）」（「わたしがいまここにいることは必然的である」）は偽である。「わたし」は話者であり、「ここ」は発話の場所であるから、(7)はあらゆる文脈においてなりたつ。他方で、(9)もまたあらゆる文脈においてなりたつが、しかし、その話者がその発話の場所にいることは偶然的な事実にすぎない。したがって、(7)はなりたつが(9)はなりたたない。しかし、指標説では、(7)が論理的真理である以上、(9)もまた真となってしまう。つまり、指標説では、(7)と(9)の違いを説明できないのである。

カプランの指示詞・指標詞の意味論　指標説のこうした難点を指摘しつつ、それに代わる意味論を与えたのは、デイヴィド・カプラン（David Kaplan, 一九三三～）である。彼は、文脈（context）と評価の状況（circumstance）を区別する。文脈cは、話者a、場所p、時点t、世界wの組〈a, p, t, w〉である。指示詞・指標詞の意味はこれらによって異なるので、カルナップのいう命題を得るためには、まずこれらが定められなければならない。もちろん、命題は各時点、各世界に関して評価されるが、評価の基礎となるのが状況であり、それゆえこれは〈t, w〉である。

カプランの枠組みでは、カルナップの命題がいわば分割されている。カルナップの命題は内包、つまり、所与から外延への関数であった。カプランの枠組みでは、所与が文脈と状況に分割されるので、文脈から命題を定める関数と、状況から外延を定める関数があることになる。前者の関数を意味性格（character）、後者の関数を意味内容（content）という。カルナップの命題に当たるのは意味内容のほうである。「fはxからyへの関数である」を「f:x→y」と書くことにすると、次のようになる。

意味性格：文脈→意味内容
意味内容：状況→外延

では、カプランの理論は、(7)「わたしはいまここにいる」と(9)「□（わたしはいまここにいる）」の違いをどのよう

＊関数　フレーゲは論理の体系化にあたって関数を大いに利用した。彼は、存在の基本的カテゴリーとして、独立・飽和したものと非独立・不飽和なものを挙げる。前者は対象、後者は概念である。概念は対象によって充足され、対象を生み出す。これは、対象に対象を一意的に対応させることであり、したがって概念は対象から対象への関数とみなせる。複雑な論理構造は基本的なカテゴリーの組み合わせであるというフレーゲの主張「合成原理」は、論理のその後の発展に大きく影響した。

に説明するのだろうか。彼の理論においては、あらゆる文脈cにおいて、その文脈の話者c_Aがその文脈の場所c_Pにいるということが、その文脈の時点c_T、世界c_Wに関してなりたつ。これは、「…は…にいる」という述語の意味性格である。これを前提したうえで、この意味性格に対して文脈が与えられたとすると、任意の文脈において、たしかに話者はその場所にいる。これは、意味性格と文脈から得られた内容である。この内容は、あらゆる時点、あらゆる世界に関して成り立つ。つまり、あらゆる状況に関して成り立つ。したがって、話者は「わたし」、場所は「ここ」であるから、(7)「わたしはいまここにいる」は妥当である。

しかし、(9)「□（わたしはいまここにいる）」については、文脈cでは、時点t、世界wにおいて、話者aが場所pにいるかもしれないが、明らかにこれとは異なる文脈c*がありうる。ある可能な世界w*におけるc*では、aはtにおいてpとは異なる場所p*にいるかもしれない。すると、文脈〈a, p, t, w〉から得られる内容が成り立たない世界が存在する。すなわち、これはすべての世界では成り立たない。ゆえに(9)は妥当ではない。かくして、両者の差異が明らかとなった。

カプランの理論においても、クリプキにおけるような、必然性のより詳細な区別が可能となる。必然的ではない論理的真理としては、αを適当な単称名辞とすると、α＝dthat［α］がある。ここで、「dthat［α］」とは、「あのα」のカプラン流の表記である。すると、α＝dthat［α］はなりたつが、αは固定指示子とは限らないので、□（α＝dthat［α］）はなりたたない。異なる可能世界においては、現実とは異なる文脈がありうるからである（これは、先の「わたしはいまここにいる」と似たケースである）。他方で、論理的に真ではない必然的真理の例としては□（dthat［α］＝dthat［β］）がある。これはなりたつが、dthat［α］＝dthat［β］は成り立たない。具体的には、□（dthat［明けの明星］＝dthat［宵の明星］）であるが、dthat［明けの明星］＝dthat［宵の明星］ではない。

カプランの理論の注目すべき帰結は、dthat［α］が固定指示子となる、ということである。それゆえ、カプランの指標詞の理論は、フレーゲ、ラッセル的な記述説とは異なり、クリプキ的な因果説へと接近することになった。カプラン自身によって、この事情は次のように表される（図13-4）。

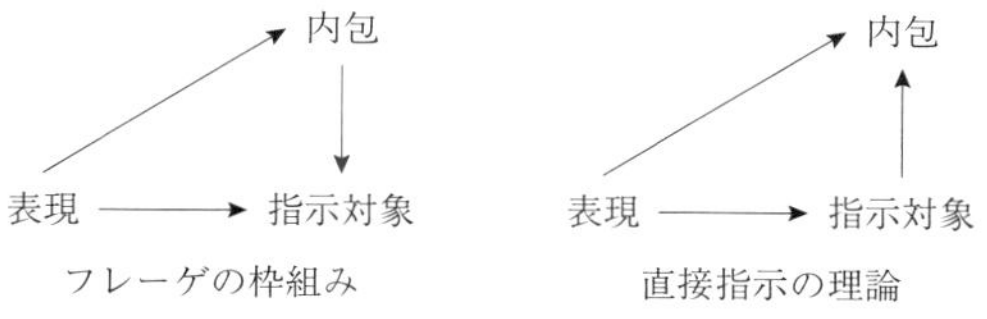

図13-4　フレーゲから直接指示へ

フレーゲの枠組みにおいては、表現は内包を介して対象を指示するが、それに対して、直接指示の理論においては、表現は直接に対象を指示し、内包はこれらから抽象されるのである。

カプランとストローソン

興味深いことに、カプランは、指標性に関する先行研究として、ストローソンの説を挙げている。先に紹介した「指示について」で、ストローソンは文や表現とその発話、およびそれらの使用を区別した。これらの間の関係で重要なのは、言明の真偽は、発話の文脈が確定されたあとで初めて定められる、ということである。真偽を定められるのは言明であるから、言明は、カルナップのいう命題にあたる。ストローソンは、文脈に依存する命題以外の要素の存在をすでに指摘していたのである。

固定指示子としての自然種名

クリプキは指示の因果説を自然種名にもあてはめる。彼によれば、「水＝H_2O」は必然的であり、いかなる可能世界においてもなりたつ。「水」「H_2O」はともに自然種名であり、したがって固定指示子だからである（これは図13-1における場合と類比的である）。しかし、「虎＝縞模様のある大型肉食獣」は偶然的である。自然種名「虎」は固定指示子であるが、記述「縞模様のある大型肉食獣」は、そうではない。これは質的記述であり、たとえば虎が「ピンクの三本足の動物」であるような世界はありうるのである。

パトナムの双生地球

クリプキの自然種名に関する直接指示の理論の重要な応用例は、ヒラリー・パトナム（Hilary Putnam, 一九二六〜）の論文「意味と指示」（一九七三）「意味の『意味』」（一九七五）などで展開された「双生地球（twin Earth）」の思考実験であろう。現実世界にあたる地球では、水はH_2Oであるが、可能世界にあたる双生地球では、H_2Oが見た目はそっくりだが化学的に異なる物質XYZに置き換えられているとしよう。要するに、双生地球にはXYZの河や海がある。

さて、現実世界では水＝H_2Oだが、では、この可能世界では水＝XYZだろうか。パトナ

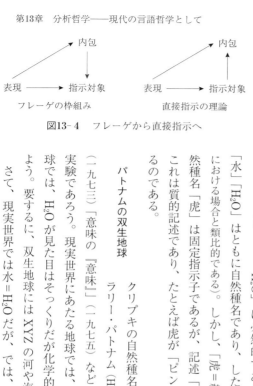

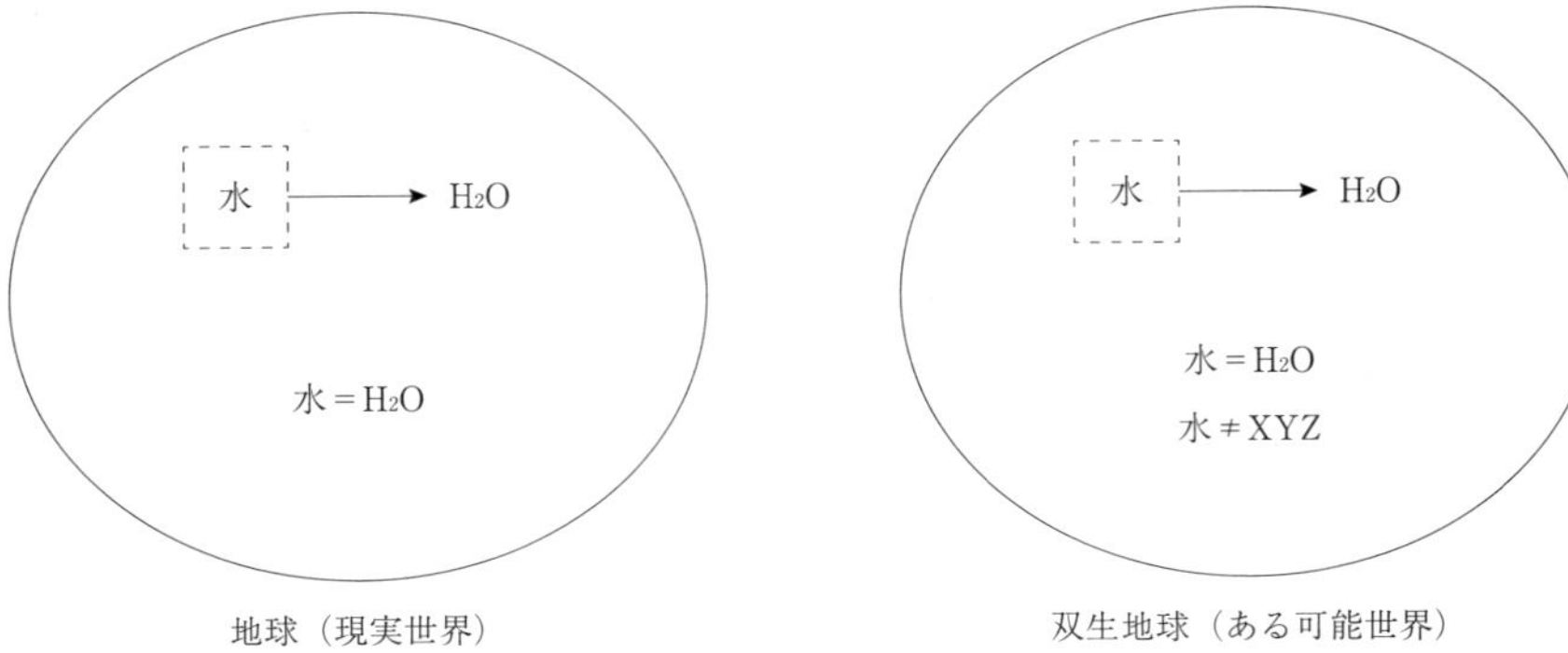

図13-5　双生地球の思考実験

ムの答えは「ノー」である。現実世界で水＝H_2Oであり、自然種名「水」は固定指示子である。ゆえに、豊かなXYZを湛えたこの双生地球、この可能世界でも、地球人であるわれわれにとっては、やはり水＝H_2Oなのである（図13-5）。

もちろん、H_2OとXYZは区別できず、地球でも双生地球でも、「水」は無色透明な液体のことである。ゆえに、「水」の地球での内包と双生地球での内包は同一である。しかし、外延は異なる。「水」は、地球ではH_2Oであるが、双生地球では異なる物質XYZである。ここから、パトナムはフレーゲの誤謬を指摘する。パトナムによれば、フレーゲの意義の理論は、方法論的独我論に立脚している。各人の信念によって内包（意義）が定まり、それから外延（意味）が定まる、とされているからである。だが、もしそうであれば、内包が同一であれば外延も同一になるはずである。しかし、双生地球の例のように、内包が同一でも外延は異なりうる。パトナムは、ここでフレーゲは誤っている、と断ずるのである。

4　指示と様相

必然性再考

これまでの考察を振り返ると、言語哲学としての分析哲学の展開は、言語哲学の中心概念である指示に関して、フレーゲ、ラッセルらによって提示された記述説というパラダイムが、クリプキらの因果説・直接指示説というパラダイムによって批判され、乗り越えられる過程として理解することができる。

しかし、近年、クリプキらの直接指示説に対する見直しともいうべき動きがある。必然性の概念は、直接指示論者が説明するようなものでしかありえないのだろうか。クリプキらとは異なる仕方で理解することも可能なのではないか。しかし、もしそうだとすれば、言語哲学のパラダイムは再び大きく変化することになるのではないか。こうしたアイディアに基づき、デイヴィド・チャルマーズ（David Chalmers, 一九六六〜）は、二次元意味論（two-dimensional semantics）を発展させることによって、言語哲学の次なる一歩を踏み出した。

一次内包と二次内包、アプリオリと必然性

チャルマーズは『意識する心』において、内包の両義性を指摘する。内包には、一次内包（primary intension）と二次内包（secondary intension）がある、というのである。

直接指示説における内包は、現実世界の対象を選んで指示する。ゆえに、どの可能世界においても、「水」はH_2Oを指示する。現実世界ではもちろんH_2Oであるが、可能世界でもやはりH_2Oなのである。このとき選ばれているのは、現実世界の対象という意味での「現実の」対象である、と言える。

だが、そうではない対象の選び方もある。「現実」は指標性をもつ。というのも、どの世界が「現実」なのかは、その世界の住人に相対的だからである。現実世界@に住むわれわれにとっての「現実」世界は@であるが（以下、現実世界を「@」と表記する）、可能世界wの住人にとっての「現実」世界はwであろう。すると、それぞれの可能世界において、その世界の「現実」の対象を選んでもよいのではないか。この「その世界の『現実』の対象」とは、現実世界の対象ではなく、当該可能世界の対象である。すると、そのとき「水」は、現実世界ではH_2O、可能世界ではたとえばXYZをそれぞれ選ぶ。つまり、そのつどの世界の水の質的等価物、いわば「水らしきもの」を選ぶのである。

チャルマーズは、前者を二次内包、後者を一次内包と呼ぶ。クリプキやパトナムが唱える水＝H_2Oの必然性は、二次内包による。これに対して、一次内包は質的記述をあらわしていると解釈できる。何が選ばれるのかは世界に相対的に決まるので、「水」には（みかけに反して）指標性があることになる。

チャルマーズが一次内包を重視するのは、これにより、アプリオリ性が定義できるからである。彼によれば、一次内包からなる一次命題Sがすべての可能世界において真であるとき、Sはアプリオリである。つまり、アプリオリは一次内包に関してみた必然性である。かくして、アプリオリと必然性は再会を果たす。クリプキは、アプリオリな偶然性、アポステリオリな必然性の存在を指摘して、形而上学的様相と認識論的様相を画然と区別したが、チャルマーズは、「必然的な真理としてのアプリオリ」という概念の合理性を主張し、両者を復縁させるのである。

二次元意味論の系譜　チャルマーズの刺激的な議論は、当初は様相論理の研究テーマのひとつにすぎなかった二次元意味論を巧みに応用したものであり、彼自身が多くの先駆者たちを挙げている。彼のアイディアは、これまで蓄積されてきた分析哲学の成果の上に咲く花であり、その土壌の厚みは、意味論の着実な進展と多くの部分で重なる。

チャルマーズの二つの内包は、すでに紹介したカプランの指示詞・指標詞の理論における意味性格と意味内容に対応する。「水」の一次内包「水らしきもの」は、文脈に依存する意味性格にあたり、「水」の二次内包は、カプランの方法で表すとdthat［水らしきもの］となるが、これは意味内容にあたる。

しかし、必然性の概念が少なくとも二通りに解されうることは、すでにエヴァンズが論文「指示と偶然性」（一九七九）において指摘していた。たとえば、「ジュリアス」をジッパーの発明者の名前だとする（このような名前を「記述名（descriptive name）」という）。すると、⑽「ジュリアスはジッパーを考案した」は、アプリオリに真である。しかし、現実にジッパーを発明した人以外の誰かがジッパーを発明した世界wでは、⑽は偽である。エヴァンズによれば、必然性には表層必然性（superficial necessity）と深層必然性（deep necessity）がある。表層必然性は、いわば「すべての世界に関して真」、深層必然性は「すべての世界において真」ということである。すると、⑽は、wに関して偽であるから、表層必然的ではない、つまり表層偶然的である。しかし、定義上（アプリオリに）、すべての世界において真であるから、深層必然的である。ここから、⑽は、いわゆる「偶然的アプリオリ」の例であることが分かる。

同様にして、「必然的アポステリオリ」を挙げることもできる。⑾「トムはジュリアスである」はアポステリオリであるが必然的である。「トム」も「ジュリアス」も固有名であるから固定指示子であり、したがって⑾はすべての世界に関して真であり、必然的である。つまり、表層必然的である。しかし、トムではなくボブがジッパーの発明者であるようなある世界wでは偽であり、アプリオリに真ではない。すなわちアポステリオリである。つまり、深層必然的ではなく、深層偶然的である。

また、クロスリー、デイヴィーズ、ハンバーストーンらは、様相概念「現実に（actually）」「固定的に（fixedly）」を含む、拡張された様相論理の体系を提示した。文「現実に赤いものは光沢をもちえた」は、通常の必然性・可能性に加えて、「現実に」という新しい様相を用いないと正確には分析できない。「現実にp」は、現実世界でp、ということである。これに加えて、「固定的に」という様相も考えられる。「現実」は指標性をもつから、現実世界がどこかは変動しうる。そこで、「固定的にp」は、現実世界がどれであってもp、ということだとする。これらを組み合わせると、どの世界が現実世界であっても、その現実世界でp、を意味する「固定的に現実にp」という複合様相が得られる。これは一種の必然性であるが、通常の必然性□とは異なる。たとえば、文⑿「現実にpとpとは同値」は、すべての可能世界で成り立つとは限らないので、必然的ではない、つまり偶然的である。だが、⑿は、固定的に現実的である。つまり、どの世界を現実世界だとしても、そのつどかならず成り立つ。この意味で必然的である。ここでは、後者の必然性は、pの内容に関わらないことに注意すべきである。この必然性をアプリオリ性と解釈すれば、われわれは、偶然的アプリオリについての説明をついに手に入れたことになる。デイヴィーズは、通常の必然性と固定的現実的必然性とが、それぞれエヴァンズの表層必然性と深層必然性とに対応し、前者が形而上学的必然性、後者が認識論的必然性すなわちアプリオリ性に対応する、とするのである。

こうした議論の背景にあるのは、内包に関する一層深く精密な分析である。チャルマーズの説明をもとに、その一端をみてみよう。「水」の二次内包は、現実世界@という文脈においては、@でもwでも、H_2Oを選ぶ。また、wという文脈においては、@でもwでも、XYZを選ぶ。他方で、「水」の一次内包は、すべての文脈において、@

表13-2　内包の多義性

「水」の一次内包

	@	w
@	H_2O	XYZ
w	H_2O	XYZ

「水」の二次内包

	@	w
@	H_2O	H_2O
w	XYZ	XYZ

でH_2Oを選び、wでXYZを選ぶ。このような内包の多義性は、表13-2のように整理することができる（ロバート・スタルネイカー（Robert Stalnaker, 一九四〇〜）が論文「主張」（一九七八）において論じた）。各々の表の横軸は評価の基礎となる世界（〜で）、縦軸は文脈を表している。

ここで、「水」の二次内包の行列を左上から右下にみたときの対角線上にある対象を持つように構成された内包は、「水」の一次内包になっており、「水」の一次内包は「水らしきもの」の内包と一致する。それゆえ、「水＝水らしきもの」という命題は、それが一次内包からなるものだと考えると必然的になる。この必然性こそ、アプリオリ性なのである（エヴァンズの深層必然性、デイヴィーズらの固定的現実的必然性にあたる）。

さて、チャルマーズは、二次元意味論に基づく考察から何を導くのであろうか。

チャルマーズの結論

クリプキらの理解する必然性は二次内包に基づく、として、チャルマーズは、一次内包に基づく必然性を「必然性^{1}」と呼び、区別する。必然性^{1}は、既述のようにアプリオリ性に相当するが、可能性についても同様に、アプリオリな可能性としての可能性^{1}を考えることができる。

ところで、想像可能なことは論理的にも可能である（このような議論、主張を「想像論法」という）。また、付随性（supervenience）における必然性は必然性^{1}とみるべきである。ゆえに、付随性はアプリオリである（可能な状況が性質Aに関して区別できないとき、性質Bに関しても区別できないならば、BはAに付随するといい、この関係を付随性という）。

さて、ほとんどすべてのことが物理的事実に付随することが想像可能である。したがって、ほとんどすべてのことが物理的事実に付随することが論理的に可能であり（想像論法より）、ゆえに、これはアプリオリに可能である（可能性^{1}）。しかし、意識が物理的事実に付随することはアプリオリに可能ではない。したがって、意識がそのように付随することはない。ところが、これは還元主義に反する。ゆえに、還元主義を必要とする唯物論は斥けられる。

チャルマーズはこうした精緻な概念分析に基づき、意識の独自性の論証という困難な課題に取り組んだ。この議論の反響は大きく、その後、多くの哲学者が議論の是非をめぐる論争に参加している。分析哲学の中心領域としての言語哲学は、いまなお新しい議論を生み出す活力を失っていないようにみえる。

著作と翻訳

1　『現代哲学基本論文集Ⅰ・Ⅱ』（坂本百大編、勁草書房、一九八六、一九八七年）

＊『Ⅰ』は、フレーゲ、ラッセルらの論文を収める。また、ラムジー、ヘンペルらの論文も収める。『Ⅱ』は、ストローソンの論文を収める。また、タルスキ、クワインらの論文も収める。

2　『言語哲学重要論文集』（松坂陽一編、春秋社、二〇一〇年）

＊カプラン、ドネラン、クリプキ、エヴァンズらの論文を収める。1と重複する論文を含む。

3　ソール・A・クリプキ『名指しと必然性』（Kripke, S. A., *Naming and Necessity*, Cambridge (MA): Harvard U.P., 1972. 八木沢敬・野家啓一訳、産業図書、一九八五年）

＊クリプキの主著にして、分析哲学の最重要古典。

4　デイヴィッド・J・チャーマーズ『意識する心——脳と精神の根本理論を求めて』（Chalmers, D.J., *The Conscious Mind: In Search of a Fundamental Theory*, Oxford: Oxford U.P., 1996. 林一訳、白揚社、二〇〇一年）（著者名の表記を、本章の文中では「チャルマーズ」とした）

＊クリプキの古典的な議論に真っ向から挑戦する野心作。

読書案内

1　野本和幸『現代の論理的意味論——フレーゲからクリプキまで』（岩波書店、一九八八年）

＊本章で紹介した哲学者たちの基本的な主張やテクニックをまとめている。

2　野本和幸『世界と意味——言語哲学論考』（法政大学出版局、一九九七年）

＊1と重複する部分もあるが、より平明な解説がなされている。

3　飯田隆『言語哲学大全Ⅰ〜Ⅳ』（勁草書房、一九八七〜二〇〇二年）

＊分析哲学のほぼ全体にわたって解説・紹介がなされている。本章の内容にとくに関連するのは、『Ⅰ』巻と『Ⅲ』巻である。

4　前原昭二『記号論理入門』（日本評論社、一九六七年）

＊分析哲学の議論に登場する論証をより正確に理解するには論理の基礎知識があったほうがよい。記号論理を学び、その技術を磨きたい方のための、論理の入門書。

あとがき

ある日のことだった。本書の担当編集者である田引勝二さんが研究室に姿をみせた。先に寄稿させていただいた『概説　現代の哲学・思想』の刊行から間もない頃だったと記憶している。田引さんとは、お互いの職場が近いにもかかわらず、それまで文書やメールで接したことしかなかったため、多忙な折に時間を割いて訪ねてくださったのだ。

しばし歓談して打ち解けたところで、田引さんの口から「今回出した本の続編に当たるものを作りたい」という言葉が発せられた。思いがけない申し出に戸惑いながらも、ひとまず田引さんの話に耳を傾ける。それによれば、続編は『概説　現代の哲学・思想』で主題として十分に取り上げることのできなかった哲学者や思想家のアンソロジーを中心としつつ、二一世紀における哲学・思想の潮流も展望できるような本にしたい、ただし同書のように全体を二分するのではなく、よりシンプルでコンパクトな体裁を想定している、とのこと。何のことはない、田引さんは胸に一計を秘めてやってきたのであって、儀礼的な挨拶だけで、手ぶらで立ち去るつもりなどなかったのである。それはともかく、これは難しい相談に違いない。田引さんに「実現の可能性を探ってみます」と答えて初対面を終えた後、さっそく編集の方針と執筆者の人選について思案してみた。

最初に声をかけたのが齋藤元紀氏である。氏とはそれまでに何度か一緒に仕事をした経験があり、その卓抜な運営手腕と幅広い人脈に刮目していた。それゆえ本書の企画を実現するためには氏の力が欠かせないと考えたのである。大阪で開かれたある学会の懇親会の席でその旨を打診すると、幸いにも氏は共編著者となることを快諾してくれた。こうして本書は実現に向けて具体的な一歩を踏み出したのである。

その後、二人で本書の構成について話し合い、全体のバランスを調整してから、執筆者の人選に取りかかった。ここで困難にぶつかる。本書は、その副題にもあるように、現代思想の最先端に位置する学説の紹介を意図している。しかし、そうした事例は、日本語ではもちろん、海外の文献でもあまり見当たらない。その理由はおそらく、同時代的過ぎるがゆえに研究者が少ないことに求められるだろう。そのような状況の中、前例のほとんどない項目の執筆を引き受けてくれる研究者を探し出すのに予想以上に苦労したのである。本書をただ単に目新しいだけの、賞味期限が過ぎたら忘れ去られても構わない本にするのではなく、今後に類書が構想される際も羅針盤として参照に耐えうるものにしたい、そのためには下手な妥協をしたくない、という編者二人に共通する思いがこの困難に拍車をかけた。率直に告白すると、編者がいずれも行き場に窮してしまい、寄稿を承諾してくれた執筆者に別の項目を執筆する適任者の紹介を仰いだことさえある。こうした困難を乗り越え、望みうる最高の陣容が整ったのは田引さんの打診を受けてから約半年後、今から二年半ほど前のことであった。

これで本書の企画は半ば実現したのも同然、そう喜んだのも束の間、次の困難が待ち受けていた。各々の思想内容にはらまれる現在進行形の新しさ、とりわけ取り上げた哲学者や思想家の新著や未刊の著作の相次ぐ出版が執筆の円滑な進捗を妨げたのである。それだけでない。年々増加する学務が執筆者に重い負担となって圧しかかり、さらなる追い討ちをかけたことも否定しがたい。かくして入稿は期日通りに進まず、それどころか、その過程で執筆者の変更を余儀なくされるという事態すら生じてしまう。結果として、本書の刊行は当初の予定より一年以上も遅れることになった。とはいえ、ここに至るまでの紆余曲折を振り返ると、本書が刊行に漕ぎ着けられたのは、さながら奇跡的なことに思われ、一抹の感慨を禁じ得ない。

もっとも、読者にとって、刊行にまつわる経緯は単なるエピソードに過ぎず、届けられた書物がすべてである。本書で取り上げた哲学者や思想家、各部の構成、議論の展開の仕方の是非については諸賢の判断に委ねるほかない。編者も執筆者も、なしうるかぎりの努力をしたつもりであるが、第Ⅱ部の拡充など、よりよいものにする余地はあると考えている。大方の批評を賜り、叱正を仰ぐことで、将来の糧とさせていただければ幸いである。

二〇一六年三月

増田靖彦

ま　行

や　行

ら　行

た　行

な　行

は　行

さ　行

事項索引

あ 行

か 行

ま　行

や　行

ら　行

さ　行

た　行

な　行

は　行

人名索引

あ　行

か　行

河田健太郎（かわだ・けんたろう）　**第12章**

1971年　神奈川県生まれ。
2005年　東京都立大学人文科学研究科博士課程単位取得退学。
現　在　武蔵野大学教養教育リサーチセンター客員研究員。
著　作　「自己立法へのふたつのアプローチ」『「倫理」における「主体」の問題』御茶の水書房，2013年。

齋藤暢人（さいとう・のぶと）　**第13章**

1971年　埼玉県生まれ。
2003年　早稲田大学大学院文学研究科博士後期課程単位取得退学。博士（文学）。
現　在　早稲田大学ほか非常勤講師。
著　作　『環境のオントロジー』共編著，春秋社，2008年。
『部分と全体の哲学——歴史と現在』共著，春秋社，2014年。
「アリストテレス的様相論理とメレオトポロジー」『論理哲学研究』第９号，2015年。

加藤哲理（かとう・てつり）　**第６章**

1981年　埼玉県生まれ。

2010年　京都大学大学院法学研究科博士課程修了。博士（法学）。

現　在　名古屋大学大学院法学研究科准教授。

著　作　『ハンス＝ゲオルグ・ガーダマーの政治哲学——解釈学的政治理論の地平』創文社，2012年。

＊齋藤元紀（さいとう・もとき）　**はしがき，第７章**

編著者紹介欄参照。

入谷秀一（にゅうや・しゅういち）　**第８章**

1975年　岡山県生まれ。

2002年　大阪大学大学院文学研究科博士後期課程単位取得退学。博士（文学）。

現　在　大阪大学研究員。

著　作　『ハイデガー——ポスト形而上学の時代の時間論』大阪大学出版会，2008年。

『かたちある生——アドルノと批判理論のビオ・グラフィー』大阪大学出版会，2013年。

『バイオサイエンス時代から考える人間の未来』共著，勁草書房，2015年。

荒畑靖宏（あらはた・やすひろ）　**第９章**

1971年　東京都生まれ。

2006年　フライブルク大学哲学部大学院博士課程修了。Ph. D.（哲学）。

現　在　慶應義塾大学文学部准教授。

著　作　Welt-Sprache-Vernunft. Ein sprachphilosophischer Beitrag zur Verbindung von Phänomenologie, Hermeneutik und Philosophie des Geistes. Ergon: Würzburg, 2006.

『世界内存在の解釈学——ハイデガー「心の哲学」と「言語哲学」』春風社，2009年。

Wittgenstein and Perception, 共著，Routledge, 2015.

三松幸雄（みつまつ・ゆきお）　**第10章**

東京大学大学院総合文化研究科博士課程単位取得満期退学。

現　在　明治大学兼任講師。

著　作　「*ex nihilo*——ヤニス・クセナキスと芸術の形而上学」『*ART CRITIQUE*』n. 04, 2014年。

「還元主義の帰趨」『比較文学研究』第99号，2014年。

共編訳　*Barnett Newman: The Stations of the Cross, lema sabachthani,* Miho Museum/National Gallery of Art, Washington, 2015.

清水知子（しみず・ともこ）　**第11章**

1970年　愛知県生まれ。

2001年　筑波大学大学院博士課程文芸・言語研究科修了。博士（文学）。

現　在　筑波大学人文社会系准教授。

著　作　『文化と暴力——揺曳するユニオンジャック』月曜社，2013年。

『労働と思想』共著，堀之内出版，2015年。

『地域アート——美学／制度／日本』共著，堀之内出版，2016年。

執筆者紹介（＊は編者）

柿並良佑（かきなみ・りょうすけ）**第1章**

1980年　神奈川県生まれ。
2012年　東京大学総合文化研究科単位取得退学。
現　在　山形大学学術研究院・人文学部講師。
著　作　*Making sense: for an effective aesthetics,* co-authored, Peter Lang, 2011.
「哲学の再描――デリダ／ナンシー，消え去る線を描いて」『思想』岩波書店，2014年12月号。
共　訳　ピエール・ブーレッツ『20世紀ユダヤ思想家――来るべきものの証人たち(1)』みすず書房，2011年。

＊増田靖彦（ますだ・やすひこ）**第2章，あとがき**

編著者紹介欄参照。

川瀬雅也（かわせ・まさや）**第3章**

1968年　東京都生まれ。
1998年　立命館大学大学院文学研究科博士後期課程修了。博士（文学）。
1999年　パリ第十大学（現パリ西大学ナンテール・ラ・デファンス校）第三課程 D. E. A. 修了。D. E. A.（哲学）。
現　在　島根大学教育学部准教授。
著　作　『経験のアルケオロジー――現象学と生命の哲学』勁草書房，2010年。
Sein, Existenz, Leben: Michel Henry und Martin Heidegger, Mitverfasser，Verlag Karl Alber, 2013.

信友建志（のぶとも・けんじ）**第4章**

1973年　山口県生まれ。
2004年　京都大学大学院人間・環境学研究科博士課程後期修了。博士（人間・環境学）。
現　在　鹿児島大学大学院医歯学総合研究科准教授。
著　作　『フロイト・ラカン』共著，講談社，2005年。
『メディアと無意識――夢語りの場の探求』共著，弘文堂，2007年。
「宇宙の驚異よりも犯罪を」ジャン＝クレ・マルタン著『哲学の犯罪計画――ヘーゲル『精神現象学』を読む』法政大学出版局，2013年。

鯖江秀樹（さばえ・ひでき）**第5章**

1977年　兵庫県生まれ。
2010年　京都大学大学院人間・環境学研究科博士後期課程修了。博士（人間・環境学）。
現　在　関西大学文学部非常勤講師。
著　作　『イタリア・ファシズムの芸術政治』水声社，2011年。
『イタリア文化55のキーワード』共著，ミネルヴァ書房，2015年。
「建築家アダルベント・リベラの記憶」『日伊文化研究』第53号，2015年。

《編著者紹介》

齋藤元紀（さいとう・もとき）

1968年　新潟県生まれ。
2002年　法政大学大学院人文科学研究科哲学専攻博士課程修了。博士（哲学）。
現　在　高千穂大学人間科学部教授。
著　作　『存在の解釈学――ハイデガー『存在と時間』の構造・転回・反復』法政大学出版局，2012年。
『連続講義　現代日本の四つの危機――哲学からの挑戦』編著，講談社，2015年。
『始まりのハイデガー』共編著，晃洋書房，2015年。

増田靖彦（ますだ・やすひこ）

1967年　愛知県生まれ。
2001年　マルク・ブロック大学（現ストラスブール大学）第三課程 D. E. A. 修了。D. E. A.（哲学）。
2008年　早稲田大学大学院文学研究科博士後期課程修了。博士（文学）。
現　在　龍谷大学経営学部准教授。
著　作　『ヨーロッパ現代哲学への招待』編著，梓出版社，2009年。
『概説　現代の哲学・思想』共著，ミネルヴァ書房，2012年。
共　訳　ドゥルーズ＋パルネ『ディアローグ　ドゥルーズの思想』河出文庫，2011年。

21世紀の哲学をひらく
――現代思想の最前線への招待――

2016年 5 月20日　初版第 1 刷発行　〈検印省略〉

定価はカバーに
表示しています

編著者　齋藤元紀
　　　　増田靖彦
発行者　杉田啓三
印刷者　江戸孝典

発行所　株式会社　ミネルヴァ書房
607-8494 京都市山科区日ノ岡堤谷町 1
電話代表 075-581-5191
振替口座 01020-0-8076

共同印刷工業・藤沢製本

ISBN978-4-623-07582-9
Printed in Japan